Wolfgang Frey · Thomas Klie · Judith Köh

Die neue Architektur der Pflege

Wolfgang Frey · Thomas Klie · Judith Köhler

Die neue Architektur der Pflege

Bausteine innovativer Wohnmodelle

Einleitung von Wolfgang Schäuble

HERDER
FREIBURG · BASEL · WIEN

Originalausgabe

www.herder.de

Gesamtgestaltung:
Weiß-Freiburg GmbH – Graphik & Buchgestaltung
Gedruckt auf umweltfreundlichem,
chlorfrei gebleichtem Papier

Druck & Bindung
Gorenjski tisk, Slowenien

ISBN 978-3-451-30733-1

FSC
www.fsc.org
MIX
Papier aus verantwortungsvollen Quellen
FSC® C057358

Inhalt

Modellprojekt 3: Der Verein Freunde alter Menschen e.V. in Berlin

Modellprojekt 4: Das Mehrgenerationenhaus der Diakonischen Hausgemeinschaften in Heidelberg

Einleitung

von Wolfgang Schäuble

In der St. Annenkirche in Annaberg-Buchholz im Erzgebirge gibt es an der Emporenbrüstung ein ganz bemerkenswertes Relief. Es stellt die Lebensdekaden des Menschen durch Bilder von Tieren da: Der 10-jährige Knabe wird symbolisiert durch ein einfältiges, durch die Finger pfeifendes Kalb, das mit 20 zum streitbaren Bock, mit 30 zum wilden Stier mit Trinkgefäß, mit 40 zum starken Löwen mit Hellebarde und mit 50 zum so schlauen wie vorsichtigen Fuchs mit Wanderstab wird. Spannend für meine Generation wird es danach: Der 60-jährige ist ein so fleißiger wie geldgieriger Wolf mit Geldbeutel, der mit 70 zum treuen Hund mit Rosenkranz wird, um mit 80 zur so hinfälligen wie zuweilen zur Falschheit neigenden Katze zu werden, die mit 90 zum greisen Esel im Klappstuhl mutiert.

Ebenso aufschlussreich sind die weiblichen Lebensalter auf der Südempore: Das 10-jährige Mädchen ist eine unbeschwerte Wachtel mit Puppe in der Hand, um als Frau mit 20 zu einer mit Brautkranz geschmückten Taube zu werden. Als 30-jährige wird sie zur schwatzhaften Elster mit Handspiegel, die sich mit 40 zum stolzen, putzsüchtigen Pfau mit Schlüsselbund wandelt. Mit 50 wird sie eine fürsorgliche Henne mit Rosenkranz, um mit 60 zur Gans mit Kanne und mit 70 zum raffgierigen Geier zu mutieren. Mit 80 wird sie zur schlaflosen Eule, die als Greisin mit 90 zur so gebrechlichen wie menschenscheuen Fledermaus im Lehnstuhl wird.

All das mag man für wenig politisch korrekt oder geschlechtergerecht halten, aber so interpretierte man im 16. Jahrhundert die Lebensalter. Mich spricht diese Art der Darstellung an, weil sie sich bemüht, so kreativ wie ehrlich zu sein, wenn es um das Thema Altern geht. Nur gehört zur Ehrlichkeit auch, dass die meisten Gottesdienstbesucher, die im protestantischen Annaberg dieses Relief seit dem 16. Jahrhundert anschauten, die 60 Jahre im Durchschnitt nur selten erreichten. Das ist heute zum Glück anders: Immer mehr von uns erreichen die 80 oder 90 und haben laut einer aktuellen Allensbach-Umfrage wenig mit den schlaflosen Eulen oder greisen Eseln des beschriebenen Reliefs gemein. Sie sind gesünder und aktiver denn je. Doch auch sie werden einmal gebrechlich und bedürfen der Unterstützung und Pflege, nur eben später. Schöne Aussichten? Ja und Nein.

Für die älteren Menschen unter uns sind die Perspektiven, auch im Alter noch eine hohe Lebensqualität genießen zu können, in den vergangenen Jahren stetig gestiegen. Mit dieser Entwicklung einher ging allerdings auch, dass die jüngeren Menschen unter uns mit dem Begriff »demographischer Wandel« aufgewachsen sind und sich von Kindesbeinen an dagegen zu wappnen versuchen. Dieser Wandel zwingt Bürger und Politiker dazu, gemeinsam nach geeigneten Lösungen zu suchen. Und genau diese werden in diesem Buch so kreativ wie anschaulich beschrieben:

So gab es im Dezember 2009 rund 2,34 Millionen pflegebedürftige Menschen in Deutschland – Tendenz steigend. Ein gutes Drittel davon war älter als 85 Jahre. Die höchste Pflegequote wurde für Menschen über 90 Jahre ermittelt. Gleichzeitig werden die so genannten »jungen Alten« immer agiler. Sie gehen in Kinos und Theater, verreisen in ferne Länder und sind darauf bedacht, auch im Alter ihre Lebensqualität zu erhalten. Viele der heute 60-bis 80-Jährigen sehen keinen Grund mehr dafür, ins Altersheim zu gehen. Warum auch? Schließlich gibt es heutzutage immer mehr kreative und attraktive Lebensmodelle, die auf die individuellen Bedürfnisse der Bewohner zugeschnitten sind. In dem Buch »Die neue Architektur der Pflege« werden vier Wohnmodelle und ihre architektonischen sowie pflegerischen Besonderheiten detailliert, praxisnah und wissenschaftlich fundiert vorgestellt. Wer sich für das Thema interessiert und selbst nach individuellen Lösungen für sein Umfeld sucht, wird hier fündig. Schritt für Schritt veranschaulicht dieses Buch anhand von Bausteinen, wie kreative Ideen mit Potential für ehrenamtliches Engagement erfolgreich in die Praxis umgesetzt werden können.

Als *erstes* Wohnmodell wird eine Initiative in Eichstetten, einem kleinen Dorf am Kaiserstuhl nahe Freiburg, beschrieben: Dort haben sich die Bürger Mitte der 1990er Jahre entschieden, den Generationenvertrag selbst in die Hand zu nehmen. Das rund 3000 Einwohner zählende Dorf schloss sich zu einem Verein zusammen und ließ als solcher eine Seniorenanlage für betreutes Wohnen bauen. Ziel und Zweck war es, dass die älteren Bürger – auch wenn sie mehr Unterstützung im Alltag brauchen – im Dorf wohnen bleiben können und nicht in Altersheime umziehen müssen, die in anderen Orten liegen. Seit 2008 gibt es in Eichstetten auch eine Pflegewohngruppe für Hochbetagte. Sie ist für an Demenz erkrankte Einwohner aus der Region gedacht. Mittlerweile ist fast jede zweite Familie Mitglied im Bürgerverein. Ohne dieses Engagement müssten viele ältere Menschen auf die Altersheime in der Region verteilt werden, weil ihre Familien mit der Pflege überlastet sind. Sie würden nach Freiburg, Emmendingen oder Ettenheim kommen und damit in Orte, die sie nicht gut kennen und die ihnen nicht so vertraut sind wie ihre Heimat Eichstetten.

Das *zweite* Wohnmodell nimmt sich ein Senioren- und Pflegeheim am Möhnesee in Nordrhein-Westfahlen zum Vorbild. Hier sind nicht nur ältere Menschen zuhause, sondern auch deren Haustiere. Das familiär geführte Traditionshaus setzt seit über 35 Jahren auf die therapeutischen Fähigkeiten von Tieren in der Altenpflege – mit Erfolg: Die Nachfrage nach freien Pflegeplätzen ist groß.

Wie die zwei vorangegangenen Modelle versucht auch der als *drittes* Wohnmodell vorgestellte Verein »Freunde alter Menschen« mit Sitz in Berlin die Lebensqualität älterer Menschen zu verbessern, hier aber unter den besonderen Bedingungen einer Großstadt. Vorrangiges Ziel ist es, alte, einsame Menschen vor Isolation zu bewahren, indem soziale Kontakte und persönliche Begegnungen ermöglicht werden. Mit dem Motto »Alte Freunde sind die besten« möchte der Verein ein Zeichen setzen und einen anderen Weg im Umgang mit alten Menschen gehen. Das Engagement des Vereins basiert auf ein Besuchsprogramm, das freiwillig Engagierte und ältere Menschen zusammenbringt und dafür sorgt, dass regelmäßige Treffen stattfinden. Alten Menschen helfen derlei Besuche oft dabei, die kleinen, aber wichtigen Dinge des Alltags zu bewältigen. Damit trägt auch dieser Verein dazu bei, dass Senioren ihre Unabhängigkeit so lange wie möglich bewahren können.

Ein weiteres Zuhause, wenn auch ganz anderer Art, bietet das *vierte* in diesem Buch vorgestellte Wohnmodell. Es ist das Heidelberger Mehrgenerationenhaus, das 2007 von der damaligen Familienministerin eingeweiht und von der Bundesregierung als »Leuchtturmprojekt« ausgezeichnet wurde. Es hat sich bewusst zum Ziel gesetzt, nicht nur Jung und Alt zusammenzubringen, sondern auch einen Lebensraum für Menschen mit Assistenzbedarf zu schaffen. Im »Schweizerhof«, wie das Mehrgenerationenhaus auch genannt wird, stehen barrierefreie Appartements für betreutes Wohnen zur Verfügung, ergänzt von einer Montessori-Kindertagesstätte und einem Kulturcafé, das von Ehrenamtlichen betrieben wird. Das Heidelberger Mehrgenerationenhaus ist so zu einem beliebten Ort der Begegnung und des Miteinanders geworden. Nachbarschaftliche Netzwerke sind entstanden, an die sich Menschen mit Assistenzbedarf wenden können, um sich ambulant versorgen zu lassen.

Neben dem Gerontologen Thomas Klie sind der Architekt Wolfgang Frey und die Journalistin Judith Köhler Autoren dieses Buches und haben sich in

Foto: Wolfgang Frey

unterschiedlichen Projekten mit ökologischer, ökonomischer und sozialer Nachhaltigkeit beschäftigt. Aus Sicht der Autoren bestehen das Dorf und die Stadt als Lebensräume aus zahlreichen Facetten. Die Architektur gestaltet diese Lebensräume mit, die uns Menschen in unserem gesellschaftlichen Sein prägen. Die Aufgabe moderner Baustile ist es deshalb, Techniken und Methoden zu entwickeln, die auf die sich verändernden Lebensanforderungen reagieren. Sozial nachhaltige Ansätze in der Architektur zeichnen sich dadurch aus, dass sie ausgewogen ökologische, ökonomische und gesellschaftliche Bedingungen berücksichtigen. Die Bedürfnisse der Gesellschaft und des Einzelnen sollten im Fokus aller Betrachtungen stehen. Freiburg, das als Umwelthauptstadt Deutschlands gilt, stellt seit Jahrzehnten einen geeigneten Nährboden für nachhaltige Architektur dar. Dabei streben die meisten Menschen – trotz aller Individualität – auf der Suche nach Wohnraum immer danach, ein Gefühl von Zuhause zu finden. Und darum geht es letztlich auch bei allen in diesem Buch vorgestellten Projekten: einen Wohnort zu einem Zuhause zu machen.

Menschen, besonders auch ältere Menschen, sind so anspruchsvoll wie unterschiedlich. Genau dies zeigt bereits das Relief in der eingangs erwähnten Kirche im Erzgebirge: Eine Nachteule und ein Esel, eine Gans und ein Fuchs kommen am Ende nicht darum herum, miteinander auszukommen. Und es gibt – zum Glück – zunehmend das Wohnmodell in Deutschland, dass eine Wachtel, ein Löwe und eine Fledermaus an einem Ort wohnen, den man ob des sehr unterschiedlichen Alters ihrer Bewohner heutzutage »Mehrgenerationenhaus« nennen kann. All dies mag kompliziert sein und aufwändig werden, aber das Relief in jener Kirche beschreibt nichts anderes als die Realität eines Prozesses, mit dem wir es alle früher oder später im Leben zu tun bekommen.

Eine Ministerpräsidentin von Schleswig-Holstein hat einmal gesagt, sie wäre bei allem in ihrem Leben und in ihrer Karriere immer die Jüngste gewesen, nur um dann lakonisch anzufügen: »Ich kann Ihnen versichern, das geht vorbei.« Die einfache Wahrheit dahinter lautet: Wir alle werden älter. Und um genau damit kreativ umzugehen, sind die in diesem Buch beschriebenen Modelle eine gute Hilfe.

Berlin, im Dezember 2012
Wolfgang Schäuble

Modellprojekt 1

Die Seniorenwohnanlage Schwanenhof und die Pflegewohngruppe Adlergarten in Eichstetten

Das Projekt Schwanenhof

Eichstetten – ein Dorf ist seiner Zeit voraus

Eichstetten am Kaiserstuhl ist ein für Südbaden typisches Winzerdorf. Eines, das die Bezeichnung Dorf noch verdient. Gut 3.000 Bürger sind hier zuhause – junge Familien mit Kindern, Berufstätige, Alleinerziehende, Pendler, Senioren. Viele von ihnen leben meist schon seit Generationen in dem beschaulichen Ort zwischen Schwarzwald und Vogesen, den sonnige Rebflächen und fruchtbare Gemüsefelder umgeben. Sein Äußeres prägen neben der Landwirtschaft auch mittlere Handwerks- und Gewerbebetriebe, Eichstetten bietet gut 700 Arbeitsplätze in Industrie und Handel.

Doch was hier auf den ersten Blick so idyllisch erscheint, ist das Ergebnis harter Arbeit. Denn auch in Eichstetten prallt die Wirklichkeit nicht am Ortsschild ab. Die *gesellschaftlichen Umbrüche* des modernen 21. Jahrhunderts sind hier genauso zu spüren wie im Nachbardorf, in Stuttgart oder in Hamburg. Immer weniger Kinder kommen zur Welt, die eigenen werden groß, ebenso die Enkel. Viele verlassen das Dorf, um in der Stadt zu leben und zu arbeiten, nur wenige bleiben. Der *demografische Wandel*, er hat auch in Eichstetten Einzug gehalten. Anfang der 90er Jahre zeigten sich erstmals die bestehenden Nöte. Der frühere Bürgermeister Gerhard Kiechle erkannte das tückische Gesicht des demografischen Wandels schon früh: »In persönlichen Gesprächen trugen mir die älteren Bürger oft ihre Sorgen vor: Wie wird das im Alter? Die Jungen wohnen gar nicht mehr zuhause oder meine Tochter kommt so selten vorbei, erzählten sie oft.« Gleichzeitig sei den Älteren klar gewesen, dass es in größeren Städten wie Freiburg spezielle Seniorenwohnanlagen gibt. Nur: Die Leute wollten nicht weg aus ihrem Dorf und schon gar nicht in ein Heim. Sie wollten in der ihnen vertrauten Umgebung alt werden, in der sie vielleicht schon ihr ganzes Leben verbracht hatten. Das war ihr Wunsch. Ein Wunsch, der zum Ziel Kiechles und des ganzen Dorfes werden sollte.

Der demografische Wandel machte sich in den 90er Jahren auch in Eichstetten bemerkbar. Immer weniger Kinder kommen zur Welt und die Erwachsenen ziehen das Stadtleben dem Dorfleben vor.

Gerhard Kiechle, von 1981 bis 2005 Bürgermeister der Kaiserstuhlgemeinde, erkannte bereits zu diesem frühen Zeitpunkt, dass sich durch den schleichenden Bevölkerungsrückgang künftig eine Versorgungslücke einstellen würde, die nicht mehr allein von professionellen Pflegekräften gedeckt werden könne. Als Lösung schwebte ihm das Ideal des »bürgerschaftlichen Engagements« vor. Seit jeher sah der parteilose Politiker in der Bürgerkommune das Ideal einer Gemeinschaft, in der die Bürger wieder die Verantwortung füreinander und damit auch den *Generationenvertrag* übernehmen. Statt auf die Familie, deren Form und Bedeutung sich in den vergangenen Jahrzehnten stetig verändert hatte, sollte die Verantwortung auf das Dorf als nächst größere Einheit übertragen werden. Das Ziel für Eichstetten war dementsprechend definiert. Es sollte eine Möglichkeit geschaffen werden, die den Generationenvertrag erfüllt. Kiechle musste nun im Dorf Überzeugungsarbeit leisten. In Gesprächen versuchte er, die Eichstetter von diesem Vorhaben zu begeistern und einzubinden, denn Kiechle

Eichstetten am Kaiserstuhl ist ein typisches Winzerdorf mit gut 3.000 Einwohnern.

… Es sollte eine Möglichkeit geschaffen werden, die den Generationenvertrag erfüllt …

Foto: Wolfgang Frey

»Ich bin Verfechter einer ›regionalen Pflegekultur‹, denn meiner Ansicht nach hat jedes Dorf seine eigene Historie und aktuelle Herangehensweise an das Älterwerden.« Michael Szymczak

war und ist davon überzeugt, dass Menschen, die sich mit einem Projekt identifizieren, dieses auch ernster nehmen. In der kooperativen Beteiligung der Bürger, also ihrer Einbeziehung schon im Vorfeld von Entscheidungen, sieht der frühere Bürgermeister den Schlüssel dieses und vieler anderer Projekte. Das Leitbild der Bürgerkommune wurde im Landesnetzwerk Bürgerschaftliches Engagement in Baden-Württemberg Mitte der 90er Jahre propagiert: Kiechle war eines der ersten aktiven Mitglieder in diesem bundesweit vorbildlichen Lernnetzwerk von Gemeinden, die sich auf die Suche nach neuen Wegen in der Beteiligung von Bürgern machten, mit neuen Kooperationsformen zwischen Bürger, Gemeinderat und Gemeindeverwaltung experimentierten – und das mit externer Beratung.

Zu den Mitstreitern Kiechles gehörten von Anfang an auch Architekt Wolfgang Frey und Sozialarbeiter Michael Szymczak. Als Geschäftsführer und Sozialarbeiter ist Szymczak seit 1998 für die kirchliche Sozialstation in Bötzingen tätig. Zuvor leitete er dort von 1990 bis 2002 die von der Bundesregierung initiierte Informations-, Anlauf- und Vermittlungsstelle, die der Beratung von Pflegebedürftigen und deren Angehörigen diente und darüber hinaus ermittelte, wo die Defizite des Pflegebedarfs in der Kaiserstuhlregion liegen. Der Sozialarbeiter ist Verfechter einer »regionalen Pflegekultur« denn seiner Ansicht nach hat »jedes Dorf seine eigene Historie und aktuelle Herangehensweise an das Älterwerden.« Das habe unter anderem damit zu tun, ob ein Ort katholisch oder protestantisch geprägt sei und welche kulturellen Besonderheiten es dort gebe. Jedes Dorf brauche seine eigene Entwicklung. Den demografischen Wandel hätten sie damals nur geahnt, heute wisse man, dass die Sozialversicherungen monetär am Ende sind, es nicht mehr genug Fachkräfte gibt und sich die Zahl der Alten und Demenzkranken in den nächsten 20 Jahren noch verdoppelt. Wie Kiechle war auch dem Pflegeprofi damals schon bewusst: Ohne *bürgerschaftliches Engagement* geht es in Eichstetten nicht. Ein Sonderweg musste her. Szymczak schwebte ein Pflegemix aus professionellen Fachkräften und qualifizierten Laien vor, denn angesichts des demografischen Faktors sollte die Verantwortung für die zu Pflegenden geteilt werden. »Wir stellten uns damals die Frage: Was können wir jetzt schon über die Regelversorgung in 20 Jahren lernen?«, erklärt der Sozialarbeiter. In seinen Augen brauchte es eine wohnortnahe Versorgung, die im Idealfall von den Bürgern des Dorfes übernommen werden sollte. Obwohl selbst Fachmann, sieht er in seinem Engagement, Laien für die Pflege anzulernen, keinen Konflikt. Im Gegenteil: »Als Sozialstation wäre es blauäugig gewesen, Angst davor zu haben, die Bürger könnten uns die Jobs wegnehmen. Denn über kurz oder lang wird sich die Arbeit verdoppeln und dann müssen Arbeit und Verantwortung ohnehin auf mehrere Schultern verteilt werden«, erläutert er.

Zum gleichen Zeitpunkt, als Kiechle nach einer Antwort auf die *Seniorenfrage* suchte, hatte der junge Architekt Wolfgang Frey den Auftrag, das seit 25 Jahren leerstehende Gebäude der Winzergenossenschaft – eine frühere Gaststätte namens Schwanenhof – umzubauen.

»Das Problem war, dass das Gebäude riesengroß war, die Genossenschaft aber nur einen kleinen Verkaufsraum wollte«, erzählt Frey. In den 80er Jahren hatte sein Vater Friedrich Frey schon einmal einen Plan für die Winzergenossenschaft gezeichnet und darin aufgezeigt, was sich aus dem Gebäude noch alles machen ließe. Nun war sein Sohn, der in Berlin studiert hatte, gerade im Begriff, das väterliche Büro zu übernehmen. Interessiert an der Idee des Eichstetter Sonderwegs, zeichnete der junge Frey einen neuen Plan. Der Schwanenhof schien ideal zu sein: Mitten im Ort gelegen, gegenüber von Kirche und Rathaus. Die Lage hatten die Initiatoren ganz bewusst ins Auge gefasst, obwohl sie den damals gängigen Überlegungen zuwiderlief. »Anfang der 90er sei es üblich gewesen, Seniorenwohnanlagen an den Dorfrand zu bauen, wo es ruhig ist und man das Elend nicht sehen muss«, erzählt Frey. Doch das wollte man in Eichstetten nicht. Die älteren Mitbürger sollten dort sein, wo Leben ist. Gemeinsam wandten sich Frey und Kiechle an Investoren und Betreiber von Seniorenwohnanlagen, fragten, ob so etwas nicht auch in Eichstetten möglich sei – eine Seniorenwohnanlage, die sich selbst verwaltet. Doch die winkten ab, sagten, das Dorf sei zu klein.[1] Das rechne sich nicht.

Was nun? »Wir hätten in dieser Situation zwei Sachen machen können: Sagen, dass wir mit unserem Latein am Ende sind, nachdem potentielle Betreiber von Seniorenwohnanlagen wegen der geringen Gemeindegröße abgelehnt haben, oder nach einer anderen Lösung suchen und den Sorgen der älteren Dorfbewohner Rechnung tragen«, fasst Kiechle das Dilemma zusammen. Gemeinden ab 5.000 Einwohner hätten keine Probleme mit der Altersversorgung. Ab einer gewissen Größe rechnet sich ein Pflegeheim-Betrieb und deswegen seien diese von

Die älteren Mitbürger sollten dort sein, wo Leben ist. Nicht wie Anfang der 90er, als es üblich war, Seniorenwohnanlagen an den Dorfrand zu bauen, wo es ruhig ist und man das Elend nicht sehen muss.

Der "alte" Schwanenhof von 1993

Foto: Rudi Ulricher

... Der Schwanenhof schien ideal zu sein: Mitten im Ort gelegen, gegenüber von Kirche und Rathaus ...

den entsprechenden Institutionen schon »abgegrast« worden. Schon zu Beginn der 90er war die Pflege zu einer *»Sozialindustrie«* geworden, moniert der frühere Bürgermeister. Einer Industrie, die Lösungen für scheinbar jedweden Bedarf aus der Konserve holte. Doch genau das wollten Kiechle und seine Mitstreiter nicht. Sie wollten eine für Eichstetten – ein Dorf, das seiner Zeit voraus ist – maßgeschneiderte Lösung.

Zu diesem frühen Zeitpunkt wusste allerdings noch niemand, wie das Vorhaben bei knappen Kassen finanziert werden sollte, wer Träger und wer Betreiber dieses vermeintlich utopischen Vorhabens sein würde. Auf festen Füßen stand erstmal nur der Entschluss des Dorfes, den Generationenvertrag selbst in die Hand zu nehmen. Doch darauf ließ sich aufbauen, auch wenn es laut Kiechle ein »steiniger Weg« werden sollte.

Der demografische Wandel fordert besonders Gemeinden im ländlichen Raum heraus

Wir werden weniger, bunter und älter: So lautet auf den Punkt gebracht die Botschaft des demografischen und sozialen Wandels. Er kennt nur sehr unterschiedliche Gesichter. Der Bevölkerungsrückgang in Kleingemeinden kann schnell für die *Daseinsfürsorge* grundlegend wichtige Infrastrukturen gefährden: von der Schule über Läden bis hin zur Versorgung älterer Menschen. Dabei trifft der demografische und soziale Wandel Gemeinden sehr unterschiedlich. In Brandenburg kämpfen Dörfer um ihr Überleben, in der Peripherie von Großstädten wachsen Dörfer. Aber auch Gemeinden, die in unmittelbarer Nachbarschaft liegen, können sehr unterschiedliche Entwicklungen nehmen. Manche sind attraktiv auch für junge Familien, für Betriebe, als Urlaubsorte und andere leben eher »inwendig«, wie die Gemeinde Schönhaide in Brandenburg: dort rückt man eher zusammen, organisiert Fahrdienste, baut Unterstützungsnetzwerke auf, um den Ort für diejenigen, die dort weiter leben, lebenswert zu machen. In Eichstetten gelingt beides: Das Dorf nimmt die Herausforderung des demografischen Wandels an, sucht nach eigenen Antworten auf die Wohn- und Versorgungsbedürfnisse älterer Menschen, schafft Voraussetzung für eine neue Generationensolidarität und ist zugleich erfolgreich in der Ansiedlung von Betrieben und der Modernisierung bestehender. Die Gemeinde kümmert sich um Nachhaltigkeit nicht nur in sozialer, sondern auch in ökologischer Hinsicht. Sie zeigt damit einen proaktiven Umgang mit den Herausforderungen, die in allen Städten und Gemeinden auf der Agenda stehen.

Eichstetten ist seiner Zeit weit voraus. Das Dorf nimmt den Generationenvertrag an und verspricht mit der Gründung der Bürgergemeinschaft eine moderne Generationensolidarität.

Generationenvertrag

Der Begriff des Generationenvertrages, der in Deutschland für die Idee der Solidarität zwischen den Generationen steht, ist für die Konzeption der Alterssicherung entwickelt: Das Arbeitseinkommen, das durch Erwerbsarbeit erzielt wird, ist als Lebenseinkommen zu verstehen. Es wird begründet durch die Lebensphasen Kindheit, Jugend und Arbeitsalter. Es muss aber auch für die Phase des Lebensabends ausreichen. Sieht man die Gesellschaft als Solidargemeinschaft, kann sie die Lösung zur Verteilung des von der mittleren Generation erarbeiteten Einkommens finden, die sowohl deren Unterhalt als auch den der Kinder und der alten Menschen sichert. Es ist ein unausgesprochener Vertrag, einer, den keiner unterzeichnet hat und der zwischen den Beitragszahlenden und den Renten beziehenden Generationen besteht. Man kann ihn auch als staatlich organisierte Unterhaltspflicht gegenüber den Älteren der Gesellschaft verstehen. Der Begriff des Generationenvertrages ist eng verbunden mit der Idee des Ge-

...Eichstetten hat sich modellhaft auf den Weg gemacht und das Bild des Generationenvertrages aufgegriffen...

sellschaftsvertrages, wie er aus dem 18. und 19. Jahrhundert bekannt ist und des social compact, der auf Alexis de Tocqueville zurückgeführt wird. Nun sehen wir mit dem demografischen Wandel und einer Gesellschaft des langen Lebens, dass der Generationenvertrag nicht mehr so ohne weiteres funktioniert. Gewerkschaften fordern einen neuen Generationenvertrag, andere seine Aufkündigung. Den Generationenvertrag allein auf die materielle Sicherung im Alter zu beziehen, greift so oder so zu kurz. Solidarität der Generationen zeigt sich vor allem in der Sorge füreinander: Kinder werden nicht nur von ihren Eltern, sondern auch von ihren Großeltern versorgt. Die räumliche Nähe der Großeltern wird für immer mehr junge Paare zu einem wichtigen Faktor im Hinblick auf die Frage nach eigenen Kindern. Es gibt nichts Besseres und Günstigeres als Großeltern in der Nähe, die sich an den Sorgeaufgaben für die Kleinen beteiligen, und damit wird Generationensolidarität gelebt und eingeplant. Doch die Zahl der Kinder nimmt ab, das sogenannte Pflegepotenzial damit auch, d.h. die Zahl der Kinder, die möglicherweise einmal für unterstützungsbedürftige, alte Menschen zur Verfügung stehen. Genau auf dieser *Familiensolidarität* fußt aber unsere soziale Sicherung, die Pflegeversicherung. Sie ist fiskalisch so kalkuliert, dass sie von der Familienpflegebereitschaft ausgeht. Wären nicht so viele Familien in Deutschland bereit, Pflegeaufgaben für ihre Angehörigen zu übernehmen, wäre die Pflegeversicherung schon längst pleite. Nicht nur die Rente, auch die alltägliche Unterstützung und Teilhabe ist eine wichtige Solidaritätsaufgabe zwischen den Generationen. Für sie bedarf es eines neuen (ungeschriebenen) Vertrages, neuer Spielregeln zwischen den Generationen. Wie kann ein solcher Generationenvertrag aussehen, der nicht allein auf die Pflegebereitschaft von Töchtern und Schwiegertöchtern setzt, die es künftig nicht mehr in gleicher Weise geben wird wie heute, die höchst wahrscheinlich arbeiten müssen, die auch nicht bereit sind, sich und ihr Leben ganz und gar in den Dienst der Pflege von nahen Angehörigen zu stellen. Wie können Voraussetzungen dafür geschaffen werden, dass Familiensolidarität in einer Weise gelebt werden kann, die sich vereinbaren lässt mit Erwerbstätigkeit, mit der Pflege von Freundschaften, mit bürgerschaftlichem Engagement und politischer Aktivität und ganz eigennützigem Freizeitverhalten? Genau hierin liegen zentrale Herausforderungen für unsere Gesellschaft des demografischen und sozialen Wandels. Eichstetten hat sich modellhaft auf den Weg gemacht und das Bild des Generationenvertrages aufgegriffen und mit der Gründung der Bürgergemeinschaft eine Art Garantieversprechen abgegeben: Wir sorgen füreinander. Dieses Bild vom Generationenvertrag ist eingängig und bindet die Bürgerinnen und Bürger ein in die örtliche Architektur einer modernen Generationensolidarität.

Wie Utopie Wirklichkeit wird

Das Dorf als Lebensform

Nachdem sich die Eichstetter vorgenommen hatten, den älteren Mitbürgern den Lebensabend in ihrer gewohnten Umgebung zu ermöglichen, musste nun das Wie geklärt werden. Angedacht dafür waren drei Punkte: Betreutes Wohnen zuhause und im Schwanenhof durch eine Nachbarschaftshilfe sowie eine Tagesbetreuungsgruppe für Pflegebedürftige. Bislang war das Projekt Schwanenhof allerdings nur eine vielversprechende Idee; um Wirklichkeit zu werden, brauchte es Taten. So gründete Bürgermeister Kiechle 1993 – in Anlehnung an das Ideal der Bürgerkommune – einen Arbeitskreis in Form eines »runden Tischs«[2]. An diesem Tisch saßen neben Kiechle, Szymczak und Frey die Eichstetter Gemeinderäte, interessierte Bürger sowie Vertreter von Kirchen und sozialen Organisationen. Und dort wurde dann diskutiert – lebhaft, leidenschaftlich und logisch: Wie können ältere und hilfsbedürftige Menschen stärker integriert werden? Wie groß und beständig ist das Engagement der Bürger wirklich? Dürfen Nichtfachkräfte eine Anlage für Betreutes Wohnen überhaupt betreiben? Zentrale Fragen, die sich bei weitem nicht so leicht und rasch beantworten ließen und der anfänglichen Euphorie einen herben Dämpfer versetzten. Doch so schnell ließen sich die Eichstetter nicht ins Bockshorn jagen! Nachdem sie sich einige Anlagen für Betreutes Wohnen in anderen Gemeinden angeschaut hatten, schöpften sie neuen Mut. »Danach fühlten wir uns stark genug, das Projekt in Eigenregie anzugehen«, resümiert Kiechle.

Als »steinig« empfand der frühere Bürgermeister die Suche nach einem Betreiber und vor allem nach einem Investor. Die Betreiber von Pflegeheimen hatten den Schwanenhof mit der Begründung abgelehnt, das Dorf sei zu klein, die Investoren hingegen hatten Renditeerwartungen, die viel zu hoch waren für ein kleines Dorf wie Eichstetten. Kiechle war hin- und hergerissen. Wenn er den Schwanenhof für Eichstetten wollte, musste er sich etwas einfallen lassen. »Ich dachte zunächst an eine Bürgerstiftung«, erzählt er. Doch dazu kam es nicht. Aus der Verzweiflung heraus, keinen geeigneten Investor für das Projekt zu finden, erstellte Frey eine grobe Kalkulation der Baukosten, deren zentrale Fragen waren: Wie viel darf das Projekt maximal kosten? Und wie hoch darf die monatliche Belastung durch die laufenden Kosten sein? Auf Basis dieses *Refinanzierungsvolumens* errechnete er den maximal möglichen Baukredit und auf dieser Grundlage das mögliche Bauvolumen. Als er fertig war, ging er mit seiner Projektskizze zu Kiechle und schlug dem nicht wenig verdutzten Bürgermeister vor, selbst Investor für das Projekt zu werden. Kiechle, normalerweise offen für alles Neue, bat um Bedenkzeit. »Das war eine völlig neue Situation. Ich musste erstmal alle Vor- und Nachteile abwägen, die dieser Vorschlag für das Dorf haben würde«, erklärt er sein Zögern. Die Bank wurde miteingebunden und eine seriöse Finanzplanung erstellt. Alsbald stellte sich heraus: Ja, es geht. Die präzise Ausbalancierung von Refinanzierungskapazi-

»Wir fühlten uns stark genug, das Projekt in Eigenregie anzugehen«

Gerhard Kiechle

Die Initiatoren des Schwanenhofs: Bürgermeister Gerhard Kiechle (oben), der Geschäftsführer der Kirchlichen Sozialstation Nördlicher Breisgau e.V. Michael Szymczak (links unten) und Architekt Wolfgang Frey (rechts).

tät durch Miete kann den Invest freien Kapitals ersetzen. Damit verschob sich der Fokus der Finanzierungsanforderung. Es war kein reicher »Investor« mehr nötig, sondern Frey musste die finanzielle Verantwortung für die Einhaltung der Parameter Baukosten, Vermietung, Tilgung und Zinszahlungen übernehmen und die Gemeinde konnte mit belastbaren Mieten kalkulieren.

Aus heutiger Sicht sei die Idee ein klassisches »Public Private Partnership«[3], kurz PPP, gewesen, ohne damals zu wissen, dass das später einmal so heißen würde. Ab diesem Zeitpunkt hatte Kiechle die Last der Kosten an den damals 33-jährigen Architekten abgegeben. »Ich hatte ganz schön Muffensausen«, gibt Frey heute zu. »Schließlich musste ich zu 100 Prozent sicher sein, dass ich mit den kalkulierten Baukosten hinkomme, wenn nicht, wäre ich Konkurs gegangen«, erzählt er. Der Betrag sei kein Pappenstiel gewesen: Drei Millionen DM sollte der Schwanenhof zunächst kosten.

Nachdem dieses Finanzierungsmodell[4] beschlossene Sache war, ging es an die konkrete Planung. Dafür besann sich das aus Kiechle, Szymczak und Frey bestehende Dreiergespann auf seine Kernkompetenzen. Kiechle kümmerte sich darum, das Projekt in der Gemeinde voranzubringen und über die Grenzen Eichstettens hinweg publik zu machen, Szymczak fungierte als Ansprechpartner für alle Fragen rund um Pflege und Betreuung, Frey war der Fachmann für Bau und Finanzen. Nach einigen Überlegungen kamen die drei zu dem Entschluss: Mehr Platz wäre gut. Deshalb fragte man kurzerhand den Nachbarn des Schwanenhofs, ob er nicht sein Grundstück zur Verfügung stellen würde. Der wiederum war sehr damit einverstanden: Hatte er ohnehin vor, das Gebäude aus Altersgründen aufzugeben. So begann Frey von Neuem zu zeichnen. Nur brachte der neue Plan auch neue Kosten mit sich. Sechs Millionen DM sollte das Vorhaben nun kosten. Eine Summe, die dem jungen Frey eine gehörige Portion Wagemut abverlangte. »Gerade hatte ich mich mit drei Millionen abgefunden, nun sollten es sechs sein«, schüttelt er heute den Kopf. Zu schaffen machte ihm vor allem die Verantwortung. »Die Gedanken an das *Kostenrisiko* raubten mir für einige Wochen den Schlaf«, erinnert er sich. Normalerweise trage der Bauherr die Kosten, nicht der Architekt, betont Frey.

In der konkreten Planung beriefen sich Kiechle, Szymczak und Frey auf ihre Kernkompetenzen. Alle drei hatten in dieser Phase mit großen Herausforderungen zu kämpfen.

Dennoch ging es voran, wenn auch nicht gerade mit Siebenmeilenstiefeln. Dem ersten Arbeitskreis folgten ein zweiter und bald ein dritter. Immer mehr Bürger kamen und wollten mitmachen. Den Fachgebieten entsprechend wurden die Leute auf Arbeitsgruppen mit jeweils 10 bis 20 Personen aufgeteilt. Jeder war willkommen. Am Ende waren es zehn (!) Arbeitskreise.

Für Frey waren die Diskussionen im Arbeitskreis »Bau und Planung« zunächst eine echte Herausforderung, erinnert sich Kiechle. »Er musste mit etwa 15 Leuten über wirklich alles diskutieren: Wo kommen die Duschen hin? Welchen Bodenbelag nehmen wir? Wie rutschfest sollen die Fliesen sein? Das war nicht einfach für ihn«, verrät er. Der anfänglichen Un-

„... Wenn man die Bürger in diesem hohen Maße in die Planungen miteinbinde, müsse man auch bereit sein, sich auf neue Ideen einzulassen ...“

Architekt Wolfgang Frey beim ersten Spatenstich im Februar 1997.

Foto: Gustav Rinklin

Baubeginn war im März 1997.

… Gewerkschaften fordern einen neuen Generationenvertrag, andere seine Aufkündigung …

Foto: Gustav Rinklin

sicherheit des neuen Terrains begegnete der Architekt mit Geduld und Fingerspitzengefühl. Er hörte den Leuten zu, nahm ihre Vorschläge und Bedenken ernst und verwirklichte sie in seinen Plänen. Es brauche schon Mut und Vertrauen, gibt Frey zu. Wenn man die Bürger in diesem hohen Maße in die Planungen miteinbinde, müsse man auch bereit sein, sich auf neue Ideen einzulassen. Auch, wenn sie von den eigenen Überlegungen abweichen. Kiechle erinnert sich: »Frey hat die Pläne bestimmt einige dutzend Male ändern müssen, es war ein ständiger Verbesserungsprozess.« Bei der Einweihungsfeier des Schwanenhofs vier Jahre später habe er sich deshalb auch erlaubt, in seiner Rede zu fragen: »Ist der Plan auch gut gelungen oder verträgt er noch mehr Änderungen?«

Der Schwanenhof wurde von den Eichstettern dem alltäglichen Hilfebedarf angepasst. Jemanden morgens beim Waschen und Ankleiden helfen, das Frühstück richten, den Müll hinunterbringen oder das Geschirr abwaschen – das seien genau die Dinge, bei denen 80 Prozent der älteren Menschen Unterstützung bräuchten, erläutert Kiechle. Hilfestellungen, die jeder, sei es der Nachbar, der Enkel oder ein anderer Bürger, leisten könne. Für diese Art von Unterstützung brauche es keine spezielle Berufsausbildung, da reichten Grundkurse und Fortbildungen. Die restlichen 20 Prozent seien medizinische Pflege und sollten von Sozialstationen oder Pflegediensten übernommen werden. »Wir haben von Anfang an deutlich gemacht, dass die häusliche *Fachkrankenpflege* von den Bürgern nicht geleistet werden kann«, sagt Szymczak. Zur häuslichen Krankenpflege (SGB V) zähle alles, was ein Arzt verordnet, wie Spritzen geben, Verbände anlegen oder Tabletten richten. Während es innerhalb der Familie rechtlich erlaubt sei, dass zum Beispiel die Mutter der Oma Insulin spritzt, dürfe ein Fremder das nicht.

Ein vertrauensvolles Miteinander zwischen professionellen Helfern und Bürgern war für die Zusammenarbeit deshalb unabdingbar. Doch viele Eichstetter standen dem ganzen Unterfangen anfangs sehr skeptisch gegenüber. Wirklich vorstellen konnte man sich das nicht, auch glaubten sie nicht recht daran, dass die Sozialstation mit Laien ernsthaft zusammenarbeiten wolle. »Da musste erstmal Vertrauen aufgebaut werden«, sagt Szymczak. Mit speziell angepassten Schulungen und Fortbildungen für die Eichstetter erbrachten die professionellen Pflegekräfte dann aber sehr schnell den Beweis dafür, dass sie diese besondere Form der Kooperation auch wirklich wollten. In vertiefenden Kursen zeigten die Profis den Laien, wie sie richtig helfen können und wo gefährliche Pflege anfängt. Ein Beispiel: Häufig benötigen die Bewohnerinnen und Bewohner des Schwanenhofes Hilfe beim Aufstehen oder beim Umsetzen vom Bett in den Rollstuhl. Das sollte jedoch nur speziell geschultes Personal machen. Die Sozialstation bildet die Mitarbeiterinnen und Mitarbeiter der Nachbarschaftshilfe deshalb darin aus, pflegebedürftige Menschen möglichst schonend

Viele Bürger ließen sich in speziellen Kursen schulen, um aktiv bei der Pflege helfen zu können. Damit zeigten sie trotz anfänglicher Skepsis ihr Engagement für die Bürgergemeinschaft.

»Wenn man die Bürger machen lässt, dann werden sie immer aktiver. Die Eichstetter sind über sich hinausgewachsen, weil man ihnen zutraute, dass sie das können«

M. Szymczak

zu bewegen. Nach dem Erlernen der richtigen Abläufe und Handgriffe kann die Pflege komplett von der Bürgergemeinschaft übernommen werden. Die Zusammenarbeit zwischen den Fachkräften und den Bürgern funktioniere außerordentlich gut, sagt Szymczak. »Klar gibt es hier und da mal Reibereien, aber wichtig ist, dass wir auf Augenhöhe miteinander sprechen und beide Parteien gleichberechtigt sind«, betont er.

Dass Eichstetten ein echtes Erfolgsmodell geworden ist, begründet der Sozialarbeiter vor allem damit, dass nicht am Bedarf vorbeigeplant wurde. Jeder hätte genau hingehört und geschaut, wo die Talente der Bürger liegen. So hatten anfangs professionelle Institutionen wegen der Rendite ein Konzept mit 30 Wohnungen vorgeschlagen, aber das hätte nicht funktioniert, ist sich Szymczak sicher. »So viele Wohnungen hätten wir nicht beleben können, 16 Appartements dagegen schon.« Deshalb sei auch das Engagement des Architekten so hoch zu bewerten, fügt Kiechle hinzu. »Die Bereitschaft Wolfgang Freys als Investor einzutreten, hatte entscheidenden Anteil am Gelingen des Projekts«, betont der frühere Bürgermeister. Der Architekt als Finanzverantwortlicher orientiert sich nicht primär an der Renditeoptimierung, für ihn ist der Abwägungsprozess zur inhaltlichen Qualität wichtiger. Kiechle, der den *Eichstetter Sonderweg* wie einen Motor immer weiter vorantrieb, schreckte nicht davor zurück, von der eigenen Macht ein Stück an die Bürger abzugeben. Ebenso wenig der Gemeinderat. Die Bürger brachten sich mit ihren Ideen und Talenten ein und nahmen damit auch Einfluss auf den politischen Prozess. »In Eichstetten seien Kiechle und die Gemeinderäte immer an einer Lösung für das Dorf interessiert gewesen, parteipolitische Linien hätten eine untergeordnete Rolle gespielt«, erinnert sich Szymczak. Angst davor, dass das Bürgerengagement einmal nachlassen könnte, gab es nicht. »Wenn man die Bürger machen lässt, dann werden sie immer aktiver. Die Eichstetter sind über sich hinausgewachsen, weil man ihnen zutraute, dass sie das können«, erläutert Szymczak und fügt nachdrücklich hinzu: »Beteiligung erzeugt Verantwortung.« So sei der Wandel vom Ehrenamt hin zum bürgerschaftlichen Engagement eingeleitet worden.

Eichstetten als Bürgerkommune

Moderne Bürgermeister haben in den letzten Jahrzehnten die Gemeindeverwaltung als Dienstleistungsverwaltung versucht zu modernisieren. Bürger wurden als Kunden und Kundinnen angesprochen. Sie sollten möglichst freundlich behandelt, effizient versorgt und mit qualitativ hoch stehenden Dienstleistungen der Gemeinde bedient werden. Nun sind aber Bürgerinnen und Bürger nicht nur Kundinnen und Kunden, sie sind ganz wesentlich diejenigen, die das Gemeindeleben mitbestimmen und mitgestalten. In Zeiten des demografischen Wandels und begrenzter Leistungsfähigkeit der Kommunen auch in finanzieller Hinsicht sind sie mehr gefragt, sich in öffentliche Angelegenheiten einzumischen und mitzuentscheiden, wie denn Fragen der öffentlichen Daseinsvorsorge in der Zukunft gestaltet werden sollen: Brauchen wir noch ein Schwimmbad, können wir uns dies leisten, wie können wir ein Schwimmbad bewirtschaften? Sind alle Bücher oder die öffentliche Bibliothek weiterhin ein wichtiger Beitrag für die Bildung? Wenn ja, gelingt es uns, Ehrenamtliche für den Betrieb zu finden, um ihn weiter aufrechterhalten zu können? Das Stichwort *Bürgerkommune* steht für die Revitalisierung der lokalen Selbstverwaltung als eine ureigene Gestaltungsaufgabe der Bürgerinnen und Bürger. Bürgerengagement geht dabei weit über das Ehrenamt oder die traditionelle Freiwilligenarbeit hinaus. Es ist auch mehr als traditionelle Beteiligung, etwa bei Bebauungsplänen. Im Mittelpunkt steht die Selbstorganisation des Lokalen durch die lokalen Akteure, die Unternehmer, durch Bürgerinnen und Bürger, durch Vereine, Kirchengemeinden und andere wichtige örtliche Gruppierungen. Die Bürgerinnen und Bürger werden ermächtigt und unterstützt, zu den Produzenten ihrer eigenen sozialen Verhältnisse zu werden und nicht allein Konsumenten fremdbestimmter öffentlicher Angebote zu bleiben. Genau für eine solche Bürgerkommune steht Eichstetten: Hier wurden die Bürgerinnen und Bürger eingeladen, die örtlichen Angelegenheiten wieder stärker selbst in die Hand zu nehmen, zu Produzenten gegenseitiger Sorge zu werden, sich mit Fragen des Wohnens und der Versorgung auseinanderzusetzen. Sie wurden aber auch gefordert, ihr Recht auf bürgerschaftliches Engagement wahrzunehmen. Dies geschieht in unterschiedlicher Weise und in unterschiedlichen Feldern. Von der Winzergenossenschaft über den Gewerbeverein bis hin zur Bürgergemeinschaft. Die Bürgerkommunen zeichnen sich durch ein ausgeprägtes bürgerschaftliches Engagement ihrer Bürgerinnen und Bürger aus. Zu ihren Merkmalen gehört aber auch, dass es klare Spielregeln gibt, die das Miteinander von Gemeindepolitik, Verwaltung und bürgerschaftlichen Gruppierungen bestimmen. Sie wurden in Eichstetten eingeübt, verbindlich gemacht, und dies in einem Lernprozess für alle Beteiligten, inklusive dem Bürgermeister, der sich neben seinen klaren Verantwortungsrollen als Chef der Verwaltung und Oberhaupt des Dorfes als Moderator bewährt hat.

Die Bürger werden unterstützt, örtliche Angelegenheiten wieder stärker selbst in die Hand zu nehmen und nicht allein Konsumenten fremdbestimmter öffentlicher Angebote zu bleiben.

Die Architektur des Schwanenhofs

Ein Lebensraum, der zum Verweilen einlädt

Können die Menschen nicht mehr dorthin kommen, wo das Leben ist, dann muss das Leben eben zu ihnen kommen. Diesem Credo folgend baute das Architektenbüro von Wolfgang Frey den Schwanenhof in Eichstetten. Wohl wissend, dass ein solches Projekt nicht beendet ist, wenn das Gebäude steht. Denn um im Dorf nachhaltig akzeptiert zu werden, musste der Schwanenhof mit Leben gefüllt werden. Wie das Leben eines Menschen nach der Geburt beginnt, so beginnt das Leben eines Hauses nach dessen Fertigstellung, sagt der Architekt. »Es ist gut, wenn die Anlagen sorgfältig bedacht sind, aber vieles bedarf der Unterstützung, damit es sich richtig entfalten kann«[5], schreibt Frey in seinem Buch über das *Fünf-Finger-Prinzip*. Darin steht jeder Finger einer Hand für jeweils eines der Prinzipien Ökologie, Ökonomie, Gesellschaft, Gestaltungswille und Anreiz. Frey macht damit deutlich, dass eine isolierte Betrachtung von Einzelaspekten nicht ausreicht, sondern vielmehr ein integraler Planungsansatz notwendig ist, um nachhaltig zu bauen. Auch die Bauweise des Schwanenhofs profitierte von dieser ganzheitlichen Betrachtung.

Von der ersten Idee bis zum fertigen Haus dauerte es gut sieben Jahre, die rückblickend betrachtet wichtig und wertvoll waren, da sich in dieser Zeit die Verbundenheit der späteren Nutzer und der Bürger entwickeln konnte. Um die neue Wohnanlage zu beleben, brauchte es vor allem eine gute Lage und engagierte Bürger. Als 1995 die Verträge für den Schwanenhof geschlossen wurden, legten die Initiatoren bewusst Wert auf die »Einbindung der Seniorenwohnungen in das aktive dörfliche Leben.«[6] Die Lage des Schwanenhofs hätte für dieses Vorhaben besser nicht sein können: Mitten im Dorf, gegenüber von Kirche und Rathaus – für ältere Menschen, deren Beweglichkeit kontinuierlich abnimmt, optimal. Entscheidend war zudem, dass die Bürger sich mit dem neuen Gebäude identifizierten, um es als ihres anzunehmen. »Ein optisch noch so aufwändiges Gebäude wäre sicher nicht besser gewesen. Die Menschen hätten es sich nur schwer aneignen können, weil sie es als Fremdkörper empfunden hätten. Die Identifikation ist wichtig, reine Ästhetik reicht da nicht aus«, erläutert Frey. Die Eichstetter waren deshalb von Anfang an in die Planungen miteinbezogen, wodurch es gelang, Verständnis für das neue Bauwerk im alten Dorfkern zu schaffen. »Gewiss gab es Dinge, die man hätte anders planen können, doch sind auf diese Weise viel mehr Ideen in die Planungen eingeflossen«, sagt Frey. Die Rollenverteilung sah damals so aus: Die Bürger nutzten ihr Mitspracherecht und brachten aus ihrem privaten Erfahrungsschatz teils innovative, teils abenteuerliche Gestaltungsideen ein. Architekt Frey war dabei Moderator und Zuhörer zugleich. In den Gesprächen wog er das Für und Wider der einzelnen Vorschläge ab, um die optimale Synthe-

Der Schwanenhof musste mit Leben gefüllt werden, denn nur so konnte er von den Bürgern Eichstettens akzeptiert werden. Dafür brauchte es neben einer guten Lage auch engagierte Bürger.

se herauszuarbeiten. Seine Aufgabe sah er unter anderem darin, den nötigen Freiraum für kreative Vorschläge im gemeinsamen Diskurs zu schaffen. Der offene Umgang miteinander erleichterte das Unterfangen und schuf Sensibilität, wenn manche Dinge anders als zunächst gedacht konzipiert wurden.

So rief Bürgermeister Kiechle, da waren die Handwerker schon zugange, an einem Montagmorgen bei Wolfgang Frey an. Er hatte seinen sonntäglichen Besuch auf der Baustelle überdacht und bat den Architekten die geplanten Drei-Zimmer-Wohnungen zu verkleinern. Das kleinteilige Wohnen in Zwei- oder Einzimmer-Appartements erschien ihm sinnvoller. Außerdem hatte ihm eine Betonstütze mitten im Gemeinschaftsraum den Schlaf geraubt. Die Probleme waren schnell gelöst: Schon am Dienstagmorgen votierte die Bürgergemeinschaft für die Planän-

Architekt Wolfgang Frey setzte beim Planen des Schwanenhofs auch auf die Mitsprache der Bürger. In der Planung wurde die Rekonstruktion der originalen Straßenfassade vorgesehen, um die historische Gewordenheit und damit die Identifikation der ortsansässigen Bürger zu erhalten.

Grafik: Wolfgang Frey.

... Ein Wir-Gefühl entstand und
die Freude über das gemeinsam Geleistete
vertiefte das Gefühl der Verbundenheit
unter den Eichstettern ...

Fotos: Gustav Rinklin.

Das traditionelle Richtfest wurde im März 1998 gefeiert.

derungen, die direkt im Anschluss umgesetzt wurden. Noch am gleichen Nachmittag wurde die Betonsäule im Gemeinschaftsraum umgelegt, tags drauf waren die neuen Pläne auf der Baustelle. »Die Bauleitung und auch die Architektur an sich sind von solchen Änderungen normalerweise nicht begeistert. Aber gerade darin bestehen die Chancen des integrativen Planens«, sagt Frey. Durch das von beiden Seiten ernst genommene Mitspracherecht der Bürger kam das sonst so oft beobachtete »*Fremdkörpergefühl*« der örtlichen Bevölkerung beim Schwanenhof erst gar nicht auf. Sie lehnten das neue Gebäude nicht ab, sondern nahmen es gleich als das ihre an. Ein Wir-Gefühl entstand und die Freude über das gemeinsam Geleistete vertiefte das Gefühl der Verbundenheit unter den Eichstettern.

Eine wichtige Rolle spielten dabei die ausgefeilten Baubesonderheiten, die die Wohnanlage heute auszeichnen und zu einem einladenden Ort machen. »Es liegt in uns begründet, dass wir anderen Menschen gern begegnen und mit ihnen ins Gespräch kommen. Ich bin der festen Überzeugung, dass es die Aufgabe von Architektur ist, dafür Räume zu schaffen«, betont Frey. Um Kommunikation zu fördern, reiche es nicht aus, eine Grundfläche zu definieren, auf der sich die Menschen aufhalten können. Wäre dem so, wären Parkplätze die idealen Treffpunkte, sagt er. Es brauche eine bedürfnisorientierte Architektur, die Flächen und Räume schafft, in denen sich Menschen wohlfühlen. Orte, wo man

Die Eichstetter lehnten den Schwanenhof nicht ab, sondern nahmen im Gegenteil das neue Gebäude gleich als das ihre an.

... Die Seniorenwohnanlage wurde wie ein kleines Dorf konzipiert. Die Gefahr der Isolierung von Bewohnern sollte auf ein Minimum beschränkt werden ...

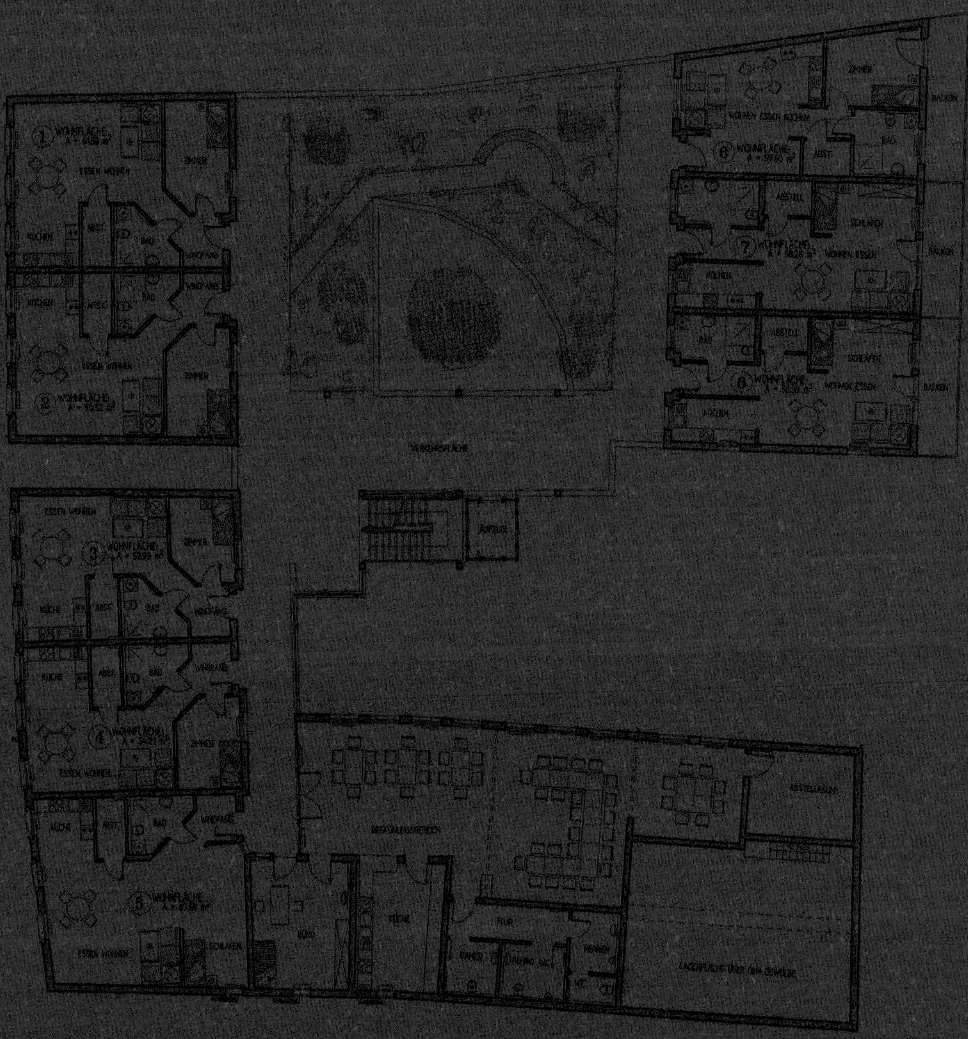

Skizze: Architekturbüro Frey

nicht im Regen steht oder der prallen Sonne ausgesetzt ist, wo es einladende Sitzmöbel gibt und die Umgebung liebevoll gestaltet ist, wo es belebt, aber nicht unruhig ist. Diese Grundsätze flossen in die damaligen Planungen ein.

Die Seniorenwohnanlage wurde wie ein kleines Dorf konzipiert. Die Gefahr der Isolierung von Bewohnern sollte auf ein Minimum beschränkt werden. So gibt es beispielsweise keine gemeinsame Hauseingangstür, die das Leben von draußen fernhält. Der gesamte Grundriss des Erdgeschosses ist in mehrere Einzelbaukörper gegliedert, die miteinander durch die darüber liegenden Etagen verbunden sind. Die Überbauungen ähneln Arkaden, die geschützte Bewegungsflächen entstehen lassen. Es sollte keine dunklen Sackgassen oder unwirtliche Orte geben. Frey plante abwechselnd großzügig und luftig geschnittene sowie engere und niedrigere Zonen. Jeder Raum im Schwanenhof, egal ob drinnen oder draußen, sollte Ausblicke zulassen und Übersichtlichkeit erzeugen. Die freien Flächen sind heute sowohl Zugangsflächen zu den einzelnen Geschäften, die im Schwanenhof residieren, als auch öffentlicher Straßenraum, der die Ortsmitte mit dem gegenüberliegenden Wohngebiet verbindet. Durch diesen öffentlichen Charakter sollte sich ein Passant genauso willkommen fühlen wie die Bewohner und Nachbarn der Anlage. Viele Kinder nutzen seither den öffentlichen Durchgang als Schulweg. Für die Bewohner ist der Anblick bunter Schulranzen nicht nur schön, er vermittelt ihnen auch das Gefühl, dort zu sein, wo Leben ist. Bürgermeister Michael Bruder brachte es 2006 auf den Punkt. Das ganze Dorf gehe im Schwanenhof ständig ein und aus, sagte er damals dem Nachrichtenmagazin Spiegel[7]. Jeder könne sehen, wie es den Bewohnern geht. Die behindertengerecht gebaute Seniorenwohnanlage besitzt, wie es im Architektenjargon heißt, großzügige Erschließungsflächen, also weitläufige Flure und ein geräumiges Treppenhaus. »Die Erschließungsflächen betragen etwa die Hälfte der Gesamtfläche, in normalen Mehrfamilienhäusern werden sie so klein wie möglich gehalten, weil sie nicht vermietet werden können und daher nicht profitabel sind«, erklärt Frey. Im Schwanenhof seien die jeweiligen Flächenanteile an die Bedürfnisse der Bewohner angepasst worden.

Wer in den ersten Stock zum Bürgerbüro will oder jemanden im Schwanenhof besuchen möchte, der kann sich zwischen Treppe und einem verglasten Aufzugsturm entscheiden. Die Verglasung des Aufzugs ist dabei kein moderner *Schnickschnack*, er soll für eine bessere Orientierung sorgen. »Der zu gehende Weg kann schon beim Betreten des Innenhofs vorweggenommen werden. Das baut Ängste und Hemmungen ab«, erläutert Frey. In der späteren Praxis gibt es dennoch unterschiedlichere Meinungen, weil komplexe architekturpsychologische Abhängigkeiten weniger offensichtlich sind als Alltagsgewohnheiten. Sabine Lais, die zum Vorstand der Bürgergemeinschaft gehört und von Anfang an im Bürgerbüro mitarbeitet, findet den

Frey sieht als Architekt seine Aufgabe darin, Räume zu schaffen, in denen sich Menschen wohlfühlen.

... Für die Bewohner ist der Anblick bunter Schulranzen nicht nur schön, er vermittelt ihnen auch das Gefühl, dort zu sein, wo Leben ist ...

Die Senioren-wohnanlage sollte mitten im Dorf liegen, dort wo das Leben und Kinderlachen zu hören ist.

Foto: Wolfgang Frey

Aufzug zwar schön, aber unpraktisch: »Er sieht oft schmutzig aus, weil selbst professionelle Fensterputzer an manche Scheiben nicht richtig drankommen. Bürger und Bewohner fragen oft, ob wir den Aufzug nicht mal gescheit putzen könnten.« Nichtsdestoweniger: Die meisten Delegationen, die sich für das Projekt Schwanenhof interessieren, seien vom Aufzug oft total begeistert, sagt Lais. Und jeder Besucher findet auch ohne Erklärungen den gewünschten Weg.

Doch egal ob Aufzug oder Treppe, wer oben ankommt, den erwartet ein hübsch gestalteter Dachgarten mit zahlreichen Bänken zum Platznehmen. Laubenartig gestaltete Wege, die der Architekt als erweiterte Dorfstraßen bezeichnet, bieten in kleinen Buchten geschützte Sitzmöglichkeiten, die zum Verweilen einladen. Grauer Nieselregen oder kühle Windböen bleiben hier außen vor. Der Dachgarten ist öffentlich zugänglich und aus Sicht von Passanten doch halbprivat, sodass er seiner Aufgabe als Schutzraum für pflegebedürftige Menschen gerecht wird und den Bewohnern gleichzeitig die Möglichkeit gibt, in der Öffentlichkeit zu sein, ohne gleich auf der Straße zu stehen. Nur drei Wohnungen im Schwanenhof haben einen rein privaten Balkon. Aus der Sicht Freys ist dies ein wichtiger Aspekt. Denn wer rausgehe und sich mit anderen Leuten treffe, der vereinsame nicht, so wie es bei vielen älteren Menschen in der Stadt der Fall sei. Deshalb investierte das Architekturbüro auch in Sitzbänke und Stühle, die in den Laubengängen aufgestellt wurden. »Die Bänke wandern in immer wieder anderen Konstellationen über den Dachgarten und die Laubengangflächen. Das zeigt, dass die Idee funktioniert hat«, freut sich Frey. Das Grün vor der Tür solle dem menschlichen Bedürfnis nach Natur nachkommen, erklärt er weiter. »Ein Laubengang, dessen Konstruktionsstruktur begrünt ist, erzeugt einen Wohnwert, der zum Aufenthalt einlädt – nicht nur weil die Pflanzen dem Raum eine freundliche Ausstrahlung verleihen, sondern auch, weil sie ausgleichend auf das Klima wirken.«[8] Im Frey'schen Fünf-Finger-Prinzip symbolisiert die Idee des Dachgartens die beiden Finger, die für Ökologie und Gesellschaft stehen.

Um die soziale Nachhaltigkeit im Sinne des Architekten zu fördern, sollte die Kommunikation der Bewohner untereinander wirkungsvoll gefördert werden. Aus der Sicht des Baufachmanns kann gute Architektur Begegnungen fördern, die *»Zufälligkeitscharakter«* haben, aus denen sich zwanglose Gespräche ergeben. Im Schwanenhof sind es die überdachten Briefkästen im ersten Stock, an denen sich die Bewohner hin und wieder treffen und ein kurzes Schwätzchen halten. Im Gemeinderaum gibt es zudem eine große Tafel für gemütliche Kaffee- und Bastelstunden, eine Leseecke mit Büchern, ein Klavier für Musiknachmittage und genug Platz, um Familienjubiläen angemessen feiern zu können. Sehr praktisch ist dabei laut Sabine Lais eine Trennwand, die sich je nach Bedarf zur Seite schieben lässt. So ist es möglich, dass zwei Gruppen den Raum gleichzeitig und doch getrennt von-

...Um die soziale Nachhaltigkeit im Sinne des Architekten zu fördern, sollte die Kommunikation der Bewohner untereinander wirkungsvoll gefördert werden. Aus der Sicht des Baufachmanns kann gute Architektur Begegnungen fördern, die "Zufälligkeitscharakter" haben, aus denen sich zwanglose Gespräche ergeben...

Foto: Judith Köhler

Bei den überdachten Briefkästen im ersten Stock treffen sich die Bewohner hin und wieder, um ein kurzes Schwätzchen zu halten.

Foto: Architekturbüro Frey

… Nur drei Wohnungen im Schwanenhof haben einen rein privaten Balkon. Aus der Sicht Freys ist dies ein wichtiger Aspekt. Denn wer rausgehe und sich mit anderen Leuten treffe, der vereinsame nicht, so wie es bei vielen älteren Menschen in der Stadt der Fall sei …

einander nutzen können. »Vorne ist dann zum Beispiel die Tagesgruppe, während hinten Gymnastik gemacht wird«, erklärt Lais. Manchen Bewohnern sei es zeitweilig allerdings zu laut. Dass es wegen der Lautstärke manchmal zu Konflikten kommen würde, nahmen die Initiatoren bewusst in Kauf. »Wir hatten uns für den Schwanenhof entschieden, weil er mitten im Ort liegt, dort, wo was los ist. In der integrativen Seniorenwohnanlage sollte keine Friedhofsstille herrschen, sondern geschäftiges Treiben und Kinderlachen zu hören sein«, betont der Architekt. Sonst hätte man den Schwanenhof auch an den Dorfrand, abseits vom Lärm und Leben, bauen können.

Ganz in der Nähe, nur ein paar Treppenstufen weiter hinauf, ist im zweiten Stock ein Pflegebad für die Bewohner eingerichtet worden. »Aus Angst vor Unfällen haben wir uns nach vielen Gesprächen in den Arbeitskreisen gegen Badewannen und für ein zentrales Pflegebad entschieden«, erklärt Frey. Jede Wohnung im Schwanenhof verfügt über barrierefreie Duschen. Direkt nebenan wurde ein Gästezimmer für Besucher eingerichtet, die hier gegen eine nicht allzu hohe Pauschale übernachten können.

Lebendig machen den Schwanenhof auch die im Erdgeschoss beheimateten Geschäfte. Seit der Fertigstellung residieren hier eine Sparkasse, die Winzergenossenschaft, ein Reisebüro, ein Blumenladen, eine Arztpraxis und das integrative Café [9]. Die Umgebung sollte liebevoll gestaltet sein und zum Schwanenhof passen. »Äußere Reize bestimmen die *Gemütsverfassung* mit. Da wir uns fröhliche Passanten wünschten, die sich gern auf einen Plausch einlassen, haben wir die Geschäfte im Gebäude vorab sorgfältig auf ihre Wirkung hin geprüft«, erläutert Frey. Ein Reisebüro schien diesem Gedanken zu entsprechen. »Wir dachten uns, wer eine Urlaubsreise buchen möchte, der ist vermutlich froh und beschwingt und nimmt nach erfolgter Buchung gern die Möglichkeit eines Gespräches an«, führt der Architekt aus. Der Schwanenhof sei bewusst öffentlich zugänglich angelegt worden – liebevoll gestaltete Schaufenster und Geschäftseingänge sollten Eichstetter und Besucher zum Bummeln und Einkaufen einladen. Passend zu diesem Konzept wurde auch die zweigeschossige Straßenfassade rekonstruiert, die die historische Gewordenheit nachempfindbar machen würde. Sie sollte sich ins Ortsbild

Der Schwanenhof ist ganz bewusst öffentlich zugänglich. Die im Erdgeschoss befindlichen Geschäfte laden die Passanten zum Einkaufen und Bummeln ein. Das füllt den Schwanenhof mit Leben.

... Im Gemeinderaum gibt es zudem eine große Tafel für gemütliche Kaffee- und Bastelstunden, eine Leseecke mit Büchern, ein Klavier für Musiknachmittage und genug Platz, um Familienjubiläen angemessen feiern zu können ...

Der Gemeinschaftsraum im Schwanenhof wird vielfältig genutzt. Zum Beispiel für gesellige Klaviernachmittage oder die zweimal wöchentlich stattfindende Tagesbetreuung.

Fotos: Brigitte Ziser

einschmiegen und authentisch das kleinteilige Wohnen hinter der Fassade repräsentieren. Eine fassadenfremde Nutzung wäre für das Architektenteam nicht in Frage gekommen. »Wer die Fassade betrachtet, sollte das sehen, was es ist, und nicht in seiner Empfindung betrogen werden«, betont Frey.

Wer hinter die Fassade schaut, findet dort heute ein Umfeld, das sich auch von innen heraus belebt. Das beste Beispiel ist die selbstgemachte Marmelade von Ruth Hiss, die seit Anfang 2011 im Schwanenhof wohnt. Täglich stellt sie *Marmeladengläser* unterschiedlicher Größe und Farbe auf einen kleinen Tisch, darunter rote Himbeer-, dunkle Brombeer- und blaue Heidelbeermarmelade sowie gelbes Quitten- und rotes Johannisbeergelee. Die kleinen Gläser kosten zwei, die großen drei Euro. Links daneben steht eine grüne Kasse mit Münzschlitz. Ruth Hiss vertraut den Leuten. »Mir ist noch nie was weggekommen«, sagt sie. Links neben der Hiss-Marmelade steht ein kleiner Tisch mit frischem Obst der Saison. Das verkauft die Familie des früheren Hausmeisters, die selbst noch Landwirtschaft betreibt. Ein Kilo Idared-Äpfel kostet 1 Euro. Eine kleine rote Kasse mit Münzschlitz steht daneben.

Soziale Architektur

Die Soziale Architektur gewinnt heute an immer größerer Bedeutung, denn der soziale Zusammenhalt und die Zugehörigkeit zu einer Gemeinschaft spielen auch im Alter eine wichtige Rolle.

Der demografische und soziale Wandel verändert die Formen unseres Zusammenlebens zum Teil grundlegend: Familien werden kleiner, immer mehr Menschen leben in Einpersonenhaushalten. Weltanschaulich werden wir offener und pluraler: Es gibt nicht mehr hier den evangelischen und dort den katholischen Ort. Das Nebeneinander unterschiedlicher Ethnien, unterschiedlicher Glaubensrichtungen und Kulturen gehört immer mehr zu den Kennzeichen unserer Städte, Quartiere aber auch Dörfer und Ortsteile. Wie gelingt es, sozialen Zusammenhalt, die Gelegenheit für ein Miteinander, das Gefühl von Sicherheit und Zugehörigkeit zu erhalten und neu zu stiften? Diese Frage beschäftigt heute viele Gemeinden, Bürgermeister und Gemeinderäte. Es kommt nicht nur auf die bauliche Architektur, auf die Attraktivität des Designs an. Die Soziale Architektur wird von größerer Bedeutung. Auch hier ist Eichstetten ein Musterbeispiel dafür, wie neue bauliche Projekte mit dem Aufbau einer neuen Sozialen Architektur verbunden wurden und werden. Das Betreute Wohnen wird von vielen größeren Gemeinden als Antwort auf Fragen des Älterwerdens vor Ort gesehen. Dabei wird das Betreute aber schnell zum Bereuten Wohnen: Die Erwartungen an Unterstützung, an sozialen Kontakt und Zugehörigkeit werden vielfach in klassischen Einrichtungen des Betreuten Wohnens nicht befriedigt. Anders in Eichstetten: Hier ist das Betreute Wohnen eingebunden in die *Bürgergemeinschaft*, die sich sorgt, die ehrenamtliches Engagement sicherstellt, kostengünstige Versorgungs- und Dienstleistungsangebote unterhält und für die kulturelle Integration der Wohnanlage in den Ort Sorge trägt. Das Gleiche gilt für die Wohngruppe Adlergarten (vgl. Kap. 7 und 8). Auch hier handelt es sich nicht um eine isolierte Insel für Menschen mit Demenz. Auch der Adlergarten ist fest eingebunden in die Struktur der Bürgergemeinschaft, die für die Teilhabe der Bewohnerinnen und Bewohner in der Wohngruppe Sorge trägt. Sie gehören weiterhin als Bürgerinnen und Bürger zum Ort. Zur Sozialen Architektur gehört nicht nur die Sicherung der Zugehörigkeit in »Sonderwohnformen«, wie dem

Foto: Daniel Schoenen

… Zur Sozialen Architektur gehört nicht nur die Sicherung der Zugehörigkeit in »Sonderwohnformen« …

Schwanenhof oder dem Adlergarten. Egal wo die Menschen wohnen – und die meisten wünschen auch im Alter in ihrer angestammten Wohnung und ihrem Haus leben zu können –, wird Unterstützung angeboten. So spricht man heute auch vom Betreuten Wohnen zuhause. In der modernen Gesellschaft droht die Aufmerksamkeit für den Anderen verloren zu gehen. Die diskrete Anteilnahme am Leben des Anderen, wohnortnah verfügbare Hilfestrukturen, Treffpunkte, Orte lebendigen kulturellen Lebens, mit breiter Resonanz in der bunten Ortsbevölkerung, dies macht eine sicherheits- und zugehörigkeitsstiftende Soziale Architektur aus. Sie ist nicht naturwüchsig, es bedarf der Investition. Diese Investitionen zahlen sich aber aus, wie man am Beispiel Eichstetten besichtigen kann.

Die Bürgergemeinschaft

Ein Dorf übernimmt den Generationenvertrag

Heiß diskutiert wurde in der Anfangsphase über die Rechtsform, die die Institution Schwanenhof haben sollte. Vor allem bürgernah und in bürgerschaftlicher Verantwortung sollte sie laut Gerhard Kiechle sein. Darüber hinaus mussten auch die Qualität der Pflege gesichert und mögliche *Kooperationen* mit Sozialstationen ausgelotet werden. Rund drei Jahre debattierten die Eichstetter alle möglichen Varianten und führten intensive Gespräche. Doch die beteiligten Wohlfahrtsverbände und Pflegeheimbetreiber stellten Forderungen, die den Vorstellungen der Initiatoren zuwiderliefen: feste Besuchszeiten, keine Abendsprechstunde, Betreuung nur durch professionell geschultes Personal. Je mehr die Initiatoren und Eichstetter in das Thema eintauchten, desto klarer wurde ihnen: Es muss eine andere Lösung gefunden werden. Denn mit einem fremden Investor würde die Gemeinde immer fremdbestimmt bleiben, und das wollte man nicht. Dass die Wohlfahrtsverbände Eichstetten dann stellvertretend für die klassische Pflegeindustrie eine Absage erteilten, war für das Dorf verkraftbar. Schließlich wollte man ohnehin etwas Eigenes. Ziel war es nun, »die Privatheit Eichstettens zu institutionalisieren und sie in eine Struktur zu gießen, in der sich die Bürger wiederfinden«, erläutert Frey. So kristallisierten sich nach langem Stochern im »Nebel des Unbekannten« zwei

Foto: Daniel Schoenen

Bei der Einweihungsfeier des Schwanenhofs wurde als Bäumchen eine Linde gepflanzt, als Symbol für die historische Dorfplatzlinde.

»Die hohe Zahl der Gründungsmitglieder hat uns sehr bestärkt. Gleichzeitig war uns klar, dass die Bürgergemeinschaft etwas für das ganze Dorf bieten musste, um im Dorf langfristig Rückhalt zu finden.« Albert Schmidt

Betriebsmodelle heraus, aus denen die Bürger wählen konnten: eine Genossenschaft oder ein Verein. Man entschied sich für eine Bürgergemeinschaft, die in Form eines Vereins Betreiber des Schwanenhofs werden sollte. »Der Verwaltungsaufwand bei einem Verein ist kleiner als bei einer Genossenschaft«, begründet Kiechle die Entscheidung für den Verein. Vor allem das Ein- und Austreten sei einfacher zu handhaben.

Rückhalt fand Kiechle im Gemeinderat, der jederzeit geschlossen hinter seinem Plan stand. Des Weiteren wurde er von einer Befürwortergruppe unterstützt, die er selbst als »Pioniere« bezeichnet. Sie setzten sich für die Seniorenwohnanlage im Dorf ein, weil sie sie nicht nur für eine gute Idee, sondern auch für zwingend erforderlich hielten. »Natürlich gab es auch Bedenkenträger«, gibt Kiechle zu: Leute, die sagten, das brauche man nicht, das wolle man nicht und außerdem sei das alles viel zu teuer. Sie bildeten den Gegenpol zu den Pionieren, von denen sich einige in einem Arbeitskreis zusammenfanden, um die Satzung der künftigen Bürgergemeinschaft zu erarbeiten. Viele Sitzungen und noch mehr Diskussionen seien dem dreizehn Paragraphen umfassenden Schriftstück vorausgegangen, erzählt Kiechle. Das Landesnetzwerk Bürgerschaftliches Engagement gab wesentliche Impulse für die Bürgergemeinschaft Eichstetten. Wurden in ihr doch viele Prinzipien verwirklicht, die den Pioniergemeinden im Landesnetzwerk wichtig waren: Vernetzung unterschiedlicher Akteure, Ansprache aller Bürger, neue Formen der Zusammenarbeit von Bürgermeister, Gemeinderat, Verwaltung und Bürgerschaft. Eichstetten wurde schnell zu einer der Vorzeigegemeinden in Baden-Württemberg und darüber hinaus.

Am 9. März 1998 war es dann so weit: Die »Bürgergemeinschaft Eichstetten e.V.« wird fünf Jahre nach Beginn der Planung als Ausdruck einer dörflichen Solidargemeinschaft ins Leben gerufen. Anstatt die sozialen Aufgaben an einen *Wohlfahrtsverband* abzugeben, übernahmen die Bürger nun selbst die Verantwortung, so wie es sich das Dreiergespann Kiechle, Frey und Szymczak von Anfang an vorgestellt hatte. Ziel der Bürgergemeinschaft Eichstetten sollte laut Satzungspräambel fortan sein, »... im Dorf bestehende und entstehende gesellschaftliche Aufgaben und Notlagen durch das gemeinsame Handeln der Bürgerinnen und Bürger unseres Dorfes zu bewältigen«. Der Schwanenhof sollte als Bürgerzentrum fungieren und keinesfalls eine unnahbare Kunstfigur werden. Deshalb hatte Kiechle auch alle Eichstetter Haushalte schriftlich eingeladen, der Gründungsfeier beizuwohnen. »Die Resonanz war überwältigend. Über

300 Bürger kamen, 272 davon wurden Gründungsmitglieder«, sagt er mit froher Stimme. Normalerweise brauche es nur sieben Leute, um einen Verein zu gründen. Albert Schmidt, Vorsitzender der Bürgergemeinschaft und im Gemeinderat seit 1975, fügt hinzu: »Die hohe Zahl der Gründungsmitglieder hat uns sehr bestärkt. Gleichzeitig war uns klar, dass die Bürgergemeinschaft etwas für das ganze Dorf bieten musste, um im Dorf langfristig Rückhalt zu finden.« Heute zählt die *Bürgergemeinschaft* knapp 500 Mitglieder. Umgerechnet ist damit fast jede zweite Familie im Dorf beteiligt – und dies quer durch alle Religionsgemeinschaften und politischen Gruppierungen, wie in Begleitforschungen unter Leitung von Thomas Klie festgestellt wurde.

Bereits vor der Gründung der Bürgergemeinschaft hatte Kiechle auch diejenigen Bürger stets informiert, die nicht hautnah am Entstehungsprozess des Schwanenhofs beteiligt waren. Er dachte sich den Slogan »Ein Dorf übernimmt den Generationenvertrag« aus und verbreitete diesen Gedanken in der Gemeinde. Jeder Eichstetter sollte sich angesprochen fühlen. »Es war wichtig, mit einem verständlichen Begriff an die Öffentlichkeit zu gehen, um den Leuten begreiflich zu machen, was Ziel und Zweck der Bürgergemeinschaft sein sollte«, betont der frühere Bürgermeister. Um die Idee zu verbreiten, wurden neben Veröffentlichungen im Gemeindeblatt und Informationsveranstaltungen auch kleine Flyer gedruckt und verteilt. Auch die Pioniere, darunter Bürger aus der Pflege, Betreuung und dem Nachbardorf, warben aktiv für das Generationenprojekt. Gerhard Kiechle ist es gelungen, alle möglichen Leute aus dem Dorf an einen Tisch zu holen und für diese soziale Aufgabe zu begeistern, sei es die Landfrauen oder das Rote Kreuz, erläutert Schmidt.

Fragt man Gerhard Kiechle heute, warum das Ganze so gut funktioniert und ob die Eichstetter hilfsbereiter seien als Bürger in anderen Gemeinden, winkt er energisch ab. »Die Eichstetter sind nicht hilfsbereiter als andere. Sie haben nur die Strukturen dafür geschaffen, dass die grundsätzlich vorhandene Hilfsbereitschaft eines jeden auch in der Praxis gelebt werden kann«, erklärt er. Das Besondere sei, so Kiechle weiter, dass die Bürgergemeinschaft ein dörflicher Verein sei. In Eigenregie hätten die Eichstetter Verantwortung für die älteren Bürger im Dorf übernommen. »Sie haben praktisch ihren eigenen kleinen Wohlfahrtsverband gegründet«, unterstreicht Kiechle. Es überrascht daher nicht, dass das Konzept andernorts auf Interesse gestoßen ist. Manche Gemeinden trauen sich zwar noch nicht, berichtet Kiechle, doch in einigen Orten

Foto: Brigitte Ziser

Im Bürgerbüro laufen die Fäden der Bürgergemeinschaft zusammen. Von links nach rechts: Helga Bär, Rita Sprich und Sabine Lais.

... Zweck des Vereins ist die Förderung der Alten-, Behinderten-, und Jugendhilfe, Verständigung der Generationen untereinander, sowie die Förderung der Verantwortung der Dorfgemeinschaft für soziale Fragen ...

seien einzelne Bausteine der Eichstetter Bürgergemeinschaft übernommen worden. Zu berücksichtigen ist hierbei Folgendes: Auch in Eichstetten ging es nicht von einem Tag auf den anderen. Die Bürgergemeinschaft hatte 13 Jahre Zeit zu wachsen. Schwächen wurden entdeckt und behoben sowie Stärken gefördert, bis daraus ein ganzheitliches Angebot wurde, das auf die Bedürfnisse des Dorfes exakt zugeschnitten war. »Es war ein stetiger Entwicklungsprozess«, betont Schmidt. In Fachkreisen hat sich das Eichstetter Konzept mittlerweile herumgesprochen: die Nachfrage anderer Gemeinden aus Deutschland und der Schweiz ist sehr groß, das bestätigt auch Sabine Lais vom *Bürgerbüro*. Etwa 40 Besuchergruppen kommen jedes Jahr, zudem würden die Mitarbeiterinnen und Mitarbeiter der Bürgergemeinschaft mehrmals im Jahr für Vorträge in ganz Deutschland gebucht. Kiechle fügt hinzu: »Momentan ist die Frage: ›Wie will ich alt werden?‹ sehr präsent in den Köpfen der Bürger. Viele denken mit Grausen an ein Pflegeheim, wo feste Strukturen statt individueller Bedürfnisse den Alltag bestimmen.« Es verwundere nicht, dass viele kleinere Gemeinden vorab versuchten, Alternativen auszuloten. Die Bürgergemeinschaft wirkt indes nicht nur als leuchtendes Vorbild nach außen. Das Übernehmen von Verantwortung und das Erarbeiten der dafür notwendigen Strukturen hat auch die Eichstetter enger zusammengeschweißt. »Die Bürgergemeinschaft hat ein gutes Image, was die soziale Kultur im Dorf gefestigt hat«, sagt Kiechle. Die große Spendenbereitschaft sei ein Zeichen dafür, dass die Bürger die soziale Einrichtung im Dorf gut finden.

Die Organisation der Bürgergemeinschaft basiert auf den Vorgaben für Vereine. »Zweck des Vereins ist die Förderung der Alten-, Behinderten-, und Jugendhilfe, Verständigung der Generationen untereinander, sowie die Förderung der Verantwortung der Dorfgemeinschaft für soziale Fragen«, heißt es in der Satzung. Die Bürgergemeinschaft gilt als gemeinnützig, da sie »nicht in erster Linie eigenwirtschaftliche Zwecke« verfolgt. Mitglied kann jede natürliche oder juristische Person werden, die einen schriftlichen Antrag stellt. Über die Aufnahme entscheidet der vierköpfige Vorstand, der aus einem Vorsitzenden und dessen Stellvertreter sowie einem Kassierer und einem Schriftführer besteht. Weitere Organe des Vereins sind die Mitgliederversammlung, der Beirat und der zwölfköpfige Verwaltungsrat. Letzteren wählen die Mitglieder für eine Dauer von zwei Jahren, eine Wiederwahl ist möglich. Zu den Aufgaben des Verwaltungsrats gehören unter anderem das Beraten des Vor-

... Mittlerweile bietet die
Bürgergemeinschaft Hilfe
für Betreutes
Wohnen zuhause oder
im Schwanenhof sowie
zweimal in der Woche
eine Tagesbetreuungsgruppe
für Ältere und eine
Kernzeitbetreuung für
Schulkinder an ...

**Mit zum An
gehört auc
Betre
von Schulkin**

Foto: Brigitte Ziser

stands in allen wichtigen Geschäften und das Überwachen der Beschlüsse, die die Mitgliederversammlung trifft. Über die Finanzierung des Vereins klärt Paragraph 10 der Satzung auf: »Der Verein finanziert sich durch Mitgliedsbeiträge, Spenden, Zuweisungen und Entgelte.«[10]

Schaltzentrale des Vereins ist ein Bürgerbüro. »Wir wussten, dass es eine Stelle im Dorf braucht, wo sich die Leute mit offenen Fragen oder Problemen hinwenden können und wo sie kompetent beraten und gegebenenfalls weitervermittelt werden«, erklärt das frühere Gemeindeoberhaupt. Das Bürgerbüro ist heute Anlaufstelle für die sozialen Anliegen des Dorfes, unabhängig davon, ob jemand Vereinsmitglied ist oder nicht.

In den laufenden Planungen ergab sich unweigerlich die Frage, wer im Dorf das größte Potential für die erforderlichen Betreuungsleistungen habe. Frauen mittleren Alters, deren Kinder schon aus dem Haus sind oder Mütter, die wieder etwas arbeiten wollen, während die Kinder im Kindergarten oder in der Schule sind, kommen dabei eine tragende Rolle zu. »Wir dachten, diese Frauen hätten Lust, gern noch mal etwas anderes zu machen«, sagt Kiechle. Gerontologen bezeichnen diese Personengruppe als die »jungen Alten«. In ihrem Essay »Eine neue Kultur des Wandels« betonen die Autoren Björn Schwentker und James W. Vaupel, es gebe die begründete Hoffnung, »dass sich die Lebensspanne, innerhalb derer wir noch gesund, leistungs- und arbeitsfähig sind, genauso schnell erweitert, wie die Lebenserwartung steigt.« Ein heute 50-Jähriger sei so fit wie 1970 noch ein 40-Jähriger und ein 65-Jähriger so gesund wie ein damals 55-Jähriger, heißt es weiter. Schwentker und Vaupel schlussfolgern deshalb: »Das Alter wird [...] immer aktiver und agiler, und Alte können (und wollen) gesellschaftlich mehr Verantwortung übernehmen als früher.«[11] Kiechle und seine Mitstreiter setzen deshalb auf diese Bürgergruppe sowie auf Frauen mit kleinen Kindern, die zeitweise nicht oder nur geringfügig berufstätig sind.

Die ersten Rahmenbedingungen des Bürgerbüros, so wie es heute funktioniert, schuf die Sozialarbeiterin Margit Hable-Maier. Sie war damals auf 240-DM-Basis angestellt und organisierte den Verein, als er noch in den Kinderschuhen steckte. Dabei griff sie nicht in die Pflege als solche ein, sondern formte vielmehr die internen Verwaltungsstrukturen. Sie sprach Leute in Eichstetten an und fragte, ob sie nicht mitmachen wollen. Es war von entscheidender Bedeutung, dass eine neutrale Person, von außen und damit als unparteiisch anerkannt, die zaghafte Entwicklung des Ver-

> »Natürlich ist nicht alles auf einmal entstanden. Schritt für Schritt kamen neue Bausteine hinzu. Die Bürgergemeinschaft versucht dabei den ganzen sozialen Bogen zu spannen«
>
> Michael Bruder

eins fördernd steuern konnte. So wurde verhindert, dass individuelle Partikularinteressen von vielleicht übereifrigen Protagonisten dominant werden konnten, und andererseits konnten vorsichtige, schüchterne Interessierte eingebunden werden. Inhaltlich ebenfalls schon sehr früh in der Bürgergemeinschaft engagiert waren Sabine Lais und Helga Bär, die das Bürgerbüro heute mit einer zusätzlichen Kollegin Rita Sprich gemeinsam leiten. Das Wichtigste im Dorf sei die Aufklärungsarbeit über die Aufgaben und Angebote der Bürgergemeinschaft, sagt Lais. Im Bürgerbüro habe stets jemand ein offenes Ohr für Fragen, Probleme oder Anregungen.

Mittlerweile bietet die Bürgergemeinschaft Hilfe für Betreutes Wohnen zuhause oder im Schwanenhof sowie zweimal in der Woche eine Tagesbetreuungsgruppe für Ältere und eine Kernzeitbetreuung für Schulkinder an. Der »Adlergarten« in direkter Nachbarschaft ermöglicht es zudem elf an Demenz erkrankten Eichstettern, auch bei fortgeschrittener Pflegebedürftigkeit im Dorf wohnen zu bleiben. »Natürlich ist nicht alles auf einmal entstanden. Schritt für Schritt kamen neue Bausteine hinzu. Die Bürgergemeinschaft versucht dabei den ganzen sozialen Bogen zu spannen«, erläutert der heutige Bürgermeister Michael Bruder.

Bürgergemeinschaft – eine Genossenschaft?

Städte und Gemeinden sind in der deutschen Verfassung in ihrer Selbstverwaltung und Selbstständigkeit gestützt, Artikel 28 Abs. 2 Grundgesetz. Sie haben in der langen Tradition der Kommunalverfassungen in Deutschland zwei Aufgaben: Sie sind untere *Verwaltungsbehörde*, etwa für Baugenehmigung zuständig, für die Ausführung von Bundes- und Landesgesetzen. Diese Aufgaben werden meist zwischen den Kreisen und den kreisangehörigen Gemeinden geteilt. Die zweite Aufgabe, das zweite Gesicht der Gemeinden, ist die der Selbstverwaltung, ihre genossenschaftliche Seite. Es geht um die Bewirtschaftung des gemeinschaftlichen Lebens in jeder Hinsicht von der Feuerwehr über Müllentsorgung, von der Gewerbeansiedlung bis zur Sicherung der sozialen Unterstützung vor Ort. Diese genossenschaftliche Tradition in Gemeinden ist eine ausgesprochen wertvolle. Sie ist allerdings in den letzten Jahrzehnten durch die Übernahme insbesondere sozialstaatlicher Aufgaben durch nationale Agenturen wie der Kranken- und Pflegeversicherung immer stärker von den Kommunen weggerückt. Nationale Gesetze regeln Sozialleistungen und Qualitätsstandards, garantieren ein Mindest-

Sorgeaufgabe

… In der Tradition der Selbstverwaltung der Kommunen und unter Aufnahme der Prinzipien der Genossenschafts-bewegung – Selbsthilfe, Selbstverwaltung und Selbstverantwortung – nimmt die Bürgergemeinschaft die »Sorgeaufgabe«, die in den nächsten Jahrzehnten an Bedeutung und Ausmaß gewinnen werden, in die eigene Hand …

niveau an Renten und Grundsicherung im Alter. Das sind sozialstaatliche Errungenschaften. Sie kennen aber ihren Preis: die Kommune als Lebensort, als Ort der Bewirtschaftung des gemeinsamen Lebens droht an Bedeutung zu verlieren. Eichstetten, aber auch viele andere Gemeinden setzen hier ein *Stoppschild*. Sie übertragen wichtige Aufgaben der Gestaltung des demografischen Wandels nicht auf Bund und Länder oder an Marktteilnehmer, die renditeorientiert Wohn- und Pflegeeinrichtungen planen. Eichstetten und seine Bürgerinnen und Bürger nehmen gern die Angelegenheiten selbst in die Hand und erinnern sich an die genossenschaftlichen Wurzeln ihres Ortes. Sie reichen weit zurück, letztlich bis ins Mittelalter. In Deutschland spielte Raiffeisen in der Mitte des 19. Jahrhunderts zur Unterstützung der notleidenden ländlichen Bevölkerung eine große Rolle, indem er einen ersten Hilfsverein ins Leben rief. Nach den Grundsätzen der Selbsthilfe, Selbstverwaltung und Selbstverantwortung entstand eine breite (liberale) Genossenschaftsbewegung, aus der später Konsumgenossenschaften hervorgingen, die noch bis heute bestehen. Aktuell haben Genossenschaften eine Renaissance. Seit Ende der 80er Jahre werden Seniorengenossenschaften diskutiert und vielerorts gegründet. Menschen mit Behinderung gründen Assistenzgenossenschaften. Einer besonderen Konjunktur erfreuen sich Energiegenossenschaften, die örtliche Wind- oder Voltaikenergieanlagen betreiben. Auch die Bürgergemeinschaft Eichstetten ist so etwas wie eine Genossenschaft: Sie leistet einen wesentlichen Beitrag zur Bewirtschaftung der Sorgeaufgaben und der gegenseitigen Unterstützung in Eichstetten. Von der Kernzeitbetreuung in der Schule bis zur Versorgung von Menschen mit Demenz im Adlergarten. In der Tradition der Selbstverwaltung der Kommunen und unter Aufnahme der Prinzipien der Genossenschaftsbewegung – Selbsthilfe, Selbstverwaltung und Selbstverantwortung – nimmt sie die »*Sorgeaufgabe*«, die in den nächsten Jahrzehnten an Bedeutung und Ausmaß gewinnen wird, in die eigene Hand. Man hat sich in Eichstetten gegen die Rechtsform der Genossenschaft entschieden und unter Nutzung des ehemaligen kirchlichen Krankenpflegevereins einen Verein neu ausgerichtet. Vielerorts werden inzwischen »echte« Genossenschaften gegründet. Die Genossenschaftsidee ist nicht an die Rechtsform des Vereins gebunden. Wichtig ist nur, dass die Bürgergemeinschaft, dass die Genossenschaft auf eine breite Resonanz, auf eine Mitgliedschaft rechnen kann, um nicht nur ein Angebot unter vielen zu sein, sondern Fragen der Daseinsvorsorge für alle Bürgerinnen und Bürger, die sie brauchen und wünschen, gestalten und garantieren zu können. Das macht eine gemeinde- oder dorfbezogene Genossenschaft aus. Eichstetten ist dies gelungen: Ein Großteil der Haushalte sind Mitglied in der Bürgergemeinschaft und sehen in ihr eine Art Versicherung, dass für sie einmal gesorgt sein wird.

Leben und Arbeiten im Schwanenhof

Die Bürger haben den Hut auf

Um die neuen Aufgaben der Bürgergemeinschaft angemessen bewältigen zu können, sprach der Gemeinderat damals Dorfhelferin[12] Sabine Lais und ihre heutige Kollegin Helga Bär an. Lais auf Grund ihrer hauswirtschaftlichen Kenntnisse und ihres Organisationstalents, Bär – eine gebürtige Eichstetterin –, weil sie eine Ausbildung im Pflegebereich gemacht hatte nach eindrücklichen Erfahrungen von schwerwiegenden Pflegesituationen in der eigenen Familie. Später kam auch noch Rita Sprich dazu. Die Rentnerin passte einfach gut ins Team und wollte ihre freie Zeit sinnvoll nutzen. Die ersten Jahre haben alle drei Mitarbeiterinnen auf Minijob-Basis gearbeitet. Im Bürgerbüro, das heute im ersten Stock der Seniorenwohnanlage residiert, laufen alle Fäden zusammen. Die anfallenden Aufgaben wurden im Laufe der Jahre nach Schwerpunkten aufgeteilt. Sabine Lais kümmert sich in erster Linie um die Organisation der Nachbarschaftshilfe und ist für die Einsatzpläne zuständig. Helga Bär ist für den reibungslosen Ablauf rund um die Pflegewohngruppe »Adlergarten« verantwortlich, welche 2008 als Erweiterung zum Betreuten Wohnen im Schwanenhof hinzukam. Die elf Plätze der Pflegewohngruppe sind speziell für ältere Menschen mit fortgeschrittener Demenz reserviert. Rita Sprich unterstützt ihre Kolleginnen im Alltagsgeschäft, das abwechslungsreich ist und oft voller Überraschungen steckt. »Einen normalen Tag gibt es nicht«, sagt Sabine Lais, die montags, mittwochs und donnerstags da ist. Mal kommen die Bewohner mit Fragen oder Problemen vorbei, dann müsse der Ablauf für die nächste Besuchergruppe vorbereitet werden und zwischendrin klingle das Telefon und die Lebenszeichenanlage müsse kontrolliert werden.

Die *Lebenszeichenanlage* ist ein Bewegungsmelder, über den jede Wohnung im Schwanenhof verfügt. Er ist an der Badezimmertür angebracht und registriert, wenn einer der Bewohner nachts oder frühmorgens das Bad benutzt. Hat sich bis zehn Uhr morgens in der Wohnung nichts gerührt, leuchtet eine rote Warnlampe für das jeweilige Appartement auf, wenn die Funktion »Lebenszeichenanlage« auf Bewohnerwunsch aktiviert ist. Architekt Wolfgang Frey wollte noch eine weitere Sicherheitsoption als den sonst üblichen Notrufknopf. »Wenn ich mit einem Herzinfarkt im Bett liege oder mir bei einem Sturz das Bein gebrochen habe, kann ich den Notrufknopf nicht mehr erreichen. Wichtig ist doch, dass auch ohne einen Impuls aus der Wohnung erkannt wird, ob ein Bewohner bewegungsunfähig ist«, erläutert er.

Als Anlaufstelle im Dorf sind die Aufgaben des Bürgerbüros breit gefächert. Die Frauen managen praktisch die Belange der ganzen Bürgergemeinschaft und erledigen neben den ihnen schwerpunktmäßig zugeteilten Aufgaben alles was anfällt: Verwaltungsarbeiten, Mietverträge, Personalsuche, Einstellungsgespräche sowie Einsatzplanungen und Dienstbesprechungen. Tropft der Wasserhahn in Appartement 10? Sabine Lais ruft den Hausmeister an. Unklarheiten beim Ausfüllen eines Antrags von der Pflegeversicherung? Helga Bär weiß Rat. Ist das Druckerpapier verbraucht oder schreiben die Kugelschreiber nicht mehr? Rita Sprich kauft ein. Auch das Vermitteln von Hilfe wird über das Bürgerbüro abgewickelt, sei es, dass einer der Bewohner Hilfe beim Duschen, Einkaufen oder Putzen braucht oder dass einfach nur jemand da sein soll, der mit zum Arzt geht. Bei der Zuteilung der Betreuer ist schon im Vorfeld Fingerspitzengefühl gefragt. Einmal im Monat findet die Einsatzbesprechung statt. Bei neuen Einsätzen überlegt Sabine Lais vorher ganz genau, welche Mitarbeiterinnen der Nachbarschaftshilfe dafür am besten geeignet sind. »Ich weiß, wo die Stärken der Frauen liegen. Die eine ist im Pflegerischen sehr firm, da liegt es nahe, in solchen Fällen sie zu fragen. Bei hauswirtschaftlichen Sachen frage ich andere«, erläutert Lais. Nach einigen absolvierten Terminen wisse man dann, ob die Chemie zwischen beiden passe und der Einsatz so weitergeführt werden könne. Zwei bis drei Frauen seien normalerweise für eine Person im Schwanenhof zuständig, aber es gebe auch Ausnahmen. »Das Beste an meiner Arbeit ist der Kontakt mit den Menschen«, sagt Lais. Es sei schön, zu merken, dass man im Dorf etwas bewegt, erklärt sie weiter und erinnert sich: Erst gab es den Schwanenhof, dann den Adlergarten und im März 2012 wurde das ursprüngliche Konzept eines Bäckereicafés in ein integratives Café umgewandelt. Gleichzeitig sei man jedoch, wenn man im Schwanenhof arbeitet, nie ganz privat. »Ob bei einem Fest im Dorf, beim Einkaufen oder in der Apotheke: Da kann immer und überall eine Frage kommen«, sagt sie. Das gehöre eben zum Dorfleben dazu, genauso, wie jemandem, der nicht mehr so gut zu Fuß ist, Zwiebelkuchen vom Straßenfest mitzubringen. Weniger erfreulich sei dagegen die zunehmende *Bürokratie*, vor allem das Finanzamt warte stets mit neuen Formularen oder Klauseln auf – eine Herausforderung für das Bürgerbüro, weil mittlerweile sehr viel Professionalität verlangt wird. »Jedes Jahr erschweren Neuerungen den Ablauf«, moniert Lais.

Im November 2011 arbeiteten zwölf Frauen für die Nachbarschaftshilfe der Bürgergemeinschaft. Das Engagement ist über die Jahre hinweg relativ stabil geblieben, da die Frauen jedoch so viel leisten, reicht das »Danke sagen« allein nicht aus. Deswegen bekommen sie acht Euro pro Stunde, wobei die Einsatzstunde für Mitglieder der Bürgergemeinschaft 13,50 Euro und für Nicht-Mitglieder 14,50 Euro kostet. Die Differenz wird für Sozialversicherungsbeiträge und Verwaltung gebraucht. Dieses so genannte »geteilte Ehrenamt« ist laut Lais zwar umstritten, doch vertreten die Mitarbeiterinnen des Bürgerbüros ebenso wie Gerhard Kiechle, Michael Szymczak und Wolfgang Frey den Standpunkt, dass verbindliche Tätigkeiten honoriert werden müssen. »Wir haben

Das Team der Nachbarschaftshilfe. Einmal im Monat ist Einsatzbesprechung

Foto: Brigitte Ziser

»Eine gute Dankeskultur ist wichtig«

Sabine Lais

in den Arbeitskreisen lange diskutiert, ob das Ehrenamt unentgeltlich bleiben soll. Aber wir sind zu dem Schluss gekommen, dass die Arbeit finanziell honoriert werden muss. Nur so kann Verlässlichkeit eingefordert werden«, betont Frey und Lais fügt hinzu: »Die Frauen der Bürgergemeinschaft bringen ohnehin schon sehr viel Ehrenamt mit und schreiben manches Mal statt anderthalb Stunden nur eine Stunde auf«. Zudem möchten sich die älteren Leute auch gern erkenntlich zeigen für die Hilfe, die ihnen entgegengebracht wird, weil sie wissen, dass die Frauen ihre Arbeit gern machen. Doch nicht nur das Geld darf die Motivation antreiben: »Eine gute *Dankeskultur* ist wichtig«, betonen Sabine Lais und ihre Kollegin Helga Bär übereinstimmend. Alle Frauen der Nachbarschaftshilfe seien zwar sehr ausgelastet, die Motivation dürfe deshalb jedoch nicht auf der Strecke bleiben, so das Credo im Bürgerbüro. »Von Zeit zu Zeit machen wir einen Ausflug ins Grüne, veranstalten ein gemeinsames Abendessen oder gehen zusammen ein Glas Wein trinken«, erzählt Lais.

… Man zieht nicht aus Eichstetten weg, weil man die Befürchtung haben muss, im Alter nicht versorgt zu sein …

In die Zukunft blickt das Bürgerbüro trotz der allgemeinen Zustimmung im Dorf mit gemischten Gefühlen. Das Betreute Wohnen sei ein Modell der aussterbenden Art und werde bald überholt sein, sind sich die Mitarbeiterinnen und Initiatoren einig. »In Eichstetten ist die Versorgung durch Nachbarschaftshilfe, Fahrdienste und Sozialstationen so gut, dass die Bürger ihr Haus erst zu verlassen brauchen, wenn sie so alt oder krank sind, dass sie direkt in ein Pflegeheim oder eine kleine *Pflegewohngruppe* wie den Adlergarten müssen, wo rund um die Uhr jemand da ist«, sagt Helga Bär. Die Altersfrist, um in den Schwanenhof einziehen zu dürfen, liege bei 60 Jahren. »Aber die meisten Leute, die heute 60 Jahre alt sind, sind noch so fit, dass sie noch lange nicht in den Schwanenhof einziehen wollen«, erklärt sie mit Nachdruck und fügt hinzu:
»Leider ziehen die Bewohner oft erst ein, wenn sie schon sehr hochbetagt sind und es fast zu spät ist, um noch mal richtig heimisch zu werden. Da wäre ein früherer Umzug sicher von Vorteil.« Nichtsdestoweniger bietet der Schwanenhof vor allem den zugezogenen Eichstettern die Möglichkeit, ihre älteren Angehörigen zu sich in die Nähe zu holen. So gemacht hat es Ingrid Maurer. Sie zog vor gut 30 Jahren nach Eichstetten und gründete eine Familie. Nachdem ihr Vater Ende 2005 starb und es ihrer Mutter zusehends schwerer fiel, sich allein um das im hessischen Walluf stehende Haus zu kümmern, holte sie sie nach Eichstetten.

Übrigens: Wer im Schwanenhof neu einzieht, wird gebeten, ein umfassendes Datenformular auszufüllen. Darauf stehen neben den allgemeinen Angaben wie Name, Geburtsdatum und Familienstand auch die Konfession sowie die Namen nahestehender Angehöriger oder Bekannter, der Hausarzt, besondere Krankheiten und wichtige Medikamente. Doch das allein reicht dem Bürgerbüro noch nicht. Momentan ist es dabei, jeden Bewohner auf eine Patientenverfügung anzusprechen, und fragt nach, was im Fall der Fälle zu tun ist. Zum Beispiel, ob statt eines Notarztes lieber erst der Hausarzt kommen soll oder welcher Pfarrer gewünscht wird. Gerade bei diesen Dingen ist es laut Bürgerbüro wichtig, schon im Vorfeld Bescheid zu wissen.

Intelligenter Hilfemix

70% der zuhause versorgten pflegebedürftigen Menschen nehmen keine professionelle Hilfe von Pflegediensten in Anspruch. Man setzt auf die Familie, gegebenenfalls auf die Nachbarschaft oder aber, wer es sich leisten kann, beschäftigt eine Pflegekraft. In Heimen sieht das ganz anders aus. Hier spielen Angehörige, aber auch Ehrenamtliche keine Rolle: Hier wird alles professionell erledigt. Das Heim trägt die Gesamtverantwortung für die Dienstleistungen, aber auch für die Qualität der Versorgung. Hier die Familie – oft ohne fremde Hilfe –, dort das Heim mit ausschließlich professioneller Hilfe: Dieses Gegenüber ist nicht mehr zeitgemäß. Auch Familien brauchen Hilfe, wenn es um Unterstützung, um Teilhabe oder Pflege geht. Auch in Heimen sind Angehörige gefragt, werden Ehrenamtliche gebraucht, um die Zugehörigkeit der Bewohnerinnen und Bewohner und ihre Lebensqualität zu wahren und zu unterstützen. Von einem neuen Hilfemix wird heute gerne gesprochen, einem Mix aus Angehörigen, Nachbarn, Freunden, aus beruflichen Helfern, zu denen sowohl im engeren Sinne Professionelle gehören, wie Pflegekräfte, Ärzte, Therapeuten oder Sozialarbeiter, aber auch nebenberufliche Haushaltshilfen, persönliche Assistenz, um nur einige zu nennen. Darüber hinaus sind es die Freiwilligen und Ehrenamtlichen, die gefragt sind, die wichtige Hilfen im Alltag bieten und vor allem dafür Sorge tragen, dass die Bürgerinnen und Bürger, die auf Unterstützung angewiesen sind, weiterhin als Mitbürgerinnen und Mitbürger wahrgenommen und gewürdigt werden. Wir kennen einen solchen Mix aus der Sorge um Kinder und Jugendliche: da ist der Staat, der die Schule unterhält, da ist der Musikverein oder der Sportclub, in dem ehrenamtlich Aufgaben der kulturellen und sportlichen Bildung wahrgenommen werden. Da sind zentral die Familie, die Nachbarschaft und der Freundeskreis, in denen die Betreuung und Sorge Tag für Tag gelebt und organisiert wird. Schließlich gibt es auch noch marktgängige Angebote, den Nachhilfeunterricht, den Babysitter oder den Musikunterricht. Im so genannten *Welfare Mix* gelingt es uns, vielfältig und wirtschaftlich Erziehungs- und Begleitungsaufgaben für unsere Kinder wahrzunehmen. Das gilt auch für Menschen im Alter und wenn Pflegebedürftigkeit vorliegt. Das intelligente Ineinandergreifen von Nachbarschaftshilfe, professionellen Hilfen und familiärer Unterstützung aus unmittelbarer Nachbarschaft verbunden mit staatlichen Hilfen, etwa der Kranken- und Pflegeversicherung, darin liegt der Schlüssel für eine gute Sorge. In Eichstetten gelingt dieser Mix – und die Bürgerinnen und Bürger haben den Hut auf. Die *Ehrenamtlichen* sind nicht die Anhängsel des Pflegedienstes oder eines Pflegeheimes. Sie sind die sozialen Architekten, sie sind die Managerinnen und Manager eines stabilen Hilfemixes – und strahlen entsprechendes Selbstbewusstsein aus. Sie genießen das Vertrauen der Bürgerinnen und Bürger und verstehen es zu wirtschaften. Die Rendite bekommt kein Betreiber, die soziale Rendite liegt darin, dass die Bürgerinnen und Bürger in Eichstetten auch im hohen Alter zumeist zuhause wohnen können, dass die soziale Ausgaben gering gehalten werden und das Vertrauen in die Sorgefähigkeit der Gemeinde besteht: Man zieht nicht aus Eichstetten weg, weil man die Befürchtung haben muss, im Alter nicht versorgt zu sein.

Frida Wolf zog mit 86 Jahren im Schwanenhof ein.

Foto: Brigitte Ziser

Interviews mit Bewohnern des Schwanenhofs

»Nicht ins Heim – Damals nicht und heute auch nicht!«

Frida Wolf ist von Haus aus Schwäbin. 1923 kam sie in Ebingen auf der Schwäbischen Alb zur Welt. 43 Jahre später zog sie mit ihrem Mann und ihren beiden Kindern nach Walluf bei Wiesbaden. Als kaufmännische Angestellte arbeitete sie dort im Büro einer Textilfabrik. Dass sie ihr zweites Zuhause ebenfalls nach 43 Jahren wieder verlassen würde, hätte Frida Wolf beim besten Willen nicht gedacht. Doch nachdem an Silvester 2005 ihr Mann gestorben war, blieb ihr ein paar Jahre später kaum eine andere Wahl. Ein Pflegeheim sollte es aber nicht sein. Frida Wolf spricht mit fester Stimme, viel Elan und Witz.

»

Warum ist es Ihnen so schwer gefallen, in die Nähe Ihrer Tochter zu ziehen?
Heim ist Heim, Haus ist Haus, Umgebung ist Umgebung. Das gibt man nicht so einfach auf. Ich kann gar nicht sagen, wie schwer mir der Auszug damals gefallen ist. Aber meine Tochter hatte mich nach dem Tod meines Manns gedrängt, zu ihr nach Eichstetten zu kommen. Nur: ich wollte mein Haus in Walluf nicht zurücklassen. Irgendwann ging es aber nicht mehr anders. Zwei gepackte Koffer waren alles, was ich nach 43 Jahren mitgenommen habe.

Wie war die erste Zeit in Eichstetten für Sie?
Sehr schlimm. Vor allem in den ersten drei Monaten. Da ging es mir körperlich und seelisch gar nicht gut. Heute bin ich wieder auf dem Damm und dankbar dafür, dass ich hier im Schwanenhof so gut versorgt werde. Anfangs habe ich aber nur bei meiner Tochter gewohnt, obwohl die Wohnung hier schon seit August 2009 angemietet war.

Hatten Sie Angst davor, in ein Pflegeheim ziehen zu müssen?
Natürlich hatte ich Angst vorm Heim. Ins Heim wollte ich damals nicht und heute auch nicht. Wenn ich das gewollt hätte, hätte ich auch in Walluf bleiben können. Aber dort wäre ich dann nicht so frei gewesen wie im Schwanenhof. Ich kann hier rausgehen, wann immer ich will. Und wenn ich Hilfe brauche, kann ich sie anfordern.

Und im Schwanenhof haben Sie sich dann nach den Anfangsmonaten gut eingelebt?
Heute fühle ich mich hier sehr wohl. Meine Tochter hat mir sehr dabei geholfen, mich einzugewöhnen. Sie ruft jeden Tag an, geht für mich einkaufen und holt mich bestimmt fünfmal die Woche zu sich nach Hause. Mal vormittags um elf Uhr, mal nachmittags gegen drei. Dann sitze ich dort im Sessel und die Enkel und Urenkel kommen vorbei.

Was bedeutet Ihnen der enge Kontakt zur Familie?
Es ist dieses Gefühl im Hintergrund. Zu wissen, dass ich heute Nachmittag abgeholt werde oder jemand zu Besuch kommt. Und wenn es drauf ankommt, kann meine Tochter in fünf Minuten da sein. Außerdem ist es herrlich, die Urenkel im Alter noch mitzuerleben.

Sie haben noch einen Sohn, der in Walluf wohnt.
Ja, er erkundigt sich oft telefonisch bei mir, das hat sich so eingebürgert. Ich habe wirklich großes Glück, dass ich Kinder habe, die sich so um mich kümmern. Für meine Tochter scheint das ganz natürlich zu sein, sie sagt immer zu mir: »Du warst früher für uns da, nun sind wir für dich da.«

Wie geht es Ihnen körperlich?
Oh, ich habe oft große Schmerzen, ohne Rollator kann ich mich fast nicht fortbewegen. Manchmal laufe ich zehnmal in der Wohnung oder auf dem Dachgarten auf und ab, um mobil zu bleiben. Oder ich gehe durch den Laubengang zu den Briefkästen.

Während des Interviews setzt sich Hildegard Blakowski an den noch gedeckten Frühstückstisch. Die 53-Jährige gehört seit 2003 aktiv zur Nachbarschaftshilfe. Die beiden Frauen frühstücken jeden Morgen zusammen. Gegen neun Uhr kommt Frau Blakowski für ein bis anderthalb Stunden zu Frida Wolf, macht den Kaffee, richtet den Tisch und spült das Geschirr danach ab.

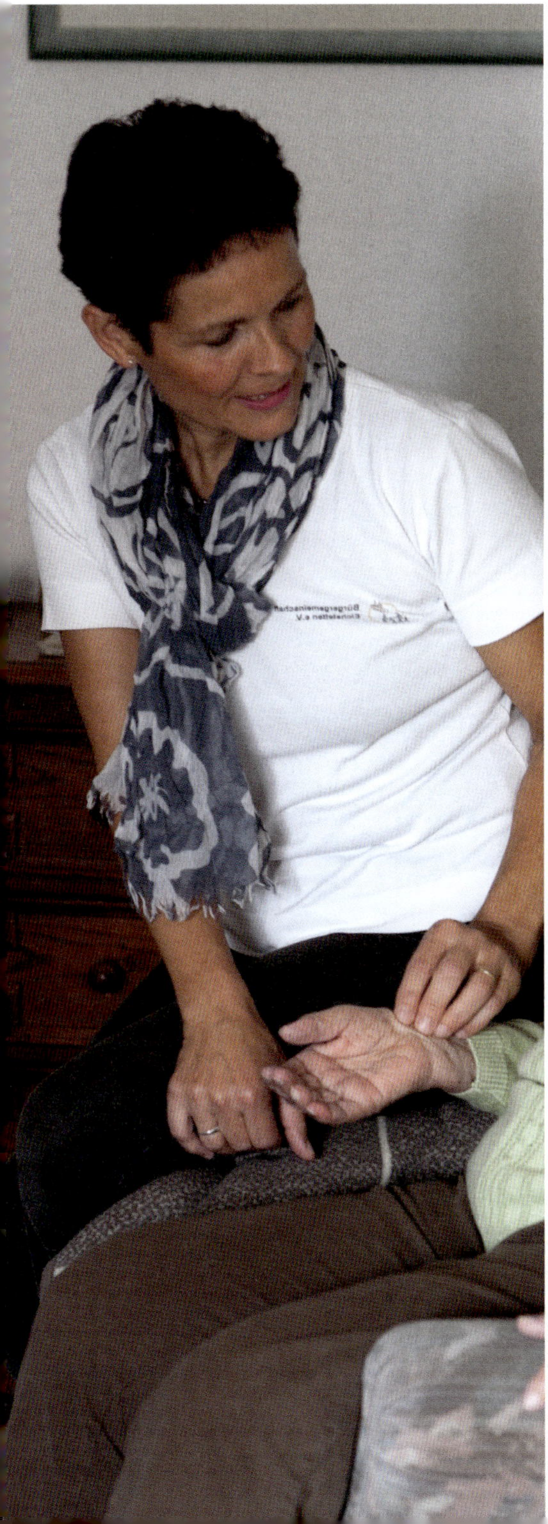

»Ich habe wirklich großes Glück, dass ich Kinder habe, die sich so um mich kümmern.«

Frida Wolf

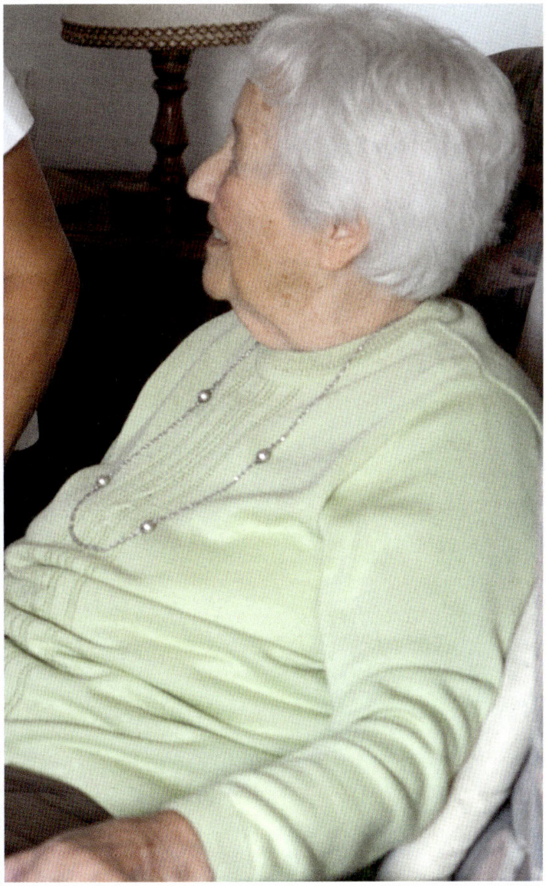

Foto: Brigitte Ziser

»Sicherheit geben, Selbstvertrauen bekommen«

Hildegard Blakowski ist Eichstetterin, Mutter von vier Kindern und gelernte Arzthelferin. Von sich selbst sagt sie: »Ich bin ein Mensch, der das Helfersyndrom hat.« Schon immer hat sie neben der Familie gearbeitet. Als die Kinder aus dem Gröbsten raus waren, wollte sie gern mehr für sich tun. So kam sie zur Bürgergemeinschaft und gehört seither, auf Minijob-Basis, zum Team der Nachbarschaftshilfe von Sabine Lais.

»

Wie waren Ihre ersten Schritte in der Nachbarschaftshilfe?
Am Anfang sehr heftig. Ich betreute gleich zu Beginn schwere Pflegefälle. Dabei habe ich zwar viel gelernt und bin daran gewachsen, aber es war auch eine große Herausforderung für mich.

Sie sagen, Sie sind an Ihren neuen Aufgaben gewachsen. Was konkret meinen Sie?
Früher hätte ich mir das nicht zugetraut, jemanden zu betreuen, der schwerstpflegebedürftig ist. Aber dann wurde ich für eine Familie, deren Angehörige an Demenz erkrankt war, schnell unentbehrlich. Ich kannte die richtigen Griffe und merkte, dass ich wirklich helfen kann. Das hat mir Selbstvertrauen gegeben.

Was motiviert Sie?
Es ist schön, für jemanden da zu sein. Außerdem bekommt man so viel von den Menschen zurück, es wird von allen Seiten gedankt. Gleichzeitig macht mir die Arbeit hier auch noch sehr viel Spaß.

Welche baulichen Besonderheiten hier im Schwanenhof werden von den Bewohnern gern genutzt?
Der Aufzug ist für ältere Menschen, die oft nicht mehr so gut zu Fuß sind, unverzichtbar. Und bei gutem Wetter sitzen viele Bewohner gern auf dem Dachgarten. Von der Tagesgruppe hat sich auch schon mal jemand draußen hingelegt und ein bisschen Sonne geschnuppert. Schön ist außerdem, dass sich Bewohner frei und selbstständig zwischen ihren Wohnungen und dem Dachgarten bewegen können und so ab und zu ins Gespräch kommen.

Wie funktioniert die Zusammenarbeit mit der Sozialstation?
Das klappt gut. Klar gibt es manchmal Reibereien, aber dann spricht man drüber und schafft die Sache aus der Welt.

Welche Fortbildungen haben Sie bisher besucht?
Zuerst einen Demenzkurs, der über zehn Abende ging. Anschließend einen Hauswirtschafts- und Pflegekurs sowie einen Kinästhetik-Kurs, bei dem es um die richtige Bewegung im Bett ging.

Was sagt Ihre Familie zu Ihrem Engagement?
Meine Familie steht voll hinter mir. Mein Mann unterstützt mich, wo er kann, und mein Sohn macht sogar eine Ausbildung zum Altenpfleger.

Die morgendlichen Besuche bei Frau Wolf gehören mittlerweile auch zu Ihrem Alltag. Was nehmen Sie daraus für sich mit?
Das Frühstücken ist am schönsten. Da unterhält man sich, spricht über alltägliche Dinge, zum Beispiel, was die Kinder machen oder was es sonst Neues gibt.

Frida Wolf, die am Tisch gegenübersitzt und zuhört, nickt bestätigend: Wir verstehen uns einfach.

»Der Rollator wird zur Eisenbahn«

Ingrid Maurer lebt seit 1981 mit ihrer Familie in Eichstetten. Als ihr Vater Ende 2005 starb, beschloss sie, ihre Mutter Frida Wolf – der es damals körperlich immer schlechter ging – an den Kaiserstuhl zu holen. Den Schwanenhof kannte sie bereits aus Erzählungen und Einkäufen im Dorf. Als 2009 dort eine Wohnung frei wurde, griff die 62-jährige Mutter zweier erwachsener Kinder zu.

»

Wieso dachten Sie, dass der Schwanenhof zu Ihrer Mutter passt?
Da gibt es mehrere Gründe: Einmal war es für mich wichtig, dass sie hier eigenständig wohnen und sich möglichst selbst versorgen kann. In einem Pflegeheim wäre das anders, da gibt es feste Strukturen. Im Schwanenhof kann meine Mutter selbst entscheiden, wann sie aufsteht, isst oder vor die Tür gehen will.

Wieso haben Sie sich nicht für einen örtlichen Pflegedienst entschieden?
Der kümmert sich nur um die körperlichen Belange. Mir war aber auch die soziale Betreuung wichtig, meiner Mutter ebenso. Deshalb war sie auch mit dem Umzug einverstanden, aber: einen alten Baum pflanzt man nicht um. Und wenn doch, braucht es viel Geduld.

Was schätzen Sie am Schwanenhof besonders?
Meine Mutter kann Betreuung anfordern, wenn sie welche braucht. Nicht zuletzt bin ich sehr zufrieden und glücklich, dass sie in meiner Nähe ist und ich jederzeit die Möglichkeit habe einzugreifen.

Anfangs fiel es Ihrer Mutter ja sehr schwer sich einzugewöhnen. Wie war diese Zeit für Sie?
Das war ganz und gar nicht leicht. Ich habe zwar gemerkt, dass sie sich gut aufgehoben, aber eben nicht zuhause fühlt. Sie hat die Veränderung anfangs überhaupt nicht akzeptiert. Das haben auch alle in ihrem Umfeld verstanden. Nur war es für mich fast genauso schwer. Ich wollte ihr was Gutes tun, aber ich bin nicht bis zu ihr durchgedrungen.

Haben Sie sich manchmal gefragt, ob es richtig war, Ihre Mutter nach Eichstetten zu holen?
Sicher habe ich mir diese Frage gestellt, aber eine andere Möglichkeit gab es einfach nicht.

Warum?
Meine Mutter konnte nicht mehr allein in ihrem Haus in Walluf wohnen, das hat sie selbst auch gemerkt. Ein paar Tage habe ich in Walluf und Umgebung alles abgeklappert, war bei katholischen und evangelischen Häusern, dem Rathaus und bei Pflegediensten. Aber etwas Vergleichbares wie den Schwanenhof gab es nicht.

Wie haben Sie es geschafft, dass sich Ihre Mutter dann doch einlebte?
Woran es letztlich gelegen hat, weiß ich ehrlich gesagt nicht. Es war, als hätte sich bei ihr plötzlich ein Schalter umgelegt, der sie nur noch das Positive sehen ließ. Die Nähe zu ihrer Tochter, den Enkeln und Urenkeln. Sie hat, glaube ich, einfach gemerkt, dass sie hier ›supergut eingepackt‹ ist. Ihren Garten vermisst sie aber immer noch.

Wie haben Ihr Mann und Ihre Kinder auf den Familienzuwachs reagiert?
Ich habe meine Familie von Anfang an miteinbezogen. Als die Frage aufkam, wohin mit meiner Mutter, sagte mein Mann gleich, dass sie nach Eichstetten kommen soll. Auch meine Tochter, die hier im Dorf wohnt, und mein Sohn, der in Biberach lebt, waren einverstanden. Zu wissen, dass meine Familie hinter mir steht, ist sehr wichtig, denn meine Mutter ist fast jeden Tag bei uns.

Und wenn Sie mal nicht da sind?
Dann besucht meine Tochter ihre Oma. Da brauche ich gar nichts sagen. Oder Frau Blakowski ist länger da als üblich.

Wie ist das Verhältnis zwischen Uroma und Urenkeln?
Heute ist es toll. »Uroma, hallo Uroma«, rufen die Kleinen zur Begrüßung, wenn meine Mutter bei uns ist. Anfangs war der Ältere allerdings eifersüchtig auf die Uroma, weil ich als Oma ja auch Zeit mit ihr verbracht habe. Das war ihm suspekt. Aber heute verstehen sich die beiden super.

Wie reagieren die Kinder auf das Umfeld ihrer Uroma?
Sie wissen, dass die Uroma im Schwanenhof wohnt. Wenn wir hierher kommen, dann holen sie wie selbstverständlich den Aufzug für sie. Der Rollator wird kurzerhand zur Eisenbahn umfunktioniert. Es ist toll, dass die Kinder das Alter und das, was es mit sich bringt, so natürlich miterleben können.

Frau Blakowski von der Nachbarschaftshilfe kommt jeden Morgen Ihre Mutter versorgen.
Sie ist wirklich eine tolle Entlastung und auch Sicherheit für mich. Denn so habe ich den Vormittag über Zeit, mich um meine eigene Familie zu kümmern, und weiß gleichzeitig, dass es meiner Mutter gut geht und sie versorgt ist.

Wie unterstützen Sie Ihre Mutter im Alltag?
Ich mache für sie die Wäsche, gehe einkaufen. Außer montags und mittwochs, wenn sie in der Tagesbetreuung ist, hole ich sie nachmittags ab. Für mich ist der Schwanenhof super, denn ich wohne nur drei Straßen weiter.

Ihre Mutter selbst denkt mit Bangen an den Adlergarten. Wie stehen Sie der benachbarten Pflegewohngruppe für schwer pflegebedürftige Eichstetter gegenüber?
Ich habe meine Mutter vorsichtshalber schon 2009 für den Adlergarten angemeldet. Die Warteliste ist ewig lang, ich glaube, damals stand sie auf Platz 17. Wie weit sie in der Zwischenzeit vorgerückt ist, weiß ich nicht.

Und wenn morgen ein Platz im Adlergarten frei werden würde, was dann?
Gute Frage. Momentan ist meine Mutter noch so fit, dass wir es so schaffen. Ich habe sie damals angemeldet, weil ich dachte, es könnte der Moment kommen, ab dem sie vielleicht auch nachts Hilfe braucht. Im Schwanenhof hat sie zwar einen Notfallknopf, aber der reicht dann nicht mehr aus.

Wieso funktioniert das Prinzip der Bürgergemeinschaft in Eichstetten und woanders nicht?
Die Menschen hier haben einen ›Wahnsinns-Zusammenhalt‹ und interessieren sich füreinander. Sie sind einfach konsequent. Wenn sie sagen: »Wir machen das«, dann ziehen sie es auch durch.

»Gut zu wissen, dass Ansprechpartner da sind«

Eine geräumige Einzimmerwohnung im Schwanenhof ist seit November 2005 das Zuhause von Christel Schmidt. Bei sonnigem Wetter genießt sie es, auf dem Balkon zu sitzen, der nach hinten raus geht. Wenn sie nicht allein sein will, setzt sie sich auf den geschützten Dachgarten, um mit anderen ins Gespräch zu kommen. Schmidt ist gebürtige Eichstetterin. Mitte der 70er Jahre verließ sie das Dorf, um als Missionsschwester in Bad Liebenzell bei Pforzheim zu arbeiten. 1995 kehrte sie zurück.

»

Wo haben Sie gewohnt, bevor Sie in den Schwanenhof zogen?
In meinem Elternhaus hier im Dorf. Einige Jahre später entschloss sich mein Neffe, das Haus umzubauen, das hatte mein Vater auch so gewollt. Damals bot sich ein Umzug für mich an.

Sie hatten vor Jahren einen schweren Autounfall. Wie geht es Ihnen heute körperlich?
Dank Tabletten gut. Der Unfall war 1999. Auf der Fahrt vom Arbeitsplatz nach Hause erlitt ich eine Hirnblutung und verlor das Bewusstsein. Mit vollem Tempo fuhr ich damals gegen einen Baum. Glücklicherweise war kein anderes Fahrzeug an dem Unfall beteiligt.

Was gibt Ihnen die Kraft, Ihren Alltag zu meistern?
Mein Glaube bedeutet mir sehr viel. Ich weiß seit über 40 Jahren mein Leben in guten wie in schlechten Tagen in Gottes Hand bestens aufgehoben.

Wieso haben Sie sich für Betreutes Wohnen entschieden?
Bevor ich in den Schwanenhof gezogen bin, war ich eine ziemlich anstrengende Person. Mein Umfeld hat sehr darunter gelitten. Zum Beispiel habe ich manchmal Dinge gesucht, sie aber nicht gefunden und deshalb die Leute um mich herum verdächtigt. Oder ich war einkaufen, konnte mich danach aber nicht mehr daran erinnern und dachte, das Kaufhaus hätte mich über den Tisch gezogen. Das fiel den Mitarbeiterinnen im Schwanenhof auf. Sie vereinbarten einen Termin für mich bei einer Ärztin, die mir die richtigen Medikamente verschrieb. Seither bin ich psychisch stabil.

Nun wohnen Sie schon seit 2005 im Schwanenhof. Haben Sie auch dessen Anfänge mitbekommen?
Hautnah sogar. Als ich wieder nach Eichstetten zurückkam, erfuhr ich durch die Bürgerversammlung von dem Projekt. Ich war zwar in keinem Arbeitskreis, aber interessiert hat es mich trotzdem. Als die Bürgergemeinschaft gegründet wurde, wurde ich gleich Mitglied.

Was gefällt Ihnen am Schwanenhof besonders gut?
Das Schöne ist, dass ich weiterhin im Dorf wohnen kann und so in der Nähe meiner Familie und meiner Freunde bin. Vor allem der regelmäßige Kontakt zu meinem Neffen und meiner Nichte und deren Kindern ist mir wichtig. Außerdem ist die Gemeinschaft hier im Schwanenhof sehr gut. Einmal im Monat besuche ich meine Nachbarn, dann essen wir eine Kleinigkeit zusammen und reden. Erst kürzlich war ich abends bis halb zwölf bei dem Ehepaar, das im zweiten Stock wohnt. Wir haben einfach nur erzählt, das war richtig schön.

»Es ist ähnlich wie in einer Familie: Innerbetriebliche Probleme werden auch innerbetrieblich gelöst.«

Foto: Judith Köhler

Wohnen beide im ersten Stock: Lotte Scharf (links) und Christel Schmidt verstehen sich gut.

Worauf legen Sie besonderen Wert?
In Bezug auf die Kinder meiner Schwester ist mir wichtig, dass ich so nah dran bin, dass ich helfen kann, und gleichzeitig so weit weg bin, dass sie ihr Leben eigenständig führen können. Zudem möchte ich gern selbstständig wohnen. Dabei ist es schön, sich nur um eine Wohnung kümmern zu müssen und nicht um das ganze Haus. Die Straße wird gefegt, der Müll wird abgeholt, das Handwaschbecken gereinigt, wenn es verstopft ist. Das alles ist eine große Entlastung. Und, das darf man nicht vergessen: Wir wohnen hier sehr zentral. Direkt am Rathaus und der Sparkasse und auch der Supermarkt ist noch zu Fuß zu erreichen.

Nehmen Sie manchmal an Veranstaltungen im Schwanenhof teil?
Eher selten. Ich bin momentan viel unterwegs, da brauche ich das Bürgerbüro nicht so häufig. Zweimal in der Woche bin ich bei der Familie meines Neffen, er ist mit einer Finnin verheiratet und hat drei kleine Kinder. Da ist Leben im Haus! Ich unterstütze die Familie, wo ich kann. Zum Beispiel bügele ich die Wäsche oder gehe mit den Kindern auf den Spielplatz. Mein Neffe und seine Familie freuen sich über die Unterstützung, er sagt immer zu mir: »Dich müssen wir uns gut warm halten.«

Die Angebote des Bürgerbüros nehmen Sie also nicht wahr?
Doch, bei Frühstücken oder den Nachmittagskaffees bin ich ab und zu schon dabei. Dann kann man mit den Damen aus dem Büro über alles reden, was ansteht. Außerdem finde ich es gut zu wissen, dass Ansprechpartner da sind, wenn man sie braucht.

Gibt es denn auch etwas, was Ihnen nicht so gut gefällt?
Hm, schwierig. Momentan fällt mir nichts ein. Wenn uns Bewohnern eine Laus über die Leber läuft, gehen wir ins Bürgerbüro. Dann wird die Sache geklärt. Es ist ähnlich wie in einer Familie: Innerbetriebliche Probleme werden auch innerbetrieblich gelöst.

Schauen Sie ab und zu auch in der Pflegewohngruppe »Adlergarten« vorbei?
Da bin ich samstagvormittags und helfe ehrenamtlich in der Küche mit. Das ist immer richtig lustig. Die dort lebenden Bewohner helfen – je nach ihren Fähigkeiten – mit. Nur schneidet dann die eine das Gemüse in winzig kleine, eine andere aber in handtellergroße Stücke (Frau Schmidt zeigt mit ihren Fingern, wie groß die einzelnen Gemüsestücke sind). Da finden wir aber immer einen Weg.

Würden Sie wieder hier einziehen?
Ja! Die Wohnung ist gemietet, ich kann so lange bleiben, wie ich möchte.[13]

»Ohne Nachbarschafts-hilfe ginge es nicht«

Lotte Scharf ist 89 Jahre alt und stammt ursprünglich aus Schleswig-Holstein. Obwohl sie schon seit mehr als 60 Jahren in Südbaden lebt, schwingt in ihrer Stimme das klare Norddeutsch mit dem typischen »spitzen Stein« mit. Darauf angesprochen, erzählt sie von ihrer Zeit bei der Marine, wo sie als »Mädchen für alles« gearbeitet hat. Auf die Frage, ob es sie nun im Alter nicht wieder in den Norden ziehe, schüttelt sie energisch den Kopf und winkt ab: »Nein, nein. Dafür bin ich schon zu lange hier.«

»

Seit wann wohnen Sie im Schwanenhof?
Ich bin 2004 eingezogen. Vorher habe ich in Hugstetten gewohnt, aber als mein Mann starb, suchten meine drei Kinder etwas Neues für mich.

...und wurden in Eichstetten fündig.
Genau. Der Schwanenhof hat meinen Kindern am besten für mich gefallen. Ihnen war wichtig, dass stets jemand nach mir schauen kann.

Nehmen Sie die Nachbarschaftshilfe der Bürgergemeinschaft in Anspruch?
Ohne ginge es gar nicht. Das Laufen fällt mir sehr schwer, ich bin dreimal am Knie operiert worden. Hilfe bekomme ich unter anderem beim Einkaufen, Putzen und Duschen. Viel kann ich allein nicht mehr machen.

Was mögen Sie am Schwanenhof?
Die Nachbarschaft ist sehr gut. Bei schönem Wetter sitzen wir öfter zusammen draußen. Außerdem haben wir hier unsere Freiheit, können machen und tun, was wir wollen.

Sind Sie auch bei Veranstaltungen im Schwanenhof dabei?
Nein, das ist mir alles zu laut. Dennoch ist es wichtig für mich zu wissen, dass ich nicht allein bin.

Bekommen Sie Besuch?
Meine Kinder kommen öfter vorbei. Sie wohnen alle in der näheren Umgebung, in Herbolzheim und Hochdorf.

Würden Sie wieder hier einziehen, wenn Sie noch einmal vor der Entscheidung stünden?
Einziehen ja, aber vor allem werde ich nicht wieder ausziehen!

»Ehepaar Hiss trotzt Pflegestufe 3«

Seit knapp einem Jahr lebt Ruth Hiss mit ihrem schwerstpflegebedürftigen Mann Reinhard im Schwanenhof. Zusammen mit ihrem Lebensgefährten teilen sie sich zwei nebeneinander liegende Wohnungen im zweiten Stock. Bevor bei Reinhard Hiss ein Gehirntumor diagnostiziert wurde, betrieben die Eltern zweier Söhne eine Gaststätte mitten im Dorf – das »Rössle-Post«. Weil Hiss gebürtiger Eichstetter ist, war trotz Krankheit von Anfang an klar: wir bleiben in Eichstetten.

»

Seit wann ist Ihr Mann in ärztlicher Behandlung?
Der Tumor wurde 2002 entdeckt und anschließend bestrahlt. Zeitweise war es so schlimm, dass mein Mann lieber sterben als weiterleben wollte. Durch die Krankheit ist er zum Pflegefall geworden. Heute hat er Pflegestufe 3, er muss täglich gewickelt und geduscht werden. Manchmal geht es ihm auch so schlecht, dass ich ihn füttern muss. Glücklicherweise bin ich nicht allein, mein Lebensgefährte hilft mir bei der Betreuung.

Warum sind Sie in den Schwanenhof gezogen?
Wir haben bis 2010 im Haus unserer Gaststätte gewohnt. Aber irgendwann ging es nicht mehr. Es war einfach nicht möglich, alles komplett behinderten- und rollstuhlgerecht umzubauen.

Wie war diese Zeit von 2002 bis 2010 für Sie?
Manchmal habe ich mich regelrecht gefangen gefühlt, weil ich selbst fast gar nicht mehr aus dem Haus rauskam.

Und haben Sie jetzt wieder mehr Zeit für sich?
Der Alltag ist viel einfacher geworden, weil hier im Schwanenhof alles barrierefrei gebaut ist. Das ist wirklich eine große Erleichterung bei der Pflege. Außerdem ist mein Mann dreimal in der Woche von 10.00 bis 18.00 Uhr in der Tagesbetreuung. Montags und mittwochs in Eichstetten, freitags in Bahlingen. Da wird Gymnastik gemacht, zusammen gesungen und gemeinsam zu Mittag gegessen.

Gab es für Sie eine Alternative zum Schwanenhof?
Nicht wirklich, denn wir wollten auf jeden Fall in Eichstetten wohnen bleiben und da gibt es nicht so viele andere Möglichkeiten.

Seit Sie hier wohnen, verkaufen Sie Marmelade. Stimmt denn die Kasse immer?
Meistens ja. Mir ist jedenfalls noch nie was weggekommen, weder Marmelade noch Geld. Ich vertraue den Leuten. Hier im Dorf gibt es viele kleine Stände, wo die Leute ihre Sachen verkaufen. Gegenüber vom Gasthaus zum Ochsen gibt es zum Beispiel eine Obst- und Gemüseecke. Da kaufe ich gern das, was ich brauche. Auf einer Liste stehen die Preise für alles. Das Geld werfe ich dann in die Kasse, die danebensteht.

Wie kamen Sie auf die Idee, im Schwanenhof Marmelade zu verkaufen?
Das Marmeladekochen ist ein Hobby von mir. Als wir früher noch unsere Wirtschaft mit Übernachtung und Frühstück hatten, habe ich meine Marmelade auch oft an unsere Gäste verkauft.

Wie verbringen Sie hier in Eichstetten Ihre Freizeit?
Wenn das Wetter mitmacht, gehen wir spazieren. Immer mit von der Partie ist unser Pudel Falco. Am liebsten laufen wir zu unserer »Eulenburg«, einem kleinen Garten, der uns schon lange gehört und in der Nähe vom Bahnhof liegt. Wir haben dort lauter Eulen aus Holz aufgehängt, deswegen der Name. Dort haben wir ein Gartenhäusle, wo wir vor allem im Sommer sehr oft sitzen. Manchmal auch im Winter. Dann nehmen wir Kaffee und Kuchen mit und machen das Öfele an.

Weil Sie zwei Wohnungen hier oben nebeneinander haben, ist Ihr Balkon – der Laubengang – recht groß.
Im Sommer ist er praktisch unser drittes Zimmer. Hier oben im zweiten Stock laufen auch nicht ständig Leute vorbei. Und da der Laubengang überdacht ist, können wir, wenn das Wetter mitmacht, auch noch im Spätherbst gemütlich draußen Kaffee trinken.

»Der Alltag ist viel einfacher geworden,
weil hier im Schwanenhof
alles barrierefrei gebaut ist.«

Ruth und Reinhard Hiss in ihrer Wohnung im Schwanenhof. Mit von der Partie ist auch Pudel Falco.

Foto: Judith Köhler

»Es ist schön, wenn man die Kleinen hin und wieder sieht«

Erna Hüglin wohnte acht Jahre bei einem ihrer beiden Söhne in Eichstetten, bevor sie im Juli 2009 beschloss, in den Schwanenhof umzuziehen. Hüglin stammt ganz aus der Nähe. In Ihringen, nur zehn Kilometer von Eichstetten entfernt, ist sie aufgewachsen. Mit ihrem Mann und ihren Kindern zog sie im Dezember 1952 nach Freiburg, wo sie neben Familie und Haushalt in der Lessingschule putzen ging, um etwas Geld zu verdienen. Mittlerweile ist die 82-Jährige fünffache Uroma.

»

Wie oft sehen Sie Ihre Urenkel?
Meine Enkelin kommt ab und zu vorbei und bringt die Kinder mit. Vier Jungs und ein Mädchen, da ist dann ganz schön was los!

Erzählen Sie!
Es ist sehr schön, wenn man die Kleinen hin und wieder sieht. Wenn einer ruft: »Oma, machst du den Fernseher an, ich möchte Kinderstunde schauen.« Meine Enkelin hilft mir dann ein bisschen im Haushalt, zieht das Bett ab oder spült Geschirr.

Wie ist der Kontakt zu Ihren Kindern?
Einer meiner Söhne lebt in Bötzingen, wir verstehen uns sehr gut. Er ruft an, kommt zu Besuch oder holt mich sonntags ab und wir machen einen kleinen Ausflug in die Umgebung. Meinen beiden Söhnen war es wichtig, dass ich 2001 nach Eichstetten gezogen bin, weil sie nicht immer nach Freiburg fahren konnten, um nach mir zu schauen.

Wie haben Sie vom Schwanenhof erfahren?
Durch den Pflegedienst. Eine Mitarbeiterin erzählte mir, dass hier eine Wohnung freigeworden ist und gab mir den Tipp, mich beim Bürgerbüro zu erkundigen. Nun wohne ich schon fast zweieinhalb Jahre hier und fühle mich pudelwohl. Ich bin mit den Leuten gleich in Kontakt gekommen, alle sind wirklich sehr hilfsbereit. Im Sommer sitzen Frau Scharf von nebenan und ich gern auf dem Dachgarten und genießen das gute Wetter.

Wie verbringen Sie Ihre Freizeit?
Oh, hier im Schwanenhof wird jeden Tag etwas angeboten, das finde ich ganz klasse. Montags und mittwochs gehe ich zum Mittagessen in den Gemeinschaftsraum. Das ist immer sehr gut, da kann man sich nicht beklagen. Dienstags gehe ich zur Gymnastik und ansonsten rätsel ich oder stricke. Bei Kaffee und Kuchen nachmittags bin ich nicht immer dabei, weil ich Zucker habe.

Klingt nach einem vollen Programm.
Es ist wirklich sehr abwechslungsreich. Ich bereue es nicht, dass ich hierher gekommen bin, denn in Freiburg hätte ich das in dieser Form nicht haben können.

Nehmen Sie denn die Hilfe der Bürgergemeinschaft in Anspruch?
Nicht nur, aber auch. Frau Vogel von der Nachbarschaftshilfe kommt alle zwei Wochen zum Putzen. Wissen Sie, wenn man allein wohnt, dann macht man auch nicht so viel Dreck. Die Einkäufe erledigt die Sozialstation für mich oder meine Schwiegertochter. Sie ruft meistens dienstags an und fragt, was ich brauche.

Und kaufen Sie auch manchmal die Marmelade von Frau Hiss, die draußen steht?
Ab und an gern. Oder das Obst, Äpfel und Birnen, vom früheren Hausmeister. Und wenn ich frische Eier haben möchte, brauche ich im Dorf nur anzurufen und mir bringt jemand welche vorbei. Genauso wie die Wolle, die mir neulich geliefert wurde. Daraus stricke ich zurzeit warme »Bettschlappen«. Und nicht nur das: auch Socken, Fäustlinge und Stulpen als Spende für die Bürgergemeinschaft.

Der Adlergarten

Pflegewohngruppe für pflegebedürftige und demenzkranke Menschen erweitert Schwanenhof

Das Statistische Bundesamt zählte im Dezember 2009 rund 2,34 Millionen pflegebedürftige[14] Menschen in Deutschland. Tendenz steigend.[15] Ein gutes Drittel davon war älter als 85 Jahre, was unter anderem auf die »zunehmende Alterung der Bevölkerung« zurückzuführen ist.[16] Gleichzeitig steigt mit zunehmendem Alter auch die *Wahrscheinlichkeit* pflegebedürftig zu werden. So wurde die höchste Pflegequote für Menschen über 90 Jahre ermittelt.

Die Zahlen zeigen, dass die Bürgergemeinschaft über die Jahre mit einer Entwicklung konfrontiert wurde, die die Anforderungen des Konzepts »Betreutes Wohnen« bei Weitem überstieg. Das Prinzip der Nachbarschaftshilfe und des Schwanenhofs waren zwar gut durchdacht, deckten jedoch zunehmend nicht das ab, was schwer pflegebedürftige Menschen brauchen. Ihre Grenze erreichte die Hilfe der Bürgergemeinschaft, wenn Bewohner stark dementiell erkrankten oder ihr Leben allein, trotz Nachbarschaftshilfe, nicht mehr selbstständig führen konnten. Die unbefriedigende Antwort darauf hieß Umzug in eines der umliegenden Pflegeheime in der Region. Genau das, was die Bürgergemeinschaft ja verhindern wollte. Auf einer Klausurtagung 2004 diskutierten die Eichstetter diese Versorgungslücke und beschlossen, die ursprünglichen Ziele der Bürgergemeinschaft weiterzuentwickeln. Gerhard Kiechle erläutert: »Wir haben gesagt, das Dorf übernimmt den Generationenvertrag, das heißt im Umkehrschluss, wir kümmern uns um die Bürger bis zu ihrem Tod. Auch, wenn ein höheres Maß an Hilfe erforderlich wird.«

Erneut wurde ein Arbeitskreis gegründet, der sich intensiv mit der Frage auseinandersetzte: »Wie kann pflegebedürftigen und an Demenz erkrankten Menschen in Eichstetten ein ›Verbleiben in unserer Gemeinde‹ ermöglicht werden?« Nach sorgfältigen Diskussionen und Besichtigungen von ähnlich konzipierten Anlagen in Baden-Württemberg und der Schweiz entschied man sich für eine ambulante Pflegewohngruppe mit 24-stündiger Betreuung. Es sollte eine am »Prinzip der Normalität« ausgerichtete Wohnform sein, die auf die Förderung und Teilnahme der Bewohner am alltäglichen Leben abzielt. Ein Kriterium, das diese Entscheidung begünstigte, war, dass sich selbst kleine Einheiten betriebswirtschaftlich sinnvoll organisieren lassen und sich so auch für Dörfer und kleine Gemeinden rechnen.[17] Die Verantwortung für die Pflegewohngruppe übernahm die Bürgergemeinschaft. Ein finanzielles und bauliches Fundament bot der erneute Einsatz von Architekt Wolfgang Frey. Abermals stand er als Partner zur Verfügung und übernahm die finanzielle Verantwortung und moderierte die Konzeptentwicklung, Planung und Finanzierung. Das bereits bestehende und gut funktionierende Netzwerk der Bürgergemeinschaft erleichterte es den Eichstettern zusätzlich, das neue Projekt in Angriff zu nehmen. An dieser Stelle muss jedoch die Finanzierung genauer beleuchtet werden, denn üblich ist es nicht, dass der Architekt als Investor einspringt. »Es gab viele Varianten, wie die Finanzierung hätte aussehen können«, sagt Frey. Aber keine hätte einer Nagelprobe standgehalten. Einen seriösen wie stabilen Finanzplan zu erarbeiten sei nicht nur anspruchsvoll, sondern in Hinblick auf den Erfolg des Projekts ein entscheidender Faktor und keinesfalls zu unterschätzen. »Gemeinden, die aus Interesse nach Eichstetten kommen, um zu erfahren, wie das Ganze umgesetzt wurde, müssen wissen, dass die Finanzierung eines solchen Vorhabens nicht nur der Grundpfeiler ist, sondern in unserem Fall auch gänzlich unüblich vom Architekten übernommen wurde«, betont er. »Oft dümpelten anderswo die Projekte vor sich hin, weil ein richtiges Finanzkonzept fehlt«, fügt Frey hinzu. Finanzierung bedeutet in der Entwicklung eines solchen Wohnprojektes nicht, dass jemand freies Kapital zur Verfügung stellt, sondern dass die finanzielle Verantwortung tragbar gemacht wird, indem die von den Baukosten verursachten Zins- und Tilgungsaufwendungen durch Mietrückläufe refinanzierbar werden.

Die Idee der Pflegewohngruppe mit Angeboten speziell für ältere Menschen ist laut Michael Szymczak noch relativ neu in Deutschland. Ursprünglich stammt die Idee aus Frankreich, wo sie vor gut 25 Jahren entwickelt wurde. Seit etwa fünf Jahren hält die *Wohngruppenidee* nun im Südwesten Deutschlands Einzug. Ausschlaggebend für das große Interesse an dieser Wohnoption ist die bundesweit wachsende Zahl der Demenzkranken. Nach Informationen des Bundesministeriums für Familie, Senioren, Frauen und Jugend »...sind derzeit rund 1,3 Millionen Männer und Frauen in Deutschland betroffen«.[18] Bis 2050 soll sich die Zahl verdoppeln. Das Problem ist gleichzeitig, dass traditionelle Pflegeheime nicht das bieten, was Demenzkranke in erster Linie bedürfen. »Diese Menschen brauchen Behütung, keine somatische Pflege«, betont Szymczak[19]. »Patienten mit Demenz sehnen sich nach Geborgenheit und dem Gefühl, nicht allein zu sein. Die Heimat und das angestammte Zuhause spielen dabei eine wichtige Rolle«, erklärt der Fachmann weiter. Die Pflegewohngruppe in Eichstetten sollte deshalb auf diese Bedürfnisse zugeschnitten werden. Und so folgte eine bedarfsgerechte Planung, ähnlich derjenigen für den Schwanenhof Mitte der 90er Jahre.

Als eine der größeren Herausforderungen erwies sich die Grundstückssuche für die neue Pflegewohngruppe. »Es war ein langes Suchen und Ringen, um den richtigen Standort zu finden«, erinnert sich Michael Bruder, der zu diesem Zeitpunkt frisch das Amt des Eichstetter Bürgermeisters übernommen hatte. Zunächst wurde die Kelterhalle der Winzergenossenschaft angedacht, dann aber wieder verworfen. Auch ein gegenüber vom Schwanenhof gelegenes Grundstück sollte es nicht werden. Michael Szymczak erzählt, dass »der dortige Spielplatz um ein Drittel hätte verkleinert werden müssen, was viele junge Familien im Dorf nicht wollten«. Dabei hätte das sehr schön werden können, mit einem gemeinsamen Garten für Jung und Alt. Nachdem verschiedene weitere Grundstücksoptionen diskutiert wurden, bot schließlich die Familie des Gasthauses Adler ihren Garten an und die Suche nach einem Grundstück, ebenso wie einem Namen, hatte ein Ende. Nur drei Gehminuten vom Schwanenhof entfernt sollte der »Adlergarten« entstehen mit Platz für elf pflegebedürftige Bewohner. »Das wiederum sei eine Herausforderung für den Architekten gewesen, denn das Grundstück sei nicht gerade groß gewesen«, sagt Bruder nachdenklich. »Es sei für alle Standorte geplant worden«, erläutert Frey. »Wir haben unterschiedliche Nutzungskombinationen entwickelt und dazu jeweils die Kosten einberechnet. Jede Variante hatte ihre Vor- und Nachteile«, führt der Architekt weiter aus.

Nachdem der geeignete Ort gefunden war, ging es nun daran, ein rechtliches Konstrukt zu entwickeln, das sich mit dem strengen baden-württembergischen Heimgesetz vereinbaren ließ, diesem jedoch nicht unterstehen sollte. Schließlich wollte man ja eine Pflegewohngruppe, die den Bedürfnissen Demenzkranker entspricht und so wenig Heimcharakter wie möglich besitzt. Um nicht unter das Heimgesetz zu fallen, musste die Bürgergemeinschaft folgenden Passus des Landesheimgesetzes erfüllen: »Dieses Gesetz gilt nicht für Wohngemeinschaften für Pflegebedürftige, wenn sie strukturell von Dritten unabhängig sind. Das ist der Fall, wenn die Mitglieder der Wohngemeinschaft alle Angelegenheiten der Wohngemeinschaft in einer Auftraggebergemeinschaft selbst regeln. Die Wahlfreiheit bezüglich der Betreuungsleistungen darf nicht beschränkt werden. Eine Beschränkung liegt dann vor, wenn Vermieter und Pflegedienstleiter identisch sind oder rechtlich oder faktisch verbunden sind.«[20]

Daran angepasst wurde die Eichstetter Pflegewohngruppe rechtlich wie folgt konstruiert: Die Gemeinde fungiert als Vermieter der knapp 300 Quadratmeter großen Wohnung im Erdgeschoss, die Bürgergemeinschaft hat die Alltagsbetreuung übernommen und die Kirchliche Sozialstation Nördlicher Breisgau in Bötzingen kümmert sich um die richtige medizinische Versorgung. Auf Grundlage dieses ausgefeilten *Rechtskonstrukts* schließen die Bewohner des Adlergartens oder deren Angehörige beim Einzug drei unterschiedliche Verträge ab. Einen Mietvertrag mit der Gemeinde, einen Betreuungsvertrag mit der Bürgergemeinschaft und einen Pflegevertrag mit der Sozialstation. Gewährleistet ist zudem ein relativ selbstbestimmtes Leben, so wie es im Heimgesetz gefordert wird.[21] Etwa zweimal im Jahr findet ein so genanntes Angehörigentreffen statt. Da kommen die Angehörigen der Bewohner des Adlergartens zusammen, ebenso

> »Die Bewohner haben sich für den Pflegedienst selbst entschieden, was einmal im Jahr von der Auftraggebergemeinschaft per Wahl erneut bestätigt wird«
>
> Michael Szymczak

Vertreter der Bürgergemeinschaft und der Sozialstation. »Wir setzen uns alle zusammen an einen Tisch und besprechen, was in den nächsten Wochen und Monaten anliegt«, sagt Helga Bär vom Bürgerbüro. Wünsche und Anfragen der Angehörigen würden dabei geklärt und die Auftraggemeinschaft verlängere – wenn sie zufrieden ist – die Verträge von Bürgergemeinschaft und Sozialstation. »Die Bewohner haben sich für den Pflegedienst selbst entschieden, was einmal im Jahr von der Auftraggebergemeinschaft per Wahl erneut bestätigt wird«, betont Szymczak, wobei er noch einmal auf das Heimgesetz verweist. Dieses pocht auf die uneingeschränkte Wahlfreiheit der Betreuungsleistungen. Praktischerweise arbeitete Michael Szymczak, der Geschäftsführer der Sozialstation in Bötzingen, zu diesem Zeitpunkt an einem Projekt der Evangelischen Hochschule Freiburg mit, dessen Fokus auf der »Implementation von Pflegewohngruppen in bürgerschaftlicher Verantwortung« lag. Eichstettens Adlergarten stand somit von Beginn an unter wissenschaftlicher Beobachtung. Und dieser wiederum profitierte vom Fachwissen der Pflegeexperten. Architekt Frey erinnert sich: »Wir haben wirklich viel diskutiert, mit Heimaufsichten und -räten, dem Gesundheitsamt und der Baurechtsbehörde.«

Nach der Entscheidung, das Projekt Pflegewohngruppe anzugehen, hatten sich weitere Arbeitskreise gebildet: Bau und Außengestaltung, Personal, Pflege und Betreuung sowie Verträge und Entgelte. In Zusammenarbeit sollten die Planungsideen weiterentwickelt werden, wobei die Hauptaufgabe darin bestand, die Bedürfnisse pflegebedürftiger Menschen zu präzisieren. Eine zentrale Rolle spielte dabei die Architektur. Wolfgang Frey orientierte sich beim Planen am »Prinzip der Häuslichkeit«. Eine Durchmischung der Wohnungen sei zunächst wichtig gewesen, sagt er und meint damit, dass es neben der Pflegewohngruppe im Erdgeschoss weitere Wohnungen im Haus gibt, die zwar barrierefrei gebaut sind, jedoch nicht in erster Linie für Menschen mit Behinderung gedacht sind. »Jeder sollte in das Haus einziehen können, wir wollten keine *Ghettoisierung*, indem wir ein Haus nur für pflegebedürftige Menschen bauen«, unterstreicht er. Heute sind im Adlergarten neben der Pflegewohngruppe im Erdgeschoss eine Ergotherapeutische Praxis für Kinder mit ADS-Syndrom im ersten Stock sowie fünf weitere Mietwohnungen zwischen 55 und 132 Quadratmeter beheimatet. Die Lage des Hauses sei ebenfalls relevant gewesen. Es sollte in der Nähe des Schwanenhofs sein, brauchte aber nicht unbedingt daran angrenzen. Die Nähe zum Schwanenhof und Bürgerbüro sei vor allem aus organisatorischer Sicht sinnvoll gewesen.

»Jeder sollte in das Haus einziehen können, wir wollten keine Ghettoisierung, indem wir ein Haus nur für pflegebedürftige Menschen bauen.«

Wolfgang Frey

Foto: Architekturbüro Frey

Baubesprechung: Die Eichstetter diskutieren, wie der Adlergarten strukturiert werden soll.

… Die Planungen für den Adlergarten wurden in ständiger Absprache mit den Arbeitskreisen zunehmend konkreter und ausgefeilter. Ziel war es, die Pflegewohngruppe auf die Bedürfnisse Demenzkranker zuzuschneiden …

Grafik: Architekturbüro Frey

Der Innenraum der Pflegewohngruppe ist klassisch gestaltet, und zwar nach dem Prinzip öffentlicher, privater und intimer Raum. So bietet die Wohnung einen öffentlichen Gemeinschaftsraum mit Großküche und halbprivate Flure und Bäder, die nur die Bewohner und Mitarbeiter nutzen. »Jeder Bewohner hat zudem sein Zimmer, in das er sich jederzeit ungestört zurückziehen kann«, erläutert der Architekt. Damit die Mitglieder der Arbeitsgruppe sich besser vorstellen konnten, wie der Adlergarten einmal aussehen würde, griff Frey zu einer ungewöhnlichen Methode. Im Sitzungsraum wurde der gesamte Grundriss der Wohngruppe im Maßstab 1:1 aufgezeichnet und die Bürger wurden im Rollstuhl durch die imaginären Räume geschoben. »Hierbei konnte empfunden werden wie es nachher sein würde«, sagt Frey. Der Aufbau der Pflegewohngruppe gleiche einem Organismus. »Im Zentrum steht der Leib. Im Wohnraum, Essbereich und der Küche spielt sich das aktive Leben ab«, erläutert Frey. Daran angeschlossen sind zwei Arme mit so genannten Erschließungsfluren, die links und rechts zu jeweils vier Zimmern führen. Die Flure sind bewusst so konzipiert worden, dass man einen Rundweg durch die Wohnung ablaufen könne, es gibt keine Sackgassen, die Aggressionen provozieren könnten. Diese Struktur trägt der Erkenntnis Rechnung, dass Demenzkranke oft einen hohen Bewegungsdrang haben und unter anderem gern an der Wand entlang gehen. »Deshalb haben die Flure eine etwas konische Form«, erklärt der Architekt. Das Glanzstück ist neben dem Garten der großzügige Gemeinschaftsraum mit angrenzender Küche. Die große Glasfassade erweckt den Anschein eines unmittelbaren, *schwellenlosen Zugangs* zum Garten, der umso einladender wirkt, weil über die gesamte Länge der Glasfassade ein Vordach geplant und gebaut wurde, das den Schritt von innen nach außen abmildert. »Das Vordach bietet einen emotionalen Schutz«, erläutert Frey. »Ein älterer Mensch mit Gebrechen ist emotional oft empfindsam und eher gehemmt, den gemütlichen Gemeinschaftsraum zu verlassen, um ins gleißende Sonnenlicht zu gehen oder sich dem Nieselregen eines trüben Novembertags auszusetzen.«

Dieses Vordach sei ein gutes Beispiel dafür, dass Architektur mehr ist als nur das räumliche Design. »Sie ist nicht Selbstzweck oder Kunstform, sondern Ausdruck der durch die architektonische Gestalt definierten inneren Struktur«, betont der Architekt. »In der öffentlichen Wahrnehmung werde Architektur allzu oft auf die ästhetische Gestaltung reduziert. Das sei nicht nur schade, sondern in diesem Fall grundlegend falsch«, unterstreicht Frey und kommt noch einmal auf das Vordach zurück. »Dieses Vordach im Adlergarten ist nicht aus ästhetischen Gründen gebaut worden, sondern will auf das Schutzbedürfnis der Bewohner reagieren, indem es eine Übergangszone schafft.«

Der Garten, zu dem dieses Vordach gehört, ist eine Mischung aus Hausgarten

Aus architektonischer Sicht erfüllt das Vordach eine emotionale Schutzfunktion. Es mildert den Übergang vom Innen- in den Außenraum und schafft damit eine Übergangszone.

»Wir hätten wirklich nicht gedacht, dass wir dieses relativ kleine Grundstück heute so ideal nutzen können.«

Bürgermeister Bruder

Foto: Brigitte Ziser

und Park. Auch hier gibt es einen Rundweg, sodass die Spaziergänge der Bewohner nicht zwangsläufig in einer Sackgasse enden. Ein Tisch und Stühle laden zum Verweilen bei gutem Wetter ein. Im Sommer sitzen die Bewohner auch häufig als Gruppe zusammen draußen, unterhalten sich, machen Kreuzworträtsel oder genießen einfach den Anblick der bunten Blumenbeete ringsum. Da der Garten in einem Innenhof liegt und von allen Seiten begrenzt wird, besitzt er eine natürliche *Schutzfunktion* und ist zugleich Barriere für diejenigen, die aufgrund ihrer Demenz den Drang verspüren, weglaufen zu wollen. Im Garten selbst ist es trotz der zentralen Lage sehr ruhig. Ebenso wie in der Wohnung. Da Lärm laut Frey die Aggressivität fördert, wurde in Zusammenarbeit mit dem Arbeitskreis beschlossen, eine Schallschutzdecke einzubauen. Diese sei nicht gerade ein Schnäppchen gewesen, gibt Frey zu. Doch es zeigt, dass die Prioritäten beim Bau des Projekts beim Wohlbefinden der Bewohner lagen. »Lieber eine erschwingliche Raufasertapete an der Wand und dafür einen vernünftigen Schallschutz«, sagt der Architekt. Und die Gemeinde zeigte sich nach der Fertigstellung des Adlergartens sehr zufrieden. »Wir hätten wirklich nicht gedacht, dass wir dieses relativ kleine Grundstück heute so ideal nutzen können«, sagt Bürgermeister Bruder.

Die Markise schützt im Sommer vor zu viel Sonne. Die vielen Sitzmöglichkeiten mit Blick auf den Garten laden die Bewohner zum Verweilen ein.

Der Alltag im Adlergarten

Die Bewohner entscheiden selbst

Am 28. März 2008 war es soweit: Der Adlergarten und die neue Pflegewohngruppe wurden eingeweiht. Elf pflegebedürftige oder an Demenz erkrankte Bürger aus Eichstetten fanden hier ein neues Zuhause. Fragt man die Bewohner ganz direkt, was ihnen am Adlergarten am besten gefällt, heißt es einstimmig: »die Gemeinschaft« und »dass wir nicht alleine sind«. Der Unterschied zu einem normalen Pflegeheim ist der ambulante Charakter der Pflegewohngruppe. »Die Bewohner leben in ihrem eigenen Zuhause, das Personal hat Gaststatus. Gleichzeitig gibt es mehr Personal, das die Bewohner im Alltag begleitet und sich mehr Zeit nehmen kann als die Fachkräfte im Pflegeheim«, sagt Helga Bär vom Bürgerbüro. Die *Atmosphäre* im Adlergarten sei familiär, freundlich und warmherzig. Es werde gemeinsam mit den Mitarbeiterinnen gegessen, gespielt und gekocht.

Wer an der Haustür des Adlergartens klingelt, betritt einen immer der Jahreszeit entsprechend liebevoll dekorierten Flur. Ob Rentierfiguren und Tannenzweige rund um Weihnachten, Hasen und buntbemalte Eier zum Osterfest oder Kürbisse kurz vor Erntedank: Die Frauen der Bürgergemeinschaft lassen sich immer etwas einfallen. Nach dem Klingeln öffnen sich Haus- und Wohnungstür automatisch, sodass Rollstuhlfahrer bequem rein- und rausfahren können.

Doch raus will, wer einmal im Adlergarten war, so schnell niemand mehr, denn schon der erste Schritt in die Wohnung verspricht Bewohnern wie Besuchern: Jetzt wird's heimelig. Der erste Blick nach dem Eintreten fällt auf einen großen Holztisch, der mitten im offen gestalteten Gemeinschaftsraum steht. Er steht direkt vor einer großen Fensterfront, die die Sicht auf den Garten freigibt und die, wie schon der Flur, jahreszeitlich und farbenfroh geschmückt ist. Links neben der Eingangstür hängt eine große Pinnwand, auf der mit Kreide die wichtigsten Eckdaten stehen: Ganz oben das Datum, der Wochentag und die Jahreszahl. Links darunter sind Fotos der Frauen angebracht, die an diesem Tag Morgen-, Mittag- oder Nachtschicht haben. Rechts daneben steht, was es mittags und abends zu essen gibt. »Eine Bewohnerin steht jeden Tag schon vor dem Frühstück vor der Pinnwand und studiert sie. Ab und zu fallen ihr Ungereimtheiten auf, zum Beispiel, wenn da noch als Beilage Kartoffelbrei dransteht, obwohl es den schon gestern gab«, sagt Alltagsbetreuerin Elke Schmidle, die seit der Eröffnung halbtags im Adlergarten arbeitet.

Links und rechts vom Gemeinschaftsraum gelangt man zu den Zimmern der Bewohner[22] und den beiden Badezimmern. Die Badewanne werde nicht so häufig benutzt, lieber duschten sich die Bewohner ab, das gehe schneller, erzählt Schmidle. Dreh- und *Angelpunkt* im Alltag ist der große Gemeinschaftsraum, wo neben dem großen Holztisch auch ein Sofa steht und es ein mit Gesellschaftsspielen und Büchern bis zur Decke gefülltes Regal und einen Fernseher gibt. Die gut eingerichtete Küche ist ein weiterer wichtiger

... Elf pflegebedürftige oder an Demenz erkrankte Bürger aus Eichstetten fanden am 28. März 2008 ein neues Zuhause ...

Foto: Judith Köhler

Guter Brauch: Zur feierlichen Einweihung des Adlergartens am 28. März 2008 pflanzten die Initatoren ein Bäumchen.

Mit Geschick und Herz dekorieren die Frauen der Bürgergemeinschaft den Flur und die Wohnräume des Adlergartens. Die große Fensterfront gibt den Blick auf den Garten frei.

… Den Alltag bestimmen die Bewohner selbst. Sie entscheiden, wann sie aufstehen und ob sie an den angebotenen Aktivitäten teilnehmen. Diese individuelle Freiheit ist möglich, weil der Adlergarten auf das Personalbetreuungskonzept der »AlltagsbegleiterInnen« setzt …

Foto: Judith Köhler

Bestandteil des Gemeinschaftsraums. »Die Menschen haben sich schon immer gern um die Feuerstelle versammelt«, erläutert Michael Szymczak den planerischen Gedanken, der hinter diesem Konzept steckt.

Den Alltag bestimmen die Bewohner selbst. Sie entscheiden, wann sie aufstehen und ob sie an den angebotenen Aktivitäten teilnehmen. Diese individuelle Freiheit ist möglich, weil der Adlergarten auf das Personalbetreuungskonzept der »AlltagsbegleiterInnen« setzt. Zwei bis vier Mitarbeiterinnen sind täglich da, je nachdem welche Aufgaben anstehen. Die Alltagsbegleiter – überwiegend Frauen – sind bei der Bürgergemeinschaft angestellt und haben im Vorfeld einen 126-stündigen Kurs zur Alltagsbegleiterin (inhouse Schulung) absolviert. »Die Schulung dauerte sechs Monate. Dort haben wir gelernt, wie man ältere Menschen mit Demenz pflegt, wie wir sie aktivieren können oder im Bett bewegen dürfen«, sagt Elke Schmidle. Die gelernte Einzelhandelskauffrau ist mit Freude bei der Arbeit, auch wenn jeder Tag eine Herausforderung ist. »Demenz ist nicht gleich Demenz«, betont sie. Essentiell sei im Alltag der *Körperkontakt*. Oft streichen die Frauen den Bewohnern über den Rücken oder drücken ihre Hände. Schmidle bestätigt: »Es wird hier

Zum Gemeinschaftsraum gehört auch eine gemütliche Sofaecke, in der sich die Bewohner immer wieder gerne in geselliger Runde einfinden.

»Demenz ist nicht gleich Demenz.
Essentiell im Alltag ist der Körperkontakt.«

Elke Schmidle

Foto: Judith Köhler

viel geknuddelt. Wenn ich merke, dass es jemandem nicht gut geht, kann ich ihm Zeit widmen.« Ein Luxus, der in Pflegeheimen in dieser Form sicher nicht möglich wäre.

Die Aufgabe der Frauen besteht in erster Linie darin, die Bewohner im Alltag zu begleiten und den Haushalt in Schwung zu halten. Ankleiden, Kochen, Backen, Waschen, Bügeln, Wäsche zusammenlegen, Putzen – alles, was nicht zur Behandlungspflege gehört – erledigen die *Alltagsbegleiterinnen*. Je nach ihren Fähigkeiten werden die Bewohner dabei integriert. Sei es vormittags beim Kartoffelschälen oder nachmittags beim Zusammenlegen der Wäsche.

Die Alltagsbegleiterinnen sind bei der Bürgergemeinschaft angestellt. Um geeignetes Personal zu finden, verlässt sich Helga Bär allerdings nicht nur auf Initiativbewerbungen, sondern setzt auf direkte Ansprache. »Voraussetzung für eine Anstellung als Alltagsbegleiter/in ist ein liebevoller und würdiger Umgang ohne Berührungsängste«, sagt die Koordinatorin des Adlergartens. »Es sollten Menschen mit Herz und Verstand sein, die sich gut auf andere Menschen einlassen können und eine praktische Veranlagung sowie Flexibilität bezüglich der Arbeitszeiten mitbringen«, fasst sie weiter zusammen. Es gebe Festanstellungen von 40 bis 70 Prozent sowie geringfügig Beschäftigte und Mitarbeiterinnen, die eine Übungsleiterpauschale bekämen, so Bär. Froh sei sie, dass sie, trotz personeller Veränderungen von Zeit zu Zeit, auf einen »festen Mitarbeiterinnenstamm« zählen könne, der schon seit Beginn des Adlergartens mit dabei ist, sagt Bär und Szymczak fügt hinzu: »Gerade bei Menschen mit Demenz ist es wichtig, dass es nur eine geringe Fluktuation der Mitarbeiter gibt.« Für Frauen aus Eichstetten ist die Arbeit bei der Bürgergemeinschaft gleichzeitig gut mit dem eigenen Familienleben unter einen Hut zu bringen. Die Wege sind kurz, die Absprachen gehen schnell und weil man sich kenne, könne man auch mal früher los oder später kommen, wenn sich zum Beispiel eines der eigenen Kinder nicht wohlfühlt, so Elke Schmidle.

Ein Tag im Adlergarten folgt festen Anhaltspunkten, aber keinen starren Strukturen. Im Wesentlichen regeln die Mahlzeiten den zeitlichen Tagesablauf. Morgens um sieben Uhr wird die Nachtwache von einer Mitarbeiterin der Sozialstation und einer Alltagsbegleiterin abgelöst. Gemeinsam kümmern sie sich um die Pflege und Morgenwäsche der Bewohner. Ab acht Uhr kommt eine weitere Frau der Bürgergemeinschaft und richtet das Frühstück. »Sicher können die Bewohner auch länger schlafen und später aufstehen, das kommt aber eher selten vor. Denn wenn morgens die ersten Geräusche zu hören sind, wenn das Geschirr klappert und der Wasserkocher brodelt, dann stehen auch die Langschläfer auf und kommen dazu, besorgt, sie könnten etwas verpassen«, schmunzelt Helga Bär. Manchmal helfen die Bewohner auch mit und decken den Tisch. Gegen neun Uhr wird dann gemeinsam gefrühstückt. Auch die Mitarbeiterinnen essen mit.

»Wenn morgens die ersten Geräusche zu hören sind, wenn das Geschirr klappert und der Wasserkocher brodelt, dann stehen auch die Langschläfer auf und kommen dazu, besorgt, sie könnten etwas verpassen.«

Helga Bär

Foto: Brigitte Ziser

Alltagsbegleiterin Elke Schmidle (Mitte) hilft einer Bewohnerin beim Essen. Feste Mahlzeiten regeln den zeitlichen Tagesablauf.

»Die Mahlzeiten sind fest, aber zwischendurch sind die Bewohner total frei. Sie können alles mitmachen, was angeboten wird, müssen aber nicht.«

Elke Schmidle

Fotos: Brigitte Ziser

Nach dem Frühstück können die Bewohner frei entscheiden, wonach ihnen ist. Einige lesen Zeitung, andere erzählen etwas oder spielen. »Die Mahlzeiten sind fest, aber zwischendurch sind die Bewohner total frei. Sie können alles mitmachen, was angeboten wird, müssen aber nicht«, erklärt Alltagsbegleiterin Elke Schmidle. Die festen Mahlzeiten seien im Alltag auch deshalb nützlich, weil viele der Bewohner regelmäßig Medikamente einnehmen müssten, fügt Helga Bär hinzu.

Ab etwa 11.00 Uhr kommt eine Wachstischdecke auf den Holztisch und dann heißt es für die Bewohner, die wollen: Schnibbeln. Kartoffeln, Karotten oder Kohlrabi. Viele Bewohnerinnen fühlten sich bei dieser Aufgabe gebraucht, da sie das ohnehin ihr ganzes Leben lang gemacht hätten, sagt Bär. Vor dem Mittagessen kommt vormittags häufig noch eine zusätzliche *Betreuungskraft*, die für Beschäftigung sorgt und zum Beispiel mit einigen Bewohnern einkaufen oder spazieren geht, ein altes Fotoalbum anschaut oder Gymnastik macht. Anschließend wird gegen 12.00 Uhr zu Mittag gegessen. Häufig gibt es Gerichte aus der Region. Danach sitzen die Bewohner bei gutem Wetter gern draußen und spielen zusammen. Wer mag, kann sich auch ausruhen oder den Mitarbeiterinnen bei leichten Hausarbeiten zur Hand gehen.

Heimat und Zuhause: Im Adlergarten wird häufig regional gekocht. Im Vordergrund steht der gemeinsam »gelebte Alltag«.

»Es sind 10.000 winzige Facetten,
die das Leben ausmachen.
Der größte Schatz des Adlergartens ist,
dass er regional verortet wurde.«

Michael Szymczak

Foto: Brigitte Ziser

Um 18.00 Uhr essen die Bewohner zu Abend und werden, bis die Nachwache um 21.00 Uhr kommt, nach und nach bettfein gemacht. Das bedeutet aber nicht, dass die Bewohner ins Bett geschickt werden, wenn die Nachtwache kommt. »Jeder im Adlergarten entscheidet selbst, wann er schlafen gehen möchte. Das ist ganz unterschiedlich. Ab und zu schauen alle zusammen abends auch mal einen Film«, erzählt Bär. Einmal in der Woche kaufen die Alltagsbegleiterinnen im Großmarkt ein. Den Einkaufszettel dafür hat eine Mitarbeiterin mit hauswirtschaftlicher Ausbildung geschrieben. Sie erstellt im Laufe der Woche den Küchenplan für die nächste Woche und sammelt dafür auch Vorschläge und Rezeptideen von den Bewohnern. Das Geld für den Einkauf stammt aus der Haushaltskasse, in die die Bewohner monatlich 180 Euro einbezahlen. »Es ist ähnlich wie in einer guten WG«, sagt Michael Szymczak. Die erforderlichen Aufgaben des Alltags würden gemeinsam entschieden und bewältigt. Das Wissen um die richtige Pflege sei zwar relevant, im Vordergrund stehe aber der gelingende Alltag und die damit verbundene *Förderung* der Bewohner, fasst der Sozialarbeiter zusammen. Die Unterschiede zum Pflegeheim sieht Szymczak neben dem gelebten Alltag auch in der kleinen Wohneinheit von nur elf Menschen. »In Pflegeheimen liegt das Minimum bei 40 Personen«, gibt er zu bedenken. Ein weiteres Gütesiegel sei die persönliche Betreuung, die den Bewohnern zugutekomme. So sei es von entscheidender Qualität, dass die Wohngruppe direkt im Dorf liege und man darauf achte, dass wirklich nur Eichstetter Bürger oder welche aus der näheren Umgebung im Adlergarten wohnten. Die Angehörigen der Bewohner könnten so vielfach besser in den Alltag miteingebunden werden. »Es sind 10.000 winzige Facetten, die das Leben ausmachen. Der größte Schatz des Adlergartens ist, dass er regional verortet wurde – die Leute hören täglich die ihnen vertraute Kirchturmuhr, sie hören den heimischen Dialekt der Mitbewohner und Alltagsbegleiterinnen, es wird regional gekocht und das Gemüse stammt von den Landwirten ringsum«, erläutert Szymczak die Komponenten, die das Heimatgefühl der Bewohner mitbegründen. Auf diese Weise, fügt Architekt Wolfgang Frey hinzu, bleiben auch die bestehenden Sozialkontakte nach dem Umzug in den Adlergarten erhalten. Manch 80-Jähriger könne nicht mehr zu Freunden in den Nachbarort fahren, wenn er oder sie in einem Pflegeheim in der Region wohne. Im Adlergarten ginge das laut Frey weiterhin. »Man kann sich immer noch gegenseitig besuchen oder zu einer Skatrunde treffen«, sagt er.

Damit der Adlergarten stets aktuell auf die Bedürfnisse der Bewohner abgestimmt ist, findet alle zwei bis drei Monate ein sogenannter »Runder Tisch« statt. Ähnlich wie beim Angehörigentreffen versammeln sich auch hier wieder Vertreter der Bürgergemeinschaft, der Sozialstation und die Angehörigensprecherin. Letztere ist Barbara Hess. Sie ist die Tochter einer Bewohnerin, die seit 2008 in der Pflegewohngruppe lebt. Der Adlergarten ist für Hess, die als Lehrerin arbeitet, »ein Geschenk des Himmels«. Als ihre Mutter an Alzheimer erkrankte, seien nur zwei Alternativen in Frage gekommen: Ein Pflegeheim oder eine polnische Frau. »Die Arbeit im Adlergarten gehe weit über das Normale hinaus«, sagt sie. »Es ist absolut persönlich, ich kenne alle Betreuer«, fügt Hess hinzu. Ihre Aufgaben als Angehörigensprecherin erfüllt sie gern. Sie

Nachmittags sitzen die Bewohner bei gutem Wetter gerne draußen, spielen oder unterhalten sich.

Fotos: Daniel Schoenen

Der Adlergarten liegt mitten im Dorf, nur wenige Gehminuten von Kirche und Rathaus entfernt.

... Es ist von entscheidender Qualität, dass die Wohngruppe direkt im Dorf liegt und man darauf achtet, dass wirklich nur Eichstetter Bürger oder welche aus der näheren Umgebung im Adlergarten wohnen ...

Foto: Brigitte Ziser

ist die Ansprechpartnerin, wenn es Gesprächsbedarf oder Probleme gibt, und entscheidet im Fall der Fälle mit, wer als nächstes von der über 20 Personen starken *Warteliste* neu in den Adlergarten einziehen darf.

Die gute Betreuung und Pflege im Adlergarten hat natürlich ihren Preis. Auch wenn ein Platz im Adlergarten nicht teurer ist als der in einem klassischen Pflegeheim. Je nach Pflegestufe müssen die Bewohner oder Angehörigen zusätzlich zum Pflegegeld zwischen 1440 Euro[23] und 1840 Euro[24] zuzahlen. Weitere 180 Euro im Monat kommen für die Haushaltskasse hinzu. »Das Pflegegeld wird direkt eingezogen. Die Bezieher bekommen es gar nicht zu Gesicht«, erklärt Helga Bär. Die Pflegekasse gebe das Geld an die Sozialstation aus, diese wiederum verteile es entsprechend der Leistungen. So bekäme auch die Bürgergemeinschaft eine Teilzahlung für ihre Betreuungsdienste.

Doch auch wenn gute Altenpflege ihren Preis hat, ist sich Pflegeexperte Michael Szymczak sicher, dass das Konzept der Pflegewohngruppe mit der wohnortnahen Versorgung das Modell der Zukunft sein wird. Auch wenn man nicht ganz um Pflegeheime herumkäme. Zu erwarten sei, dass die Pflege künftig bunter wird. Momentan kümmere man sich noch um die recht gutmütige Kriegsgeneration, doch dieser folgten bald die »Revoluzzer« der 60er Jahre. »Die haben ausschweifender gelebt und mehr Ansprüche ans Leben. Das wird noch eine richtige Herausforderung«, verspricht er.

Das Team von Helga Bär (links). Die Frauen sorgen sich als Alltagsbegleiterinnen um die elf Bewohner des Adlergartens.

Das integrative »Café Mitnander«

Kommunikations- und Begegnungsstätte mitten im Schwanenhof

Ein Café im Schwanenhof als Ort der Begegnung und des zufälligen Austausches schien eine ideale Nutzungskomponente in einer Wohnanlage für Menschen in unterschiedlichen Lebenssituationen zu sein. Wieso die Bank dieser Nutzungseinheit nur widerwillig zustimmte, wurde Wolfgang Frey, der als Architekt auch die finanzielle Verantwortung übernommen hatte, bald klar: Nach einem Jahr kündigte der Pächter den Mietvertrag. Auch der Folgemieter blieb die Miete bald schuldig und kam über eine knappe Jahresnutzung nicht hinaus. Ein kostspieliger Umbau zu einem Bistro war die zwingende Folge, die aber wiederum nur eine kurze Nutzungszeit überstand. Die Mietausfälle in Verbindung mit teuren Umbaumaßnahmen ließen den Architekten in seiner Funktion als Hauseigentümer seine fachliche Verantwortung für inhaltliche Nutzungsplanung deutlich spüren. Nach erneutem, aufwendigem Umbau wurde endlich ein Abendbetrieb etabliert, der zu stabilen Umsätzen und verlässlichen Mieten führte. Aber schon bald ergaben sich Klagen wegen abendlicher Geräuschbelästigung. Der Erfolg des Bistros führte zu Konflikten. Schweren Herzens stimmten Wolfgang Frey und Michael Bruder schließlich darin überein, dass die endlich gewonnene finanzielle Sicherheit wieder infrage gestellt werden musste, um die ursprüngliche Idee des Cafés doch noch zu ermöglichen. Aus anderen Projekten konnte Frey Ideen zur Inklusion einbringen und schließlich ausreichend Zutrauen in die Idee eines integrativen Cafés gewinnen. »Wir waren alle voller Überzeugung nun endlich nach über zehn Jahren einen Durchbruch in der Konzeption des Schwanenhofes geschafft zu haben: Der karitative Aspekt ist nicht nur gesellschaftlich bedeutsam, sondern auch psychologisch für die Rechtfertigung der Anwesenheit als Konsument, was Basis für einen wirtschaftlich seriösen Betrieb ist«, so Frey.

Los ging es mit der Planung: Es wurden Mitwirkende für die verschiedenen Arbeitskreise und ein passender Name fürs Café gesucht. Außerdem sollten auf jeden Fall die Voraussetzungen zum Erhalt der Förderungen, die von Aktion Mensch und vom KVJS (Kreisverband für Jugend und Soziales) in Aussicht gestellt wurden, erfüllen werden – was das Ganze nicht einfacher machte. Die Zuschüsse zu beantragen, gestaltete sich schwieriger als erwartet. Im Sommer 2010 gab es wieder eine räumliche Veränderung, denn die Winzergenossenschaft verkaufte ihre Fläche im Gebäude im Schwanenhof an die Gemeinde Eichstetten und zog ins immer noch leer stehende Bistro um. Die Räume der ehemaligen Winzergenossenschaft wurden nun fürs Café Mitnander in Betracht gezogen. Die Baupläne mussten wieder geändert und es musste neu kalkuliert werden, was eine erneute Verzögerung zur Folge hatte. In der Zwischenzeit fanden ausgiebige Gespräche und Diskussionen innerhalb des Gemeinderates statt, der mit knapper

Foto: Café Mitnander

Mehrheit und im Falle der Bewilligung aller Zuschüsse der Konkretisierung des Café zustimmte.

Etwa zweieinhalb Jahre dauerte die Planungszeit bis zur Umsetzung. Im April 2012 wurde dann das Café Mitnander eröffnet. In viel größerem Ausmaß als man es je geahnt hätte, wurde es angenommen. 55 Sitzplätze im Innenraum und weitere 35 Plätze im Hof standen zur Verfügung. Heute haben die leckeren Landfrauenkuchen, die im Café gebacken werden, längst ihre Fans gefunden und werden gerne auch für zuhause gekauft. Das hoch motivierte und fleißige Team erfüllt fast alle Wünsche: vom klassischen Kaffee und Kuchen bis zum runden Geburtstag. Auch der abwechslungsreiche Mittagstisch ist beliebt. Die Produkte werden weitgehend regional und aus fairem Handel bezogen, so werden z. B. Eier, Obst und Gemüse direkt vom Bauern eingekauft. Für den Kaffeegenuss sorgt ein Spitzenprodukt von GEPA. Die hochwertigen Bohnen werden in handwerklichen ausschließlich fairen Betrieben traditionell in schonender Langzeitröstung veredelt. Die Kaffees werden nur von Kleinbauern-Kooperativen bezogen. Durch den Fairen Handel mit der GEPA erhalten sie langfristig stabile Preise, von denen sie leben und ihre Situation aus eigener Kraft verbessern können.

Als ein neues Standbein beliefert das Café seit Anfang 2013 den Eichstetter Kindergarten, die Kleinkindgruppe und den Hort der Eichstetter Schule mit Essen. Diese neue Aufgabe brachte die Küchenräumlichkeiten an ihre Kapazitätsgrenze. Man entschloss sich deshalb, im Lagerraumbereich eine »Backstation« zu realisieren. Der Gastraum wurde ebenfalls erweitert.

Das Café Mitnander ist ein integratives Tagescafe. Es dient als Kommunikations- und Begegnungsstätte, in der Toleranz und gegenseitige Wertschätzung die Basis des Miteinanders sind. Vier Mitarbeiterinnen mit Handicap haben sich gut eingearbeitet und hier ihren festen Arbeitsplatz gefunden. Träger des Café Mitnander ist eine gGmbH: die Bürgergemeinschaft Eichstetten e.V., die Gemeinde Eichstetten und das Hofgut Himmelreich.

Die leckeren Landfrauenkuchen, die im Café gebacken werden, haben längst ihre Fans gefunden und werden gerne auch für Zuhause gekauft.

Die aktuellen Herausforderungen

Bürgergemeinschaft denkt über zweiten Adlergarten nach

Nach der anfänglichen Skepsis der Eichstetter steht die Bürgergemeinschaft heute wirtschaftlich und sozial sehr gut da. Mit einem Jahresumsatz von rund 400.000 Euro und über 50 – überwiegend weiblichen – Mitarbeitern hat sich der Verein den Status eines mittelständischen Betriebs erarbeitet. »Würde man alle Eichstetter Betriebe aufreihen, wäre die Bürgergemeinschaft unter den Top 20«, sagt der seit 2005 amtierende Bürgermeister Michael Bruder. Gerade für die Frauen im Dorf biete der Verein eine gute Möglichkeit, sich nebenbei noch etwas dazuzuverdienen. Und das ohne großen Aufwand, da sie im Dorf kein Auto bräuchten. Das Engagement bei der Bürgergemeinschaft lasse sich zudem gut mit der eigenen Familie unter einen Hut bringen, erläutert Bruder weiter. Er räumt allerdings auch ein, dass die Bürgergemeinschaft als solche für die Gemeinde keine Einnahmequelle sei. Im Gegenteil, sie koste das Dorf Geld, so wie jeder Spielplatz oder andere Einrichtung der Gemeinde auch. »Geld, das sehr gut investiert ist«, sagt Bruder. Schließlich koste jede andere Infrastruktur auch Geld, sei es nun eine Straße oder ein öffentliches Gebäude. Die Bürgergemeinschaft stärke zudem durch ihr breites soziales Angebot die Identifikation der Eichstetter mit ihrem Ort. So hat der Verein in Eichstetten stetig an *Akzeptanz* gewonnen und laut Bruder für ein »besonderes Zusammengehörigkeitsgefühl« im Dorf gesorgt. »In Gesprächen wird immer von ›unserer Bürgergemeinschaft‹ gesprochen«, betont er und verweist im gleichen Atemzug darauf, welche Mammutaufgabe die Koordination des Vereins ist. Allein die Arbeitszeiten aller Mitarbeiter und Ehrenämtler in Einklang zu bringen, erfordere viel Hingabe.

Bei seinem Amtsantritt war für Michael Bruder das Modell der gelebten Bürgerkommune, das sein Vorgänger Gerhard Kiechle in 24 Jahren aufgebaut hatte, völlig neues Terrain – das Konzept der Bürgergemeinschaft gänzlich unbekannt. Und heute? »Heute ist die Bürgergemeinschaft nicht mehr aus dem Alltag wegzudenken«, sagt er. Im Wochentakt gebe es Arbeitskreissitzungen, Besprechungen und Abstimmungen über neue Ideen. Als Bürgermeister sei er Teil des Prozesses, wie sich die Bürgergemeinschaft und das Dorf als Ganzes entwickle. Fruchtbare Impulse müssten gebündelt und in die richtigen Bahnen gelenkt werden, erläutert er. Angst, das Engagement könnte einmal nachlassen, hat er keine. Denn wie Kiechle ist er der Ansicht, dass die Bereitschaft, etwas für andere zu tun, in jeder Gemeinde vorhanden ist. Eichstetten habe nur die dafür notwendigen Rahmenbedingungen geschaffen, dieses soziale Potential zu aktivieren und sinnvoll für das Dorf zu nutzen. Doch was wäre, wenn es die Bürger-

Michael Bruder ist seit 2005 Bürgermeister von Eichstetten.

Foto: Judith Köhler

gemeinschaft in Eichstetten nicht gäbe? Bruders Antwort: »Dann müssten wir uns noch heute zusammensetzen und ein Konzept für Betreutes Wohnen und eine Pflegewohngruppe entwickeln.«

Doch auch wenn ihm eine gut funktionierende Bürgergemeinschaft den Rücken freihält, entspannt zurücklehnen kann sich Bruder nicht. Neue Aufgaben erfordern vom Verein die Bereitschaft, sich stets strukturell anzupassen und zu wachsen. Immer mehr *Professionalität* ist gefragt. Ein Beispiel ist das integrative Tagescafé[25], das im Frühjahr 2012 eröffnet worden ist. Als gemeinnützige GmbH ist es dabei keine direkte Säule der Bürgergemeinschaft. Ideell wird das Café vom Hofgut Himmelreich unterstützt, dessen Leitbild aus einer Erzählung des französischen Schriftstellers Antoine de Saint-Exupéry stammt: »Man sieht nur mit dem Herzen gut. Das Wesentliche ist für die Augen unsichtbar.« Das Hofgut im südbadischen Kirchzarten wird seit September 2004 als integrativer Gastronomiebetrieb geführt. Mehr als zehn Menschen mit geistiger Behinderung arbeiten im Hotel und Restaurant mit nichtbehinderten Fachkräften zusammen. 2006 kam als weiterer Förder-Baustein die »Integrative Akademie Himmelreich« hinzu. Sie verfolgt das Ziel, die gesellschaftliche Teilhabe und Selbstständigkeit von Menschen mit geistiger Behinderung zu stärken und ihre Chancen auf aktive Mitarbeit im Erwerbsleben zu verbessern.[26] Geschäftsführer Jochen Lauber sagt: »Konkret sieht die Unterstützung in Eichstetten so aus, dass wir unsere bislang gesammelten Erfahrungen aus unserem integrativen Betrieb weitergeben. Es geht uns, der Gemeinde Eichstetten und dem Bürgerbüro in erster Linie darum, im Sinne der Inklusion einen Schritt weiter zu gehen und Menschen mit Handicap noch mehr soziale Teilnahme zu ermöglichen.« Beratungsbedarf habe vor allem beim gastronomischen Konzept bestanden. Denn das sei nicht einfach 1:1 aus dem normalen Alltag übertragbar, da müssten manche Schritte anders geplant werden, fügt er hinzu.

Immer wieder stellen sich der Bürgergemeinschaft neue Aufgaben. Das erfordert die Bereitschaft, sich stets strukturell anzupassen und zu wachsen.

Das Café ist ein weiterer sichtbarer Ausdruck dafür, dass die Bürgergemeinschaft versucht, das komplette soziale Spektrum abzudecken und für jeden etwas anzubieten, sei es nun Kinderbetreuung, Qualifizierungskurse für Betreuer von Demenzkranken oder einen Bilderabend mit Reisebericht über Namibia. »Der Fokus des Engagements liegt sicherlich bei den Senioren. Hilfe im Dorf kann aber auch heißen, eine junge Familie personell zu unterstützen, wenn die Mutter zum Beispiel länger krank ist«, sagt Bruder. Die Reaktionen auf ›unsere Bürgergemeinschaft‹ seien, sowohl aus dem regionalen wie internationalen Umfeld, durchweg sehr positiv. Manchmal seien auch Gruppen aus Japan da und informierten sich eingehend. Und klar sei auch das Interesse in der Region groß: Kollegen erkundigten sich schon mal direkt bei ihm, sagt Bruder. In Ortenberg bauten sie derzeit einzelne Bausteine der Eichstetter Bürgergemeinschaft nach. »Das freut uns na-

»Wir sind dem demografischen Wandel einen Schritt voraus und haben so den Vorteil, auf ihn als Herausforderung gut reagieren zu können.«

Michael Bruder

türlich, wenn unser Projekt auch in der direkten Nachbarschaft Früchte trägt«, erklärt Bruder.

Die aktuellen Herausforderungen, denen sich Eichstetten in den nächsten Jahren stellen muss, betreffen in hohem Maße auch den weiteren Werdegang der Bürgergemeinschaft. Seit Mitte 2011 sind alle 16 Wohnungen im Schwanenhof wieder komplett vermietet, ebenso die fünf Wohnungen im Adlergarten und die elf Plätze der Pflegewohngruppe. Die Gemeinde fungiert zusammen mit der Bürgergemeinschaft als Generalmieter, trägt also Kosten und Risiken, wenn nicht alle Appartements vermietet sind. Derzeit sei die Lage recht komfortabel, sagt Bruder. Gedanken um Leerstand macht er sich trotzdem, denn die Zeit der großen Baugebiete ist vorbei. »Die Gemeinde hat keine großen Möglichkeiten mehr zu wachsen. Gleichzeitig gibt es im Dorf selbst rund 70 Häuser, in denen nur noch eine Person wohnt, die älter als 65 Jahre alt ist«, erläutert er. Ziel sei es hier, einen langfristigen Leerstand zu vermeiden und die Häuser für neue Familien zu nutzen. Das sei allerdings viel schwieriger als in einem Neubaugebiet, denn hinter den Häusern im Stadtkern stünden meist Einzelpersonen oder Erbengemeinschaften. Dennoch: Bruder will alles daran setzen, »damit der Ortskern lebendig bleibt.«

Aktuell denkt die Gemeinde über einen zweiten Adlergarten nach. Die Nachfrage ist immens, die Warteliste lang und immer länger werdend. Anfragen, die von außerhalb kommen, nicht mitgerechnet. »Elf Plätze sind für ein Dorf wie Eichstetten einfach zu wenig«, begründet Bruder. Für die Bürgergemeinschaft heißt das konkret, einen Standort und Räume sowie Personal für eine zweite Pflegewohngruppe zu finden. Die ersten Planungen sind im Sommer 2012 gemacht worden, sagt Bruder, kurzfristig passiere baulich aber sicher erstmal nichts. Doch trotz vieler Ideen sollen manche Dinge auch einfach bleiben, wie sie sind: dass Eichstetten schuldenfrei ist zum Beispiel oder mit einem Durchschnittsalter von 39,7 Jahren[27] zu den jüngsten Gemeinden seines Landkreises gehört. »In Eichstetten ist die Bereitschaft größer, eine Familie zu gründen«, sagt Bruder. Das liege unter anderem an den günstigen *Rahmenbedingungen*. So gebe es in Eichstetten neben der Bürgergemeinschaft auch 25 Plätze in der Kleinkindbetreuung, Tagesmütter würden zudem gefördert.

Die Ausgangslage Eichstettens erscheint vor dem Hintergrund des demografischen Wandels fast schon ideal. Bruder blickt optimistisch in die Zukunft. Er will darauf achten, dass das Dorf schuldenfrei bleibt und sich so den nötigen Spielraum für neue soziale Projekte bewahrt. Als Bürgermeister fühlt er sich mit der Bürgergemeinschaft an seiner Seite gut gewappnet: »Wir sind dem demografischen Wandel einen Schritt voraus und haben so den Vorteil, auf ihn als Herausforderung gut reagieren zu können. Wir müssen der Entwicklung nicht hinterherlaufen, sondern können sie aktiv mitgestalten.«

Daten, Zahlen, Fakten

Eichstetten

- Lage: Am Ostrand des Kaiserstuhles zwischen Schwarzwald und Vogesen, 198 bis 520 Meter über dem Meeresspiegel
- Erstmals urkundlich erwähnt wird Eichstetten im Jahr 737, als in einer Urkunde des Etichonenklosters Murbach im Elsass der Ortsname Eistat auftaucht
- 2007 gab es in Eichstetten insgesamt 145 landwirtschaftliche Betriebe, 38 davon sind Haupterwerbsbetriebe
- Einwohnerzahl: 3.200
- Das Dorf bietet gut 700 Arbeitsplätze in Industrie und Handel
- Gerhard Kiechle Bürgermeister von Eichstetten 1981 – 2005 (parteilos)
- Michael Bruder: Bürgermeister seit 2005 (CDU)
- Die Größe der Gemarkung beträgt 1231 ha, wovon 363 ha Weinberge sind
- 680 ha Fläche werden landwirtschaftlich genutzt, davon sind
  - 41 Prozent Ackerland
  - 12 Prozent Dauergrünland
  - 3 Prozent Obstanlagen
- Im Jahr 2011 lag das Durchschnittsalter in Eichstetten bei 39,7 Jahren
- Eichstetten siegte 2003 im Bundeswettbewerb »Zukunftsfähige Kommune«
- Eichstetten ist eine Modellgemeinde des Entwicklungsprogramms Ländlicher Raum

»Erstmals urkundlich erwähnt wird Eichstetten im Jahr 737, als in einer Urkunde des Etichonenklosters Murbach im Elsass der Ortsname Eistat auftaucht«

Bürgergemeinschaft Eichstetten e.V.

- **Gründungsversammlung am 9.3.1993**
- **Anzahl der Gründungsmitglieder: 272**
- **Mitgliedzahlen im Jahr 2011: Gut 470**
- **Mitgliedsbeitrag im Jahr: 25 Euro**
- **Die Bürgergemeinschaft ist Betreuungsträger des Schwanenhofs und der Pflegewohngruppe Adlergarten in Kooperation mit der Kirchlichen Sozialstation Nördlicher Breisgau e.V.**
- **Soziales Angebot:**
  - **Betreutes Wohnen im Schwanenhof**
  - **Nachbarschaftshilfe**
  - **Kernzeitbetreuung Grundschule**
  - **Pflegewohngruppe Adlergarten**
  - **Bürgerbüro als Anlaufstelle für soziale Anliegen und Beratungen**

»Ausgezeichnet mit dem baden-württembergischen Qualitätssiegel für Betreutes Wohnen«

Das »geteilte Ehrenamt«

Unentgeltlich	Honorar à 7,00– 8,00 Euro netto pro Std.
Besuchsdienste (Gespräche, Vorlesen, Spaziergänge)	Dienste im Bürgerbüro
Gesellige Angebote im Bürgertreff (Klaviernachmittag, Bücherstube, Handarbeitskreis)	Hauswirtschaftliche und pflegerische Hilfe
Vereinstätigkeit in der »Bürgergemeinschaft Eichstetten e.V.«	Seniorengymnastik
Pflege des Dachgartens im Schwanenhof und des Gartens der Pflegewohngruppe	Demenzbetreuung
Mitarbeit bei Veranstaltungen der Bürgergemeinschaft (z.B. Weihnachtsmarkt)	Kernzeitbetreuung
	Alltagsbegleitung im Adlergarten
	Honoriert werden Tätigkeiten, deren verlässliche und pünktliche Erbringung sehr wichtig ist bzw. zu denen sich die MitarbeiterInnen bzgl. Zeitpunkt, Zeitumfang und Inhalt fest verpflichten.

- 1993 erste Planungen zum Schwanenhof
- 1997 Baubeginn
- Einweihung 1998; genutzt seit 1997
- Seniorenwohnanlage mit 16 barrierefreien Wohnungen
- Zusätzlich gibt es zwei Wohnungen für junge Familien / Paare
- Die Gemeinde ist Generalmieter der Wohngruppe Schwanenhof mit einer Gesamtfläche von etwa 450 Quadratmetern
- Die BewohnerInnen schließen Einzelmietverträge für ihre Privaträume sowie die gemeinschaftlich genutzten Räume mit der Gemeinde Eichstetten ab
- Es gibt des Weiteren einen Gemeinschaftsraum mit Trennwand, ein Pflegebad, ein Gästezimmer und das Bürgerbüro
- Geschäfte im Erdgeschoss: Arztpraxis, Sparkasse, Winzergenossenschaft, Reisebüro, Blumenladen, integratives Café
- Ausgezeichnet mit dem baden-württembergischen Qualitätssiegel für Betreutes Wohnen
- Energieverbrauch: Der Schwanenhof hat mit der Firma EnerTec aus Bahlingen am Kaiserstuhl einen Vertrag als so genannter Contractor abgeschlossen und im Schwanenhof ein neues Blockheizkraftwerk als Heizanlage eingebaut. Als Anbieter ist er verantwortlich für die Herstellung der Wärme und Strom. Der Schwanenhof zahlt als Kunde über einen vertraglich festgelegten Zeitraum einen festen Satz an den Contractor EnerTec und kauft diesem damit die Wärme und Strom ab. EnerTec wiederum verdient an der Differenz, die zwischen den Kosten für die Wärmeherstellung und dem Festpreis liegt. Die Bahlinger Firma ist deswegen daran interessiert, die Energiekosten möglichst niedrig zu halten.
- Die Energiedaten: Bei einer Betriebsstundenzahl von 3600 Stunden im Jahr 2011 erzeugte der Dachs G5,5 (Firma Senertec) 19.800kWh und eine thermische Leistung von 39.600 kWh. Die Verbrauchszahlen waren 66.705 kWh Strom und 195595 kWh Wärme (Heizung und Warmwasser). Der Gesamtgasverbrauch für Heizung und Stromerzeugung lag bei 271.299 kWh Erdgas (BHKW + Brennwerttherme). Anfang 2012 wurde ein neues BHKW eingebaut (MEPHISTO G16+ der Fa. Kraftwerk GmbH), das bei einer angestrebten Betriebsstundenzahl von 3000 Stunden pro Jahr eine el. Leistung von 48.000 kWh und eine thermische Leistung von 96.000 kWh erzeugen soll, wenn die Verbrauchszahlen ungefähr gleich bleiben.

Finanzierung Schwanenhof

Wohnung	2 Zimmer Kochnische Bad Abstellraum	2 Zimmer Kochnische Bad Abstellraum
Fläche	50,86 m²	71,25 m²
Kaltmiete	396,71 Euro pro Monat → 7,80 pro m²	555,75 Euro → 7,80 pro m²
Nebenkosten	40,00 Euro pro Monat	55,00 Euro pro Monat
Energielieferung (Strom und Wärme)	55,00 Euro pro Monat	60,00 Euro pro Monat
INSGESAMT	**491,71 Euro pro Monat**	**670, 75 Euro pro Monat**
Betreuungs-pauschale		
1 Person	60,00 Euro pro Monat	60,00 Euro pro Monat
2 Personen	85,00 Euro pro Monat	85,00 Euro pro Monat
Mieterhöhung	Alle zwei Jahre um 0,26 Euro pro m²	Alle zwei Jahre um 0,26 Euro pro m²

Adlergarten

Miete	Haushalts-kasse	Betreuungs-kosten	Eigenanteil
320 Euro	180 Euro	Pflegestufe 1 940 Euro	1440 Euro
320 Euro	180 Euro	Pflegestufe 2 1040 Euro	1540 Euro
320 Euro	180 Euro	Pflegestufe 3 1340 Euro	1840 Euro

- Elf Plätze für schwer Pflegebedürftige (Pflegestufe I-III)
- Die Pflegewohngruppe orientiert sich am Alltag in häuslicher Atmosphäre
- Das Durchschnittsalter der Bewohner im Adlergarten lag 2011 bei 86 Jahren
- Die Wohnung der Pflegewohngruppe beträgt 290 Quadratmeter
- Der Garten hat in etwa eine Größe von 100 Quadratmetern
- Ziel ist, die Bewohner ins normale Wohnfeld und in den Alltag zu integrieren
- Die Bewohner werden rund um die Uhr von ausgebildeten Alltagsbegleiterinnen betreut
- Die Alltagsbegleiterinnen werden in Kooperation mit der Caritasakademie für Pflegeberufe 126 Unterrichtsstunden geschult → EU-Förderung für »Innovative Maßnahmen für Frauen im ländlichen Raum«
- Für die medizinische Pflege sind die Mitarbeiter der Kirchlichen Sozialstation zuständig
- → Hilfemix: In geteilter Verantwortung
- Individuelle Betreuungsleistungen nach § 45 SGB XI
- Sicherstellung der Fachpflegerischen Versorgung nach SGB XI und SGB V
- Die Abrechnung mit den Kostenträgern erfolgt über die Kranken- und Pflegekassen
- Die Zuzahlung (Miete, Haushaltskasse und Betreuungskosten) beträgt in
  - Pflegestufe 1: 1440 Euro
  - Pflegestufe 2: 1540 Euro
  - Pflegestufe 3: 1840 Euro
- Die Nebenkosten sind im Mietpreis von 320 Euro schon mitgerechnet
- Personalschlüssel: Je nach Aufgaben zwei bis vier Mitarbeiterinnen
- Die Bewohnerinnen und Bewohner schließen drei unterschiedliche Verträge ab
  - Betreuungsvertrag mit »Bürgergemeinschaft Eichstetten e.V.«
  - Pflegevertrag mit Kirchlicher Sozialstation Nördlicher Breisgau e.V.
  - Mietvertrag mit Gemeinde Eichstetten

Zum Vergleich:

Kosten für einen Platz im Pflegeheim in Baden-Württemberg

Freiburg

Stand: März 2012

Monatlicher Eigenanteil im Pflegeheim Heiliggeiststift (Stadtmitte) bei Einzelzimmerzuschlag von 1,98 Euro pro Tag:

- **Pflegestufe 1: 1519 Euro**
- **Pflegestufe 2: 1704 Euro**
- **Pflegestufe 3: 2024 Euro**

Homepage: http://www.stiftungsverwaltung-freiburg.de/index.php?id=1023
Kosten: Siehe Unterlagen

Freiburg

Stand: März 2012

Monatlicher Eigenanteil im Wohnheim St. Johann (Stadtteil Wiehre) im Einzelzimmer

- **Pflegestufe 1: 1605 Euro**
- **Pflegestufe 2: 1853 Euro**
- **Pflegestufe 3: 2221 Euro**

Homepage: http://www.marienhaus-freiburg.de/data/Marienhaus_Preisliste-2012.pdf

Freiburg

Stand: März 2012

Monatlicher Eigenanteil in unterschiedlichen stationären Pflegeabteilungen im Erlenhof (Haslach)

- **Pflegestufe 1: 1699 Euro**
- **Pflegestufe 2: 1859 Euro**
- **Pflegestufe 3: 2082 Euro**

Homepage: http://www.erlenhof.net/leistungen.php

Stuttgart

Stand: März 2012

Monatlicher Eigenanteil in der Eduard-Mörike-Seniorenwohnanlage (Stadtmitte) im Einzelzimmer bei stationärer Pflege

- **Pflegestufe 1: 1711 Euro**
- **Pflegestufe 2: 1953 Euro**
- **Pflegestufe 3: 2288 Euro**

Homepage: http://www.wohlfahrtswerk.de/einrichtungen/eduard_moerike_seniorenwohnanlage/preisliste

Karlsruhe

Stand: April 2012

Monatlicher Eigenanteil bei vollstationärer Pflege im Matthias-Claudius-Haus (Stadtmitte)

- **Pflegestufe 1: 1544 Euro**
- **Pflegestufe 2: 1752 Euro**
- **Pflegestufe 3: 2024 Euro**

Homepage: http://www.wohnen-im-alter.de/altenheim-pflegeheim-matthias-claudius-haus-20019.html

Karlsruhe

Stand: Januar 2012

Monatlicher Eigenanteil bei stationärer Unterkunft im Seniorenzentrum Hardthof (Mühlburg)

- **Pflegestufe 1: 1601 Euro**
- **Pflegestufe 2: 1790 Euro**
- **Pflegestufe 3: 2084 Euro**

Homepage: http://www.wohnen-im-alter.de/altenheim-pflegeheim-hardthof-alten-pflegeheim-mit-service-wohnungen-karlsruhe-24046.html

Heidelberg

Stand: Januar 2012

Monatlicher Eigenanteil bei stationärer Unterkunft im Bethanien Lindenhof (Rohrbach)

- **Pflegestufe 1: 1601 Euro**
- **Pflegestufe 2: 1790 Euro**
- **Pflegestufe 3: 2084 Euro**

Homepage: http://contenido.bethanien-heidelberg.de/altenhilfe/bethanien-lindenhof/bethanien-lindenhof.html

Kostenbeispiele
der Gesamteigenanteile Adlergarten

Frau R. ist in Pflegestufe 1

Sie bezahlt für Betreuung und Versorgung rund um die Uhr an die Bürgergemeinschaft monatlich	940 Euro
Dazu kommt die Monatsmiete, für das Zimmer und die Gemeinschaftsräume (anteilig) inkl. aller Nebenkosten:	320 Euro
In die Haushaltskasse, die den Einkauf von allen Nahrungsmitteln, Haushaltsverbrauchsmitteln und Hausrat beinhaltet, zahlen die Bewohner monatlich	180 Euro
Frau R. zahlt einen Gesamteigenanteil von	1440 Euro

Frau J. ist in Pflegestufe 2

Es erhöhen sich die Betreuungskosten	1040 Euro
Alle anderen Beträge bleiben gleich. Das ist die Monatsmiete, für das Zimmer und die Gemeinschaftsräume (anteilig) inkl. aller Nebenkosten:	320 Euro
In die Haushaltskasse, die den Einkauf von allen Nahrungsmitteln, Haushaltsverbrauchsmitteln und Hausrat beinhaltet, zahlen die Bewohner monatlich	180 Euro
Frau J. zahlt einen Gesamteigenanteil von	1540 Euro

Frau L. ist in Pflegestufe 3

Es erhöhen sich die Betreuungskosten	1340 Euro
Alle anderen Beträge bleiben gleich. Das ist die Monatsmiete, für das Zimmer und die Gemeinschaftsräume (anteilig) inkl. aller Nebenkosten:	320 Euro
In die Haushaltskasse, die den Einkauf von allen Nahrungsmitteln, Haushaltsverbrauchsmitteln und Hausrat beinhaltet, zahlen die Bewohner monatlich	180 Euro
Frau L. zahlt einen Gesamteigenanteil von	1840 Euro

»Das Pflegegeld der Pflegekassen wird bei allen Bewohnern durch die Fachpflege/Pflegedienst vollständig aufgebraucht.«

Kontakt

Bürgergemeinschaft Eichstetten e.V.

Hauptstr. 32
79356 Eichstetten am Kaiserstuhl
Tel.: **07663/948686**
Fax: **07663/912113**
E-Mail: **info@buergergemeinschaft-eichstetten.de**
www.buergergemeinschaft-eichstetten.de

Bürgermeisteramt Eichstetten

Hauptstraße 43
79356 Eichstetten am Kaiserstuhl
Tel.: **07663/9323-0**
Fax: **07663/9323-32 / -31**
Email: **gemeinde@eichstetten.de**
Web: **www.eichstetten.de**

Frey Architekten

Bertha-von-Suttner-Straße 14
79111 Freiburg
Tel.: **0761/477 4415-0**
Email: **info@architekten-frey.de**
Web: **www.architekten-frey.de**

Kirchliche Sozialstation Nördlicher Breisgau e.V.

Hauptstraße 25
79268 Bötzingen
Tel.: 07663/4077
Fax: 07663/99727
E-Mail: sozialstation.boetzingen@gmx.de
Web: www.sozialstation-boetzingen.de

Hofgut Himmelreich GmbH

Hotel/Restaurant
Himmelreich 37
79199 Kirchzarten
Tel: 07661/9862-0
E-Mail: info@hofgut-himmelreich.de
Web: www.hofgut-himmelreich.de

Café Mitnander

Hauptstraße 32
79356 Eichstetten am Kaiserstuhl
Tel: 07663/9425867
E-Mail: cafe@mitnander.de
Web: www.mitnander.de

Anmerkungen

1 Anfang der 90er Jahre hatte Eichstetten am Kaiserstuhl 2.700 Einwohner.

2 Gemeinderatsbeschluss 4/1993.

3 Unter dem Begriff der »Öffentlich-Privaten Partnerschaft (ÖPP) / Public Private Partnership (PPP)« versteht man laut Bundesfinanzministerium die Realisierung von Aufgaben bzw. die Durchführung von Investitionen aus dem öffentlichen Bereich durch die Privatwirtschaft. Im Allgemeinen werden die Rechte und Pflichten aus der Partnerschaft vertraglich vereinbart.

4 Am Investorenmodell waren neben Architekt Wolfgang Frey auch noch in weitaus geringerem Maße die Winzergenossenschaft, die Gemeinde Eichstetten sowie Bürger, die Eigentumswohnungen im Schwanenhof kauften, beteiligt. (Quelle: Interview Kiechle, 9.12.11).

5 Frey, Wolfgang (2010): Das Fünf-Finger-Prinzip. Strategien für eine nachhaltige Architektur, Freiburg, S. 98.

6 Ebd., S. 143.

7 Spiegel Special 8/2006.

8 Frey, Wolfgang (2010): Das Fünf-Finger-Prinzip. Strategien für eine nachhaltige Architektur, Freiburg, S. 43.

9 In der Anfangszeit gab es im Schwanenhof auch ein kleines Café, das, passend zum integrativen Ansatz, Begegnungen unter den Menschen erleichtern und fördern sollte. Allerdings war es laut Frey nicht rentabel, wurde von häufigen Mieterwechseln geplagt und deshalb geschlossen, auch weil der Lärmpegel den Mietern manchmal zu hoch war. Mittlerweile gibt es das »Café Mitnander«, das im März 2012 eröffnet wurde.

10 Quelle: Satzung der Bürgergemeinschaft.

11 Schwentker, Björn und Vaupel, James W.: Eine neue Kultur des Wandels. Essay, in: Aus Politik und Zeitgeschichte (2011), S. 3-10.

12 »Dorfhelferin« war in den 80er Jahren noch ein Ausbildungsberuf. Sie ersetzte in der Familie zum Beispiel die Mutter, wenn diese durch Krankheit oder Tod ausfiel, und kümmerte sich um die Kinder, den Haushalt und sonstige anfallende Arbeiten.

13 Die Mieter können in ihren Wohnungen so lange bleiben, wie sie möchten, denn die Gemeinde ist Zwischenmieterin des Schwanenhofes. Der Eigentümer kann nicht auf Eigenbedarf klagen, weil die Gemeinde keinen Eigenbedarf hat. Die Verfügungsgewalt des Eigenkapitals wurde zugunsten des Sozialrechts reduziert. Das Konzept schafft Sicherheit und Vertrauen, denn gerade für ältere Menschen ist es wichtig zu wissen, dass sie auch bis zum Schluss in ihrer gewohnten Umgebung bleiben können.

14 Pflegebedürftigkeit: Pflegebedürftig im Sinne des Pflegeversicherungsgesetzes sind Menschen, die im täglichen Leben auf Dauer – wegen einer Krankheit oder Behinderung – in erheblichem oder höherem Maße der Hilfe bedürfen. Die Entscheidung über das Vorliegen der Pflegebedürftigkeit treffen die Pflegekassen bzw. das private Versicherungsunternehmen. Vgl. Böhm, Karin (2011): Gesundheit und soziale Sicherung, in: Bundeszentrale für politische Bildung (Hrsg.): Datenreport 2011 - Ein Sozialbericht für die Bundesrepublik Deutschland Band II, Bonn, S. 220.

15 1999 waren laut Bundesamt in Deutschland 2,02 Millionen Menschen pflegebedürftig.

16 Böhm, Karin (2011): Gesundheit und soziale Sicherung, in: Bundeszentrale für politische Bildung (Hrsg.): Datenreport 2011 - Ein Sozialbericht für die Bundesrepublik Deutschland Band II, Bonn, S. 220.

17 Vgl. Bär, Helga; Lais, Sabine und Schmidt, Albert (2008): Ein großer Schritt nach vorne: Eröffnung der Pflegewohngruppe Adlergarten, Eichstetten, S. 15-18.

18 Gesellschaft und Demenz:
http://www.wegweiser-demenz.de/gesellschaft-und-demenz.html [9.1.2012].

19 Momentan sind nach Angaben Szymczaks 70 Prozent der Menschen, die heute in Pflegeheimen leben, dement.

20 Heimgesetz für Baden-Württemberg (Landesheimgesetz – LheimG). Vom 10.06.2008.
http://www.landesrecht-bw.de/jportal/portal/t/90u/page/bsbawueprod.psml?pid=Dokumentanzeige&showdoccase=1&js_peid=Trefferliste&fromdoctodoc=yes&doc.id=jlr-HeimGBWpELS&doc.part=X&doc.price=0.0&doc.hl=0#jlr-HeimGBW-rahmen [12.12.2011].

21 Vgl. LHeimG §2: »Zweck des Gesetzes ist es, die Selbstständigkeit, die Selbstverantwortung, die Selbstbestimmung und die gleichberechtigte Teilhabe am Leben der Gesellschaft der Bewohner zu wahren und zu fördern (...).«

22 Es gibt fünf Einzel- und drei Doppelzimmer.

23 Bei Pflegestufe 1.

24 Bei Pflegestufe 3.

25 Hauptgesellschafter des integrativen Tagescafés sind die Gemeinde Eichstetten und die Bürgergemeinschaft.

26 Quelle:
http://www.hofgut-himmelreich.de/de/index.php?page=0.0.0 [01.03.2012].

27 Statistisches Landesamt Baden-Württemberg (2011):
Demografisches Profil Eichstetten am Kaiserstuhl. Stuttgart.
http://www.statistik.baden-wuerttemberg.de/BevoelkGebiet/Demografie-Spiegel/tabelle.asp?r=315030&c=3 [23.01.2012].

Modellprojekt 2

Das Senioren- und Pflegeheim Haus Müller gGmbH am Möhnesee bei Soest

Die historischen Anfänge des Haus Müller

Die Jahre 1969 bis 1998: Vom Bauernhof zum Senioren- und Pflegeheim

Viele ältere Menschen scheuen den Gedanken, eines Tages in ein Seniorenheim ziehen zu müssen. »Da sind ja nur Alte«, hört man sie oft sagen. Zugegeben, gerade im Alter fällt ein Umzug aus der gewohnten Umgebung sehr viel schwerer als in jungen Jahren, wo man noch mobiler ist und noch sehr viel weniger an liebgewonnenen Gewohnheiten hängt. Oft kommt die Angst hinzu, im Alltag bevormundet zu werden oder sich strikten Ablaufplänen unterordnen zu müssen. *Urlaubsstimmung* und gute Laune bei einem Umzug ins Altenheim sind also eher ungewöhnlich. Und doch kommt es vor, zum Beispiel bei Margareta Sträter. Als sie Anfang 2011 das Senioren- und Pflegeheim Müller besichtigte, das direkt am Ufer des Möhneseeweihers liegt, sagte sie zu ihrem Hund, einem Apricotpudel in den besten Jahren: »Filou, jetzt fahren wir in den Urlaub.«

Tatsächlich ist das Gebiet rund um den Möhnesee bei Soest in Nordrhein-Westfalen ein beliebtes Ausflugs- und Urlaubsziel. Bei gutem Wetter säumen Radfahrer, Wanderer und Spaziergänger die Wege rund um den See und bestaunen dabei den herrlichen Ausblick auf die gewaltige Möhnetalsperre, die seinerzeit die größte Stauanlage Europas war und 2013 ihr hundertjähriges Bestehen feiert. Die naturnahe Lage des Altenstützpunktes ist so gesehen ein wahrer Schatz für die Bewohner des Heims und deren Angehörige, denn Besuche werden gern mit einem Ausflug ins Grüne verbunden. Die Lage macht zudem erst möglich, was das Haus Müller seit seiner Gründung 1974 zu etwas Besonderem macht: Die *Tierhaltung* – die Bewohner dürfen ihre Haustiere mitbringen. Vielen alten Menschen erleichtert das den Umzug ins Seniorenheim, denn in fremde Hände oder gar ins Tierheim abgeben möchte sein Tier niemand, dann verzichtet man lieber auf den Umzug. Für Margareta Sträter ist Filou ihr ständiger Begleiter. »Gott sei Dank konnte er mit, sonst wäre ich vielleicht nicht gegangen«, sagt sie.

Die heute häufig in Wissenschaft und Literatur beschriebene Tiertherapie begann Mitte der 70er Jahre recht unspektakulär in einem kleinen Familienbetrieb. Ausgangspunkt war das Jahr 1969. Da übernahmen Maria Müller und ihr Mann Franz Josef das Haus am See, einen alten Bauernhof, der bis 1974 als Gastwirtschaft und Pension mit 25 Betten genutzt wurde. Da in der Pension von Oktober bis April aufgrund des unwirschen und kalten Wetters nicht viel los war, entschieden sich die Eltern zweier Kinder, aus der Pension ein Senioren- und Pflegeheim zu machen. »Wir hatten damals regelmäßig Gäste von einem Schwerhörigenverein aus Gelsenkirchen. Darunter waren auch Ärzte, die von der Lage und der Ebenerdigkeit

Die naturnahe Lage des Hauses Müller bietet nicht nur einen herrlichen Ausblick, sondern ermöglicht auch die Tierhaltung, was vielen alten Menschen den Einzug in das Seniorenheim erheblich erleichtert.

... Die Lage macht zudem erst möglich, was das Haus Müller seit seiner Gründung 1974 zu etwas Besonderem macht: Die Tierhaltung ...

Foto: Judith Köhler

Das Senioren- und Pflegeheim Müller liegt direkt am Ufer des Möhneseeweihers mit Blick auf die 1913 erbaute Talsperre.

Im Jahr 1974 wurde aus dem ehemaligen Bauernhof ein Senioren- und Pflegeheim. Die Bewohner durften ihre Tiere mitbringen oder die Tiere versorgen, die auf dem Hof noch zu Hause waren.

Foto: Haus Müller

... Das Haus bot alle drei Pflegestufen an, zuerst waren es 25 Plätze, später wurde auf 30 Plätze aufgestockt ...

begeistert waren«, sagt Maria Müller. Im November 1974 wurde dem Ehepaar Müller die Genehmigung erteilt, aus der Pension ein Senioren- und Pflegeheim zu machen. »Zuvor haben wir Kurse belegt, waren sechs Wochen zum Praktikum im Krankenhaus, haben Buchführung, Garten- und Tierpflege gelernt«, erzählt Müller, die seit 1966 in Günne am Möhnesee lebt und ursprünglich aus einer Familie mit eigener Schäferei stammt. Schon Mitte der 70er war die Nachfrage nach den raren Pflegeplätzen auf dem Land groß: Innerhalb von drei Wochen war das neue Heim voll belegt, sodass zusätzlich zwei examinierte Pflegekräfte eingestellt wurden. Das Haus bot Pflege für alle drei Pflegestufen an, zuerst waren es 25 Plätze, später wurde auf 30 Plätze aufgestockt.

Schon damals war es für Müllers ganz natürlich gewesen, die Tiere des Bauernhofs in den Alltag des Pflegeheims zu integrieren. »Meine Eltern dachten,

Auf der Internetseite der Einrichtung steht, dass sich diese Konzeption bis heute bewährt habe. Land auf, Land ab kennt man das Haus Müller als das ›Heim mit den Tieren‹.

»Früher lachten andere Pflegeheime über Tiertherapie, heute sind sie dem Thema gegenüber viel aufgeschlossener«

Franz Georg Müller

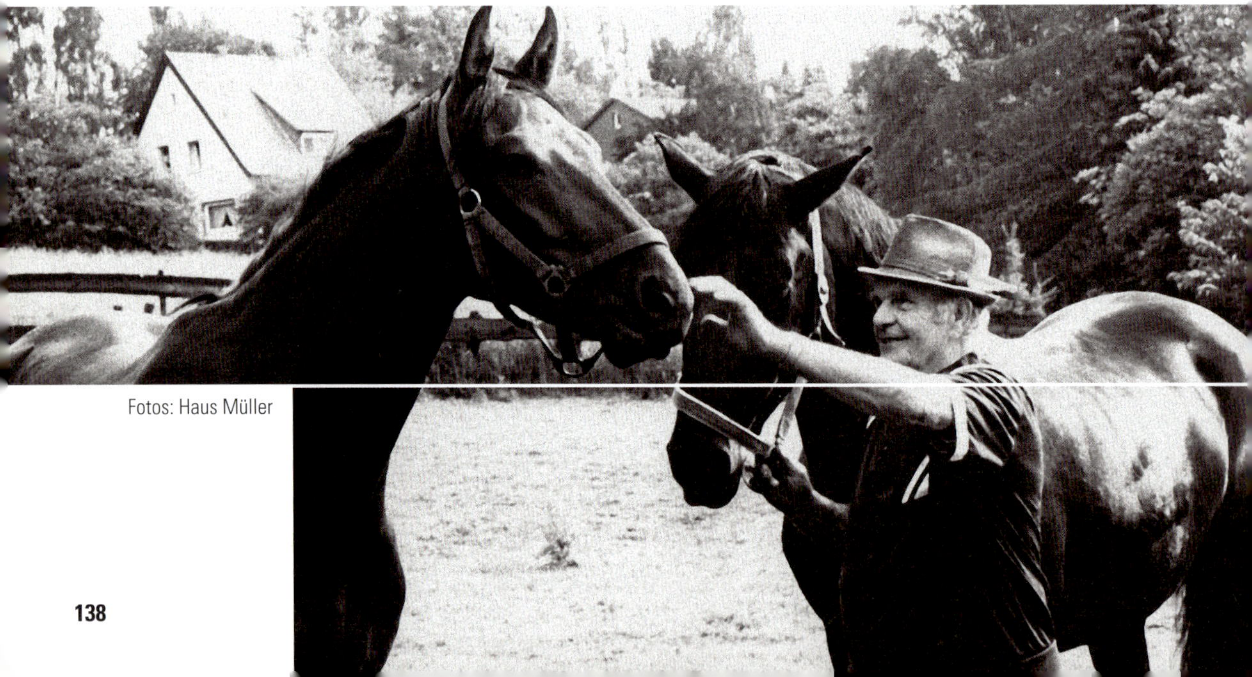

Fotos: Haus Müller

dass viele ältere Menschen auch im Alter noch einer sinnvollen Tätigkeit nachgehen wollen«, erklärt ihr Sohn Franz Georg Müller, der heute die Einrichtung leitet. Die beiden Hunde der Müllers – ein Labrador und ein Spitz – seien von den Bewohnern wie eigene Tiere angenommen worden. Anfangs lebten auf dem 15.000 Quadratmeter großen Areal noch die ganz typischen Haustiere: Hunde, Katzen, Schafe, Hühner, Gänse und Pferde. Rund 500 Stück waren es in den 70er und 80er Jahren. Schon sehr früh zeigte sich, dass die Bewohner gern bei der Pflege der Tiere mithalfen. Die Arbeit stellte für sie keine Belastung dar, sondern wurde für viele zum neuen Lebensinhalt, weil sie ihre Lebenserfahrung einbringen konnten und das Gefühl hatten, etwas Sinnvolles zu tun. Der *tiertherapeutische Ansatz*, den das Haus Müller damit seit 1974 verfolgte, wird bis heute erfolgreich fortgeführt. »Früher lachten andere Pflegeheime über Tiertherapie, heute sind sie dem Thema gegenüber viel aufgeschlossener«, sagt Franz Georg Müller. Durch die Tiere hätten die Bewohner etwas zu tun. »Die Leute kümmern sich solange sie können noch selbst um ihre Tiere und tragen dadurch Verantwortung. Außerdem sind sie ausgeglichener und bewegen sich durch regelmäßige Spaziergänge mehr«, ergänzt Müller.

Heute sind es noch etwa 250 Tiere, die sich auf mittlerweile 30.000 Quad-

Viele der früheren Bewohner haben ihr Leben lang auf Bauernhöfen gearbeitet. Für sie gehörte die Pflege tierischer Vier- und Zweibeiner zum alltäglichen Lebensrhythmus dazu.

… Maria Müller und ihr Mann führten das Senioren- und Pflegeheim bis 1998, danach übernahm ihr Sohn Franz Georg die Leitung, nachdem er eine Ausbildung zum Krankenpfleger und einen Lehrgang zur Pflegeleitung absolviert hatte …

ratmetern tummeln. »In den letzten 20 Jahren haben wir unsere Artenvielfalt ausgebaut, vor allem exotische Tiere sind dazugekommen«, sagt Franz Georg Müller. Zur bunten Tierschar gehören heute neben exotischen Vögeln wie Papageien, Kakadus und Wellensittiche auch Affen, Nasen- und Waschbären.

Die ersten Vögel kamen 1980 dazu, erinnert sich Maria Müller. »Als die Familie innerhalb von Günne umzog, haben wir in unserem neuen Haus einen Halsbandsittich gefunden, den es heute noch gibt«, erzählt Maria Müller. Ihr Sohn habe daraufhin ein besonderes Interesse an den Tieren entwickelt und Lehrgänge besucht, in denen er sich über die richtige Haltung exotischer Vögel fortbildete. »Heute werden öfter Papageien mit *Schutzvertrag* bei uns abgegeben, das heißt, wir dürfen sie halten, aber nicht verkaufen«, sagt Maria Müller. Da Papageien bis zu 80 Jahre alt werden können und oft zu zweit gehalten werden, gäben viele eines der Tiere nach dem Tod des Partnertiers in Obhut.

Bis 1986 wohnten Müllers auch im Haus Müller, danach zogen sie innerhalb des Ortes um und Nachtschwestern kümmerten sich nachts um die Bewohner. »Davor waren wir 24 Stunden am Tag da, ansonsten wäre es nicht gegangen«, erinnert sich Maria Müller. Das Platzangebot auszuweiten kam deshalb zunächst nicht in Frage. Mit 30 Bewohnern plus Tieren sei es als kleiner Familienbetrieb gerade so machbar gewesen, auch wenn von außerhalb viele Anfragen von Leuten kamen, die sich nicht von ihren Tieren trennen wollten und gern einen Platz gehabt hätten. Eine familiäre Atmosphäre war vor allem an Festtagen spürbar, denn Weihnachten und Geburtstage wurden stets zusammen gefeiert. »Ich habe für alle Bewohner ein kleines Geschenk besorgt«, erinnert sich Maria Müller. Um das Passende für jeden zu finden, lag im Haus ein Block aus, auf dem jeder Bewohner seine Wünsche notieren konnte.

Maria Müller und ihr Mann führten das Senioren- und Pflegeheim bis 1998, danach übernahm ihr Sohn Franz Georg die Leitung, nachdem er eine Ausbildung zum Krankenpfleger und einen Lehrgang zur Pflegedienst- und Einrichtungsleitung absolviert hatte. »Wir sind froh, dass unser Sohn das Ganze übernommen und weiter ausgebaut hat. Das ist nicht selbstverständlich«, sagt Maria Müller.

Maria Müller vor dem alten Stammhaus des Senioren- und Pflegeheims.

Foto: Judith Köhler

Vom Familienbetrieb zum Pflege- und Versorgungszentrum

Die Jahre 1998 bis 2012

Das Haus Müller ist heute ein richtiger Gebäudekomplex. Aus dem früheren Familienbetrieb ist binnen 14 Jahren das *Pflege- und Versorgungszentrum* Möhnesee geworden, das 60 vollstationäre Plätze für alle Pflegestufen bietet und weitere 40 Plätze für Betreutes Wohnen bereithält. Das familiäre Flair ist trotz der heute rund 100 Mitarbeiter immer noch spürbar, auch wenn sich vieles verändert hat. Maria Müller ist mehrmals unter der Woche da, hilft in der Großküche beim Zubereiten der Mittagessen, trifft ihren Sohn oder schaut nach den Blumen und der Dekoration im Foyer des Pflegeheims.

Nachdem Franz Georg Müller das Haus am See, wie das Haus Müller auch genannt wurde, übernommen hatte, bot er zunächst sechs Wohnungen für Betreutes Wohnen an. Drei davon waren Einliegerwohnungen in seinem eigenen Haus, das er zuvor auf dem Gelände gebaut hatte, die drei anderen folgten 1999 in Form einer Außenwohngruppe. Drei Jahre später folgte der Ausbau des Kiosks, der schon 1968 eröffnet worden war, zu einem Bistro mit 80 Innen- und bis zu 300 Außenplätzen. Im Jahr 2004 wurde das Restaurant Lago gebaut und eröffnet. Direkt daneben entstand ein Jahr später das Haus Westfalenmeer mit weiteren 20 Wohnungen für Betreutes Wohnen. Zur besseren Orientierung im Haus bekamen alle Appartements Inselnamen. Meike Oeding, Leiterin des Sozialen Dienstes, erläutert: »Es klingt einfach schöner, wenn die Wohnung Sylt, Juist oder Rügen heißt. Einfach nur Wohnung Nummer 7 fanden wir zu unpersönlich.« Auch im Haus am See habe man die Wohnungen benannt, dort allerdings mit Seennamen wie Eder-, Titi- oder Biggesee. Das Haus Westfalenmeer ist zu seinem Namen gekommen, weil der Möhnesee auch als das ›Meer Westfalens‹ bezeichnet werde.

Zeitgleich zum Haus Westfalenmeer wurde der mobile Pflegedienst »möhnemobil« ins Leben gerufen. Zwischen 20 und 25 Mitarbeiter versorgen seither ältere Menschen direkt vor Ort. Das Verbreitungsgebiet erstreckt sich über den Großraum Möhnesee, Soest, Bad Sassendorf und Arnsberg. »Die Pflege wird immer von qualifizierten Pflegekräften ausgeführt, dazu gehören unter anderem Medikamente stellen, Verbandswechsel und ähnliches. Pflegeassistenten unterstützen unsere Mitarbeiter, wenn es um hauswirtschaftliche Angelegenheiten geht oder beim Ausliefern von Essen auf Rädern«, sagt Meike Oeding.

Weitere vier Jahre vergehen, bis das heutige Haus Müller als Senioren- und Pflegeheim mit 60 vollstationären Pflegeplätzen gebaut wird. Bis zum Erstbezug

»Es klingt einfach schöner, wenn die Wohnung Sylt, Juist oder Rügen heißt. Einfach nur Wohnung Nummer 7 fanden wir zu unpersönlich«

Meike Oeding

im November 2009 bleibt das Haus am See das eigentliche Seniorenheim, das heute Appartements für Betreutes Wohnen bietet. »Der Neubau war höchstspannend«, erinnert sich die Leiterin des Sozialen Dienstes. Ein Spagat sei es gewesen, die gesetzlichen Auflagen zu erfüllen und dabei gleichzeitig die Atmosphäre des bisherigen Haus Müllers in den Neubau mitzunehmen. Bis ins kleinste Detail gab es Vorgaben: Wie hell muss das Licht sein? Wie breit dürfen und müssen die Flure sein? Welcher Fußbodenbelag ist pflegeleicht und dennoch wohnlich? »Der Umzug war eine *Herausforderung*. Zunächst zogen die 30 Bewohner des Haus am See ins neue Haus Müller, anschließend kamen die neuen Bewohner«, erzählt Oeding. Es habe sehr viele Anfragen gegeben, nicht nur aus der Umgebung, sondern aus ganz Deutschland und sogar aus anderen europäischen Ländern. »Dass die Bewohner ihre Haustiere mitbringen dürfen, spielte bei der Wahl für das Seniorenheim Müller eine entscheidende Rolle«, sagt Oeding.

Bei der Inneneinrichtung des Pflegeheims gaben sich die Mitarbeiter sehr viel Mühe. Es sollte wohnlich sein und gleichzeitig den baulichen und hygienischen Anforderungen einer regulären Einrichtung entsprechen. Wie bei den anderen Häusern achtete man auch hier auf eine sinnvolle Beschilderung, die den Bewohnern und Mitarbeitern die Orientierung erleichtern sollte. »Im Haus gibt es insgesamt fünf Wohnbereiche, die wir nach den Kontinenten aufgeteilt haben. Hinzu kommt, dass an jedem Zimmer ein Tierbild hängt, das dem Bewohner oder der Bewohnerin gefällt und nach Möglichkeit auch zu dem Kontinent passt, der dem Wohnbereich zugeordnet ist«, erklärt Oeding.

Im Wohnbereich »Afrika« im Dachgeschoss gibt es auch eine kleine Kapelle, die mit echten Holzbänken und einem Altar eingerichtet ist. »Wir haben uns der Atmosphäre wegen bewusst für massive Holzbänke und gegen eine funktionale Stapelbestuhlung, die sicher praktisch gewesen wäre, entschieden«, erklärt Oeding. Zu ihren Aufgaben als Leiterin des Sozialen Dienstes gehören neben der Koordination und Organisation von Veranstaltungen auch Teamsitzungen, Interessentengespräche und Öffentlichkeitsarbeit. Hin und wieder trifft sie dabei auch auf Herbert Votava. Der 64-Jährige ist Pflegeexperte und leitete 15 Jahre lang ein Altenheim in der Region. Nach seiner Verrentung im Mai 2010 kam er nach Günne an den Möhnesee. Durch seine Arbeit kannte er den hiesigen Leiter Franz Georg Müller schon, der sein Wissen schätzte und ihn kurzerhand als freien Mitarbeiter einstellte. »Ich möchte mein Wissen gern

Zum Pflege- und Versorgungszentrum Möhnesee gehören heute das neue Haus Müller (Foto rechts), das Haus Westfalenmeer (Foto unten), das Restaurant Lago und das Haus am See mit Kiosk.

Fotos: Judith Köhler

... Ein Spagat sei es gewesen, die gesetzlichen Auflagen zu erfüllen und dabei gleichzeitig die Atmosphäre des bisherigen Haus Müllers in den Neubau mitzunehmen ...

Die Dekoration im Haus Müller wurde mit Bedacht gewählt. Vor allem antike Stücke dominieren.

Foto: Judith Köhler

… Bei der Inneneinrichtung des Pflegeheims gaben sich die Mitarbeiter sehr viel Mühe …

weitergeben und bin froh, dass meine Vorschläge hier gern angehört und oft umgesetzt werden«, sagt Votava, wenn er nach seiner Motivation gefragt wird. Da er etwa 60 Kilometer entfernt wohnt, ist der »Mann für alle Fälle« immer dienstags da und kümmert sich in enger Abstimmung mit der Pflegedienstleiterin Iris Grebowicz um alle Fragen, die das Thema Pflege betreffen. Schwerpunkte dabei sind die Einhaltung der Hygiene, Aspekte der Hauswirtschaft und die Einarbeitung von neuen Mitarbeitern. Wer im Haus Müller wissen möchte, wie er sich bei einem infektiösen Fall richtig verhält oder wer in den Wohnbereichsküchen wann mit dem Putzen dran ist, der fragt Herbert Votava. Das Tierkonzept des Hauses schätzt der gelernte Krankenpfleger zwar, gibt aber auch offen zu, dass er damit »im Alltag wenig am Hut hat«. Er fördert vielmehr den religiösen Ansatz und hat bereits zahlreiche Bilder und Zitate aus den Evangelien an den Wänden aufgehängt. In der Kapelle findet alle 14 Tage ein Gottesdienst statt. »Die Wortgottesdienste macht Schwester Gonzagis vom Orden der *Franziskanerinnen* aus Münster, für die Eucharistiefeier kommt Pater Willi, ein evangelischer Pastor«, erzählt Votava. Er selbst stammt aus einem katholischen Haus, das ihn geprägt hat. »Wichtig ist mir, dass die Bewohner ihren Glauben ausleben können und nicht das Gefühl haben, sich deshalb verstecken zu müssen«, sagt er. Die Gottesdienste täten den Bewohnern gut. So öffneten sich manche, an die man zuvor gar nicht mehr herangekommen sei, wenn ein ökumenisches Lied angestimmt werde.

Votava möchte die Bewohner dort abholen, wo sie gedanklich gerade stehen. Er nennt das »Erinnerungspflege«. Deshalb sei auch die Dekoration im Haus nicht nur schön, sondern auch zweckmäßig. So stehen im Foyer ein altes Piano, im Treppenhaus eine Singer-Nähmaschine und auf den Fluren sind ein hölzernes Spinnrad und ein antiker Herd mit gusseisernen Töpfen darauf zu finden. Sie verleihen dem Pflegeheim nicht nur eine persönliche Note, sondern sollen nach Möglichkeit eine Atmosphäre schaffen, die älteren Menschen ein Gefühl von Zuhause gibt.

Im Gegensatz zu den zahlreichen klassischen Gegenständen im Haus Müller, die als Dekoration dienen, hängen im Treppenhaus Bilder von Bewohnern, die der Fotograf Jim Rakete für einen Kalender aufgenommen hat. »Der Kalender war so erfolgreich, dass die Firma ihn wegen der großen Nachfrage extra noch mal auflegen musste«, erinnert sich Franz Georg Müller.

Die Dekoration verleiht dem Seniorenheim nicht nur eine persönliche Note, sondern vermittelt den Bewohnern ein Gefühl von zu Hause. Für die Mitarbeiter des Heimes ist es besonders wichtig, dass die Bewohner sich wohl und heimisch fühlen.

An den Wänden im Treppenhaus hängen zahlreiche Fotos von Bewohnern, die der bekannte Fotograf Jim Rakete 2009 für einen Kalender aufnahm.

Foto (abfotografiert): Judith Köhler

Tiergestützte Therapie in der Altenpflege

Tiere als Beschäftigungstherapeuten, Fitnesstrainer und Antidepressiva

Im großzügigen Foyer des Senioren- und Pflegeheims Müller steht neben einem antiken Klavier und zwei Sitzgruppen auch der Käfig von Papagei Lora. Lora ist ein imposantes Tier mit gelben und grünen Federn und einem scharfen Schnabel. Das Tier lässt sich nicht von jedem streicheln oder gar füttern. Zu den Auserwählten gehört unter anderem die über 90 Jahre alte Vera Lehmann. Tagsüber sitzt sie häufig in einem der Sessel im Foyer, schaut Lora zu und bittet Vorbeigehende zu prüfen, ob der Papagei noch genug Wasser und Futter hat. »So ein Tier braucht besondere Zuneigung, es ist wie ein Kind, nur eben ein Vogelkind«, sagt sie. Ein Tier müsse man genauso gut behandeln wie einen guten Menschen. Die Mutter zweier Söhne stammt ursprünglich aus Berlin und war dort als Malerin tätig. Ihre Kinder kommen ab und zu vorbei und die alte Dame freut sich, dass vor allem ihre Schwiegertochter gut mit Lora zurechtkommt.

Das Besondere am Haus Müller ist die Tierhaltung. Die Bewohner dürfen ihre Haustiere beim Einzug in das Seniorenheim mitbringen. Dies erleichtert ihnen die Gewöhnung an die neue Umgebung. Zudem haben die Tiere einen gesundheitsfördernden Effekt.

Wer mit Vera Lehmann spricht, der spürt, dass sie sich für den Vogel verantwortlich fühlt. »Man muss auch mit ihm reden und kann nicht nur Futter reinstreuen«, betont sie. Dass es im Haus Müller Tiere gibt, gefällt ihr. »Es könnten auch noch mehr sein«, sagt Vera Lehmann mit einem Schmunzeln.

Tiere in der Altenpflege, so heißt es auf der Internetseite des Seniorenheims, seien Beschäftigungstherapeuten, Fitnesstrainer, Clowns, Antidepressiva, *Jungbrunnen* und soziale Gefährten. Laut Haus Müller zeigten sich im Alltag der Einrichtung folgende »tierische Nebenwirkungen«:

- Tiere vermitteln den Bewohnern das Gefühl des Gebrauchtwerdens
- Das Zusammenleben mit den Tieren steigert das Wohlbefinden und die Lebensfreude
- Die Bewohner finden in der Versorgung der Tiere einen neuen und sinnvollen Lebensinhalt

Diese praktischen Erfahrungen lassen sich auch in wissenschaftlichen Schriften wiederfinden. Die Autoren Eileen und Lars Hegedusch gehen in ihrem Buch »Tiergestützte Therapie bei Demenz« unter anderem auf die gesundheitsfördernde Wirkung von Tieren auf den Menschen ein und unterscheiden dabei nach physischen, psychologischen und sozialen Wirkungen. »Positive physische/physiologische Wirkungen sind vor allem in der Stabilisierung des Herz-Kreislauf-Systems zu erkennen. Tiere können oft schon durch ihre Anwesenheit Blutdruck und Herzfrequenz senken.«[28] Ebenfalls gesundheitsfördernd seien die motorische Aktivierung und Bewegung in der Natur, heißt es weiter. Im Fall von Vera Lehmann ist zwar noch keine Herzfrequenz gemessen worden, Tatsache ist aber, dass sie sich täglich mit ihrem Rol-

»Mein Liebling hier ist der Papagei«, sagt Vera Lehmann über Lora.

Fotos: Judith Köhler

lator auf den Weg durchs Haus zu Lora macht und dadurch ihre Muskulatur und ihren Kreislauf stärkt.

Was die mentalen und psychologischen Wirkungen von *Tieren* auf den Menschen angehen, schreiben die Autoren, dass dies durch kognitive Anregung und Aktivierung geschieht. Durch die Aneignung von Wissen über Tiere und Tierhaltung werde das Gedächtnis angeregt. Austausch und Gespräche mit anderen Menschen trainierten es. Schön zu sehen ist auch das bei Vera Lehmann. Indem sie Vorbeigehende wegen Futter und Wasser anspricht, ergeben sich hier und da Gespräche über das Tier und seine Gewohnheiten. Mit anderen Bewohnern kann sich Frau Lehmann zudem über ihre Erfahrungen mit Lora austauschen, was ihr Gedächtnis anregt. Ähnlich wie das Senioren- und Pflegeheim Müller kommen auch die Autoren Hegedusch zu folgendem vorläufigen Fazit: »Tiere akzeptieren ihr Gegenüber, sie geben Zuneigung und Bestätigung, spenden Trost und ermuntern. Damit tragen sie zur Förderung des emotionalen Wohlbefindens bei. Darüber hinaus führen die Wertschätzung eines Tieres, die Erfahrung von Autorität und Macht, die Übernahme von Verantwortung und damit das Gefühl, gebraucht zu werden,

> »Zwei Damen, die ich ab und zu besuche, gehen nicht mehr gern raus. Es sei denn, ich habe einen Hund dabei, dann gehen sie gern mit«
>
> Susanne Rodemeier

zur Förderung eines positiven Selbstbildes, Selbstwertgefühls und Selbstbewusstseins.«[29]

Zentral ist neben den physischen und mentalen Wirkungen auch der soziale Aspekt. Tiere wirken laut Eileen und Lars Hegedusch Einsamkeit und Isolation entgegen. Tiere wirken ihrer Ansicht nach als sozialer *Katalysator* und Eisbrecher. Ein gutes Beispiel dafür sind Margareta Sträter und ihr Hund Filou. Wenn sie im oder um das Haus herum spazieren gehen, kommt sie stets mit anderen ins Gespräch. »Keiner der Bewohner geht an Filou vorbei, ohne ihn zu streicheln und zu fragen, wie es ihm und mir geht«, sagt Margareta Sträter. Dadurch ergeben sich immer wieder neue Kontakte und Unterhaltungen.

Mitarbeiterin Susanne Rodemeier vom Sozialen Dienst ist eine begeisterte Anhängerin von Tieren in der Altenpflege und »leiht« sich gern ab und zu Frau Sträters Hund oder den Papagei von Marielott Ennulat aus, um mit ihnen durchs Haus zu gehen und Bewohner, die nicht mehr so mobil sind oder sich sehr zurückgezogen haben, zu besuchen. »Die Tiere schaffen mehr, als ich je hinkriegen würde«, sagt sie. Auch bei sonst teilnahmslosen Bewohnern käme meist eine Reaktion. »Und wenn nur kommt ›Ach, der krächzt ja wieder laut‹, dann ist das schon ein Erfolg«, betont Rodemeier. Tiere seien ihrer Ansicht nach wahre Eisbrecher, die den Bewohnern häufig ein Lächeln ins Gesicht zauberten. Gern geht Susanne Rodemeier mit Filou durch den Aufenthaltsraum und versucht den Hund jedem zugute kommen zu lassen. Hinzu kommen Bekanntschaften unter den Bewohnern und Tieren. Margareta Sträter beispielsweise mag »Schätzchen«, den Papagei von Marielott Ennulat. »Allerdings sagt der immer ›Hau ab‹ zu ihr«, lacht Rodemeier. Überhaupt sei Schätzchen ein ganz besonderer Vogel. »Nicht nur, dass er Hänschen klein singen und pfeifen kann und manch einen Bewohner dazu bringt mitzusingen oder zu pfeifen, der Papagei unterscheidet auch zwischen hilfebedürftigen und gesunden Menschen«, erläutert Rodemeier.

Ähnlich wie die Autoren des Buches verweist auch Susanne Rodemeier auf die gesundheitsfördernde Wirkung von Tieren in der Altenpflege. Die Tiere seien nicht nur fürs Gemüt gut, sondern für den ganzen Bewegungsapparat. »Zwei Damen, die ich ab und zu besuche, gehen nicht mehr gern raus. Es sei denn, ich habe einen Hund dabei, dann gehen sie gern mit«, erklärt Rodemeier. Dabei spielt der Tieraspekt im Arbeitsalltag von Susanne Rodemeier nur eine kleine Rolle. Zuständig ist sie vor allem für die Betreuung von Demenzerkrankten. »Es ist nicht leicht, mit dementiell veränderten Menschen zu arbeiten, man muss gedanklich immer auf dem Sprung sein und den Menschen dort abholen, wo er gerade ist«, sagt sie. Die Tiere helfen ihr bei ihrer Arbeit, denn sie verschaffen der 47-Jährigen Zugang zur Welt derer, die sie besucht. Ein Traum, der sich für Susanne Rodemeier bislang noch nicht erfüllt hat, aber zum Greifen nahe scheint, ist ein richtiger Therapiehund, der zum Senioren- und Pflegeheim Müller gehört.

Mit diesem Wunsch steht Susanne Rodemeier nicht allein da, denn Pflegedienstleiterin Iris Grebowicz verfolgt dieses Ziel bereits seit zwei Jahren. »Die tiergestützte Therapie war schon immer ein Interessensschwerpunkt von mir«, sagt die gelernte Krankenschwester, die seit März 2011 im Haus Müller arbeitet. Ihr ganzes Leben habe sie schon mit Tieren zu tun gehabt, aber als sie zu arbeiten anfing, sprach noch niemand von Tiertherapie, sagt die heute 46-Jährige. Ende der 80er Jahre war Grebowicz beim *Landschaftsverband Westfalen-Lippe* im Bereich der Psychiatrie tätig und wurde dort eines Tages von ihrem Vorgesetzten gebeten, ihre eigenen drei afghanischen Windhunde mit in die Einrichtung zu bringen. »Es war eine geschlossene geriatrische Station mit Garten, wo die Hunde frei herumlaufen konnten«, erzählt sie. Das Angenehme an den Hunden sei ihre Größe gewesen, was die Kontaktaufnahme wesentlich leichter machte. »Es waren keine Verrenkungen notwendig. Man musste sich nicht bücken um die Hunde zu streicheln, egal ob man stand, lag oder im Rollstuhl saß«, betont Grebowicz.

Derzeit lässt sie ihren eigenen Hund zum Therapiehund ausbilden – ein Weg, der auf privatem Engagement fußt und nicht immer ganz leicht in die Tat umzusetzen war. Vor drei Jahren schon wollte sie eine Zusatzausbildung zur tiergestützten Therapie machen – berufsbegleitend und blockweise. Aber das klappte aus privaten Gründen nicht. Vor zwei Jahren entschied sie sich dann, einen eigenen Hund zum Therapiehund ausbilden zu lassen. Kurzerhand legte sich die vierköpfige Familie einen Australian Shepherd zu, der von seinem Wesen her als geeignet gilt und häufig in Tiertherapien eingesetzt wird. »Nach ein paar Monaten mussten wir allerdings feststellen, dass sich unser Australian Shepherd charakterlich so gar nicht als Therapiehund eignet«, sagt die Pflegedienstleiterin und lächelt dabei kopfschüttelnd. Die Familie überlegte gemeinsam, wie es nun weitergehen sollte. Da Iris Grebowicz früher schon afghanische Windhunde hielt und mit ihnen gute Erfahrungen gemacht hatte, wurde Kaleb als neues Familienmitglied auserkoren. »Es ist eigentlich sehr untypisch, einen afghanischen Windhund als Therapiehund zu nehmen, aber es passt einfach«, sagt die 46-Jährige. Afghanische Windhunde gelten als zurückhaltend, anschmiegsam und zeichnen sich durch ein fast katzenhaftes Verhalten aus. Sie

»Es ist nicht leicht, mit geistig verwirrten Menschen zu arbeiten, man muss gedanklich immer auf dem Sprung sein und den Menschen dort abholen, wo er gerade ist«

Susanne Rodemeier

Fotos: Judith Köhler

seien nicht aufdringlich und frei von Aggressionen. »Kaleb hat eine Antenne dafür, sich im richtigen Moment zurückzuziehen oder präsent zu sein. Ich wüsste nicht, dass ein afghanischer Windhund schon mal als Therapiehund eingesetzt wurde«, erläutert Grebowicz.

Seit Kaleb acht Wochen alt ist, geht er in die Hundeschule. Von fachlicher Stelle werde dabei seine Wesensfestigkeit geprüft – ob er sicher und gehorsam ist. Anschließend möchte Iris Grebowicz weitere Ausbildungsangebote wahrnehmen und sucht dafür über Messen geeignete Kontakte. »Es ist wirklich sehr schwierig gute Fortbildungen zu finden. Es wird zwar viel über Tiertherapie geschrieben, aber es gibt kaum gute und richtige Quellen dazu«, moniert sie.

Ab 2014 kann Iris Grebowicz ihn dann ins Haus Müller mitnehmen. »Wenn Kaleb fertig ausgebildet ist, gibt es zwei *Vorgehensweisen*, wie ich ihn einsetzen kann. Entweder ich schlendere mit ihm durchs Haus und nutze spontan bestimmte Situationen oder ich versuche, gezielt Zugang zu Menschen zu bekommen, die sehr still oder allein sind oder Bewegung brauchen«, sagt sie.

Das Engagement der Mitarbeiter im Haus Müller mit Tieren zusammenzuarbeiten ist sehr hoch und es stellt sich

Foto links: Marielott Ennulat und Susanne Rodemeier haben Papagei »Schätzchen« in ihre Mitte genommen. Foto rechts: Margareta Sträter mit zwei Bewohnerinnen des Hauses Westfalenmeer.

»Hier funktioniert es, weil Franz Georg Müller vom Land kommt und mit Tieren aufgewachsen ist, ich selbst bin ›tierverrückt‹ – diese Kombination ist selten.«

Iris Grebowicz

dabei unweigerlich die Frage ein, warum das Tierkonzept nicht weiter verbreitet ist? Warum funktioniert es anscheinend nur hier und wird nicht auch in weiteren Teilen der Republik eingesetzt und gefördert? Die Antwort von Iris Grebowicz ist simpel: »Hier funktioniert es, weil Franz Georg Müller vom Land kommt und mit Tieren aufgewachsen ist, ich selbst bin ›tierverrückt‹ – diese Kombination ist selten. Die meisten Leiter in Senioren- und Pflegeheimen sind Stadtmenschen«, erläutert sie. Auch wirtschaftlich betrachtet sind die Tiere mehr Gewinn als Belastung. Leiter Franz Georg Müller sagt: »Die Kosten halten sich in Grenzen. Einzig die Waschbären sind teuer.« Aber die Wasch- und Nasenbären eignen sich für die Bewohner hervorragend zum Beobachten, weshalb man sie weiterhin halten wolle. Er schaue von Zeit zu Zeit, welche Tiere für das Haus Müller geeignet sind, wo Bedarf ist und woran die Menschen Freude haben. Außerdem klappe es hier mit der Tierhaltung, weil das Haus Müller noch immer ein Familienbetrieb sei und er stets vor Ort ist. »In anderen Häusern scheitert es, weil das Personal oft schon um 13.00 Uhr ins Wochenende geht. Das ist hier nicht möglich, die Tiere suchen sich ihre Zeiten nicht aus. Einmal musste ein Pferd in der Silvesternacht eingeschläfert werden, da war es wichtig da zu sein«, sagt Müller mit Nachdruck.

Auch der *Hygieneaspekt* spricht nicht grundsätzlich gegen Tierhaltung in Altenheimen. »Ein Altenheim soll ein Zuhause sein«, betont Franz Georg Müller. Sicher sei es wichtig, dass die Tiere gesund und geimpft sind, ansonsten sei die Haltung aber kein Problem. »Man muss sich an die Standards halten, aber auch leben dürfen«, fügt er hinzu. Tiere sind grundsätzlich im Pflegealltag für alle Seiten ein Gewinn.

Franz Georg Müller leitet das Haus seit 1998.

Foto: Judith Köhler

Die Tiere im Haus Müller

Mix aus Bauernhofidylle und exotischer Artenvielfalt

Die Tiervielfalt im Hause Müller unterlag in den letzten 20 Jahren einem stetigen Wandel. Waren es zu Beginn noch die typischen Bauernhoftiere wie Schafe, Pferde, Hühner, Katzen und Hunde, änderte sich das spätestens mit dem Wechsel der Pflegeheimleitung 1998. Es kamen immer mehr exotische Tiere, vor allem Vögel wie Papageien und Kakadus hinzu. Es hatte sich herausgestellt, dass die Bewohner des Seniorenheims sehr viel Freude am Umgang mit diesen doch eher ungewöhnlichen Tieren haben. »Mit der Zeit hat sich herumgesprochen, dass wir in Notfällen auch Papageien, deren Partnertier verstorben ist, aufnehmen«, erläutert Meike Oeding. So seien im Laufe der Jahre immer mehr einsame und kranke Papageien aufgenommen worden.

Im Jahr 2005 gab es noch ein Pferd namens Tinka, das jedoch abgegeben wurde, weil es ansonsten ganz allein gewesen wäre. Durch gute Kontakte zum Tierpark in Hamm kamen vor gut 15 Jahren die ersten Kapuzineraffen zum Haus Müller – im *Tierpark* waren es zu viele geworden und man suchte nach einer neuen Unterbringung für die Tiere. Zuletzt ergänzt wurde die Artenvielfalt vor etwa drei Jahren durch Wasch- und Nasenbären. Der Kontakt kam durch das alternative Tierheim Soest zustande. »Bei den drei Nasenbären hieß es zunächst, es seien drei Mädchen, allerdings vermehrten sie sich dann doch«, erzählt Meike Oeding schmunzelnd.

Auch bei den Waschbären gab es Nachwuchs. Sechs kleine Bären kamen zur Welt, von denen die Mutter aus unbekannten Gründen zwei nicht annahm. »Elvis und Luna haben wir dann per Hand aufgezogen. Die beiden gehören heute zu den beliebtesten Tieren im Tierpark und werden auch noch regelmäßig von allen Bewohnern besucht, die die Handaufzucht unterstützten«, sagt die Leiterin des Sozialen Dienstes. Über die Aufzucht der Waschbärkinder wurde auch in der Hauszeitung ausführlich berichtet, sodass auch die Bewohner daran teilnehmen konnten, die nicht aktiv mithelfen konnten.

Neben der täglichen Arbeit schaut die Pflegeleitung gezielt, welche Tiere bei den Bewohnern eingesetzt werden können. So kam Papagei Schätzchen nicht ganz zufällig zu Marielott Ennulat. Zivildienstleistende brachten ihr den Vogel vor acht oder neun Jahren und sagten ihr, er liege im Sterben. »Ich habe Schätzchen dann wieder aufgepäppelt. Er hat mir so leid getan«, sagt Frau Ennulat heute. Die Beziehung der beiden ist sehr innig. Susanne Rodemeier vom Sozialen Dienst erzählt, dass Frau Ennulat dem Vogel ihr Essen anfangs zuerst hingestellt habe und ihm auch heute noch jeden Tag vom Mittagessen eine Kleinigkeit mitbringt. »Ihr bedeutet Schätzchen alles. Sie sagt immer: ›Erst kommt Schätzchen, dann komme ich‹«, erzählt Rodemeier. Natürlich habe es deswegen auch schon ernste Worte vom Pflegepersonal gegeben, aber Frau Ennulat ohne Schätzchen? Das geht nicht, sagt Rodemeier bestimmt. »Die beiden unterhalten sich richtig. Manchmal klingt es vom Ton her so, als schnauze der Vogel rum, was Frau Ennulat zum Lachen bringt«, erzählt sie weiter.

Franz Georg Müller nutzt die hauseigenen Tiere ganz bewusst, um sie seinen Bewohnern zugute kommen zu lassen. Marielott Ennulat habe durch Schätzchen eine neue Lebensaufgabe bekommen, indem sie für das Tier Verantwortung übernommen habe und sich um den Vogel kümmere. »Oder ein anderes Beispiel: wir hatten mal einen Bergmann hier, der es gewöhnt war, morgens um vier Uhr aufzustehen. Er ist bei uns dann erstmal zu den Tieren gegangen und hat sie versorgt. Woanders wäre er vermutlich bis zur Aufstehzeit sediert worden«, sagt Müller.

Tiere gibt es im Senioren- und Pflegezentrum Müller überall – im Heim, im Tierpark und in den anderen Häusern auf dem Gelände. Im Haus am See gibt es neun Einzelappartements für Betreutes Wohnen – nicht jeder hier hat ein Haustier, doch alle haben Tiere gern und verbringen viel Zeit mit ihnen. Anni Rehfeldt wohnt seit 2010 im Haus am See und hat mittlerweile eine Katze namens Mulle. »Es ist ein sehr scheues Tier, das meistens oben auf meinem Kleiderschrank sitzt«, sagt sie. Ein Tierpfleger brachte ihr die Katze eines Tages einfach vorbei. Woher das Tier kam, weiß sie nicht. Die 80-Jährige ist gut mit Martina Bökmann befreundet, die mit ihrem Langhaardackel Balu ebenfalls im Haus am See wohnt. Kennengelernt haben sich die beiden allerdings schon früher, als Martina Bökmann noch als Altenpflegerin in Bad Waldliesborn bei Lippstadt arbeitete und dort die Bezugspflegerin von Anni Rehfeldt war. Aus Respekt zueinander siezen sie sich immer noch. Anni Rehfeldt nennt die 53-Jährige genau wie früher »Schwester Martina«. Da Bökmann wegen eines Glaukoms seit zwei Jahren blind ist, versorgt die 80-Jährige heute ihre Freundin. »Sie macht mir das Essen, hilft mir im Haushalt und unterstützt mich mit Balu. Das finde ich ganz, ganz lieb«, sagt Martina Bökmann, während Anni Rehfeldt den Kopf schüttelt und fragt: »Warum? Sie musste das ja früher auch machen, ob sie wollte oder nicht.«

Für beide Frauen stehen die Tiere an erster Stelle. Vor allem Martina Bökmann hängt an ihrem Langhaardackel Balu, den sie schon als Welpen bekommen hat. »Balu ist meine Lebensaufgabe. Er gibt mir jeden Tag neuen Lebensmut, spornt mich an und spendet mir Trost. Durch ihn bin ich nicht allein«, sagt sie. Bökmann ist froh, einen Ort gefunden zu haben, an den sie ihren Hund mitbringen konnte. Auf das Haus am See habe sie eine Frau von der Krankenkasse gebracht. Ihr Betreuer hatte ursprünglich ein anderes Heim für sie ausgesucht, dorthin hätte sie Balu jedoch nicht mitnehmen können und ihn ins Tierheim

bringen müssen. »Das kam für mich nicht in Frage«, sagt sie. Die 53-Jährige spricht sehr liebevoll von ihrem Hund und lacht, wenn sie von ihm erzählt. »Am liebsten frisst er Katzenfutter, er ist ein ganz lieber, *feinfühliger Hund*, der Streit aus dem Weg geht«, sagt sie. Besonders gut am Betreuten Wohnen gefällt ihr, dass sie für sich sein kann. »Ich habe meine eigene kleine Wohnung und meine Ruhe. Ins Altenheim gehöre ich noch nicht, dafür bin ich noch zu jung«, betont Bökmann.

Herbert Beicht wohnt ebenfalls im Haus am See. Im Gegensatz zu den beiden Frauen hält sich seine Begeisterung jedoch in Grenzen. Der 69-jährige Bergmann verlor bei einem Arbeitsunfall sein rechtes Bein und lag ein Jahr im Krankenhaus. Heute sitzt er im Rollstuhl und kann sich mit der Abgeschiedenheit des Geländes nicht so recht anfreunden. »Ich komme nirgendwo hin, nicht mal einkaufen fahren kann ich«, moniert Beicht. Doch genau in diesem Augenblick, in dem Beicht das sagt, biegt ein Bekannter von ihm um die Ecke. Er führt gerade seinen Jack-Russell-Terrier Benno Gassi. Als Beicht die beiden sieht, verfliegt seine schlechte Laune. Er entschuldigt sich kurz, rollt rasch zum Frühstückstisch, der noch nicht abgedeckt ist, und nimmt sich ein paar Scheiben Wurst, die er dem fünf Jahre alten Hund vor die Schnauze hält. Der gibt auf Befehl von Beicht auch brav seine Pfote und bekommt gleich eine

Von den Kapuzineräffchen gibt es mittlerweile zwei Gruppen und auch die Nasenbären haben sich seit ihrer Ankunft im Tierpark Müller 2009 vermehrt.

»Bei den drei Nasenbären hieß es zunächst, es seien drei Mädchen, allerdings vermehrten sie sich dann doch«

Meike Oeding

Fotos: Judith Köhler

Anni Rehfeldt und Martina Bökmann zusammen mit Langhaardackel Balu. Rechts zu sehen ist Mulle. Die scheue Katze hat wie so oft auf dem Schrank Zuflucht gesucht.

Foto: Judith Köhler

Scheibe Wurst. Herbert Beicht strahlt über das ganze Gesicht und auch Benno scheint zufrieden zu sein. Selbst dessen Besitzer freut sich mit, auch wenn er »jetzt noch eine Runde mehr mit ihm laufen muss«, sagt er.

Als die beiden ihre Spazierrunde wieder aufgenommen haben, ist bei Herbert Beicht der Damm gebrochen. »Es ist schön, dass es hier Tiere gibt. Ich komme mit allen sehr gut aus. Am liebsten sind mir die Papageien im Eingang, vor allem Pinki«, sagt er. Auch der Vogel bekomme morgens vom Frühstück etwas ab, schmunzelt er.

Herbert Beicht und Günther Kurrat frühstücken öfter zusammen im Foyer des Hauses. Kurrat stammt ursprünglich aus der Nähe von Unna und ist Vater zweier Kinder, die ab und zu vorbeikommen. Der ehemalige Elektriker wohnt seit drei Jahren im Haus am See und ist auf einen E-Mobil angewiesen. Auch das Sprechen bereitet ihm Schwierigkeiten. Doch trotz *Handicap* geht er jeden Tag zu den Hühnern im Tierpark und füttert sie, außer wenn es regnet. »Es ist ganz schön, weil es so unterhaltsam ist«, sagt er. Ab und zu gehe er auch zu den Affen und Waschbären. Insgesamt sei er damit etwa eine Stunde am Tag beschäftigt, manchmal auch länger, sagt er.

Um die Versorgung der Tiere und die Reinigung der Käfige kümmert sich Haus-

»Balu ist meine Lebensaufgabe.
Er gibt mir jeden Tag neuen Lebensmut,
spornt mich an und spendet mir Trost.
Durch ihn bin ich nicht allein.«

Martina Bökmann

Günther Kurrat ist jeden Tag – außer bei Regenwetter – bei den Hühnern und füttert sie. Manchmal geht er auch zu den Affen, Nasen- und Waschbären, die rundherum in den Gehegen verteilt sind.

Fotos: Judith Köhler

»Es ist schön, dass es hier Tiere gibt. Ich komme mit allen sehr gut aus«

Herbert Beicht

... Um die Versorgung der Tiere und die Reinigung der Käfige kümmert sich Hausmeister Rainer Kohlschütter. Er ist seit 2010 dafür zuständig, den gesamten Komplex und die Außenanlage in Schuss zu halten ...

Der Tierpark Müller grenzt an alle Häuser des Senioren- und Versorgungszentrums. Er ist von allen Seiten gut erreichbar und bietet zahlreiche Sitzmöglichkeiten für Bewohner und Besucher.

Foto: Judith Köhler

… Das Besondere am Haus Müller seien seine Lage und die Tiere – »also das, was mir Arbeit macht«, sagt Rainer Kohlschütter lachend …

Fotos: Judith Köhler

meister Rainer Kohlschütter. Er ist seit 2010 dafür zuständig, den gesamten Komplex und die Außenanlage in Schuss zu halten. Mittlerweile hat er auch einen Assistenten, der ihn bei seiner Arbeit unterstützt. Das Besondere am Haus Müller seien seine Lage und die Tiere – »also das, was mir Arbeit macht«, sagt er lachend. Täglich schauen sie nach, ob die Tiere noch genügend Wasser und Futter haben, regelmäßig machen sie die Käfige sauber. »Einmal ist uns ein Affe ausgebüxt, den habe ich drei Tage lang in Günne gesucht. Jetzt kenne ich jeden Vorgarten hier im Dorf«, erzählt er. Den Affen habe er dann in einer Garage wiedergefunden, nachdem ihn der Besitzer angerufen habe. »So ein Affe ist ganz schön flink«, resümiert er.

Vor dem Affengehege sitzen auch gern Karl Philippi und seine Lebensgefährtin Ursula Böcher. Die beiden haben sich im Haus Müller kennengelernt und verbringen jeden Tag zusammen. Beide mögen Tiere sehr gern und kümmern sich gemeinsam um Ursula Böchers Hund Joe, einen sechs Jahre alten Mix aus Westhighland- und Yorkshire-Terrier. Sie genießen es, dass sie Joe überall mit hinnehmen können. »Joe ist mein täglicher Begleiter«, sagt die 84-Jährige. »Er versteht mich, beruhigt mich und hört auf mich. Er ist immer da, wenn ich ihn brauche. Am Tag und in der Nacht«, fährt sie fort. Nachts schlafe er in seinem Körbchen, er sei ihr und ihrem Lebensgefährten nie lästig. Karl Philippi unterstützt Ursula Böcher im Alltag, wo er nur kann. Da seine Lebensgefährtin mittlerweile auf einen Rollator angewiesen ist, führt der 86-Jährige den kleinen Terrier an der Leine. »Wir sind froh, dass wir uns haben. Schade nur, dass wir uns nicht schon früher kennengelernt haben«, sagt er.

Beide stehen gegen halb sieben auf und trinken erstmal einen Kaffee. Bei schönem Wetter gehen sie danach raus und lesen Zeitung oder beobachten die Tiere, vor allem die Affen und Waschbären. Nach dem Mittagessen ruhen sie sich aus und gehen anschließend noch mal spazieren. »Nach dem Abendbrot geht es ins Bett, auch Joe muss dann ins Körbchen, ob er will, oder nicht«, sagt Ursula Böcher. Während die Entscheidung, in ein Altenheim zu ziehen, für Karl Philippi eher eine Kurzschlussentscheidung war, weil er allein den Haushalt nicht mehr führen konnte, war es für Ursula Böcher eine bewusste Entscheidung, ins Haus Müller zu ziehen. »Ich hatte einen Bericht über das Haus Müller im Fernsehen gesehen und fand es schön, dass man seine Haustiere hierher mitbringen darf«, erzählt sie. Von ihren drei Kindern besuchen sie regelmäßig zwei, weil sie in der Nähe wohnen. Sonntags komme ihr Sohn, unter der Woche ihre Tochter vorbei, sagt Ursula Böcher.

Wie sie wohnt auch Magdalene Reinelt mit ihrem Hund im Seniorenheim Müller. Chelsea ist ein elf Jahre alter Spaniel, den die 82-Jährige schon als Welpen bei sich aufgenommen hat. Dem Umzug ins Altenheim im Jahr 2011 stand sie sehr skeptisch gegenüber, vor allem, weil sie ihren Hund nicht verlieren

Karl Philippi und Ursula Böcher kümmern sich beide gemeinsam um Hund Joe. Für die beiden ist der Hund ein täglicher Begleiter und eine Trennung undenkbar.

»Chelsea hätte ich nicht abgegeben, da wäre ich nicht gegangen«

Magdalene Reinelt

wollte. »Chelsea hätte ich nicht abgegeben, da wäre ich nicht gegangen«, sagt sie rigoros. Ihr Hund bedeute ihr alles. »Wenn der Hund mal nicht mehr da ist, dann will ich auch nicht mehr«, erklärt sie. Die beiden gehen zusammen spazieren und unterhalten sich. Heute ärgert sich die Mutter zweier Söhne, dass sie nicht schon viel früher, als ihre Kinder noch klein waren, einen Hund hatten. »Mein Mann wollte eigentlich immer einen Hund, aber ich war dagegen, weil ich dachte, die machen nur Schmutz. Als mein Mann starb und Chelsea ein paar Jahre später zu mir kam, fand ich es sehr schade, dass wir nicht schon früher Hundebesitzer waren«, erläutert Magdalene Reinelt. Am 21. August 2012 wären sie 60 Jahre verheiratet gewesen, erinnert sie sich.

Ursula Böcher und Karl Philippi mit Terrier Joe. Foto links: Magdalene Reinelt und ihr elf Jahre alter Spaniel Chelsea.

Fotos: Judith Köhler

Leben und Arbeiten im Haus Müller

Abwechslungsreicher Alltag für Bewohner und Mitarbeiter

Fit im Kopf bleiben – darum geht es im Haus Müller jeden Donnerstagvormittag, wenn die Zeitungs- und anschließend die Gedächtnisrunde auf dem Programm stehen. Die Pflegekräfte holen die Bewohner, die gern teilnehmen möchten, in ihren Zimmern ab und bringen sie in den Gemeinschaftsraum im ersten Stock. Gegen viertel nach neun geht es meistens los. Susi Tillmann vom Sozialen Dienst leitet beide Runden und ist erpicht darauf, die Teilnehmer so gut es geht einzubeziehen. Zunächst liest sie das Fernsehprogramm und die vermischten Meldungen aus dem Soester Anzeiger vor. Dabei geht es unter anderem um einen vermissten Jungen, steigende Wassergebühren und dass in Kolumbien eine vier Meter lange und 30 Kilogramm schwere Schlange den Motor eines Autos im wahrsten Sinne des Wortes ›*abwürgte*‹. Die Bewohner hören aufmerksam zu und kommentieren die Meldungen von Zeit zu Zeit. Besonders ausgiebig wird über die Nachricht diskutiert, dass die Hälfte der Grundschüler heutzutage noch am Ende der vierten Klasse nicht schwimmen kann. »Das dürfte nicht sein«, sagt einer der Bewohner, die anderen nicken zustimmend. In der Gedächtnisrunde, eine gute Stunde später, knüpft Susi Tillmann an die Meldung an und möchte von jedem Bewohner wissen, ob er schwimmen kann und wo er es gelernt hat. Die Reaktionen darauf sind vielfältig. Die Anwesenden kramen in ihrem Gedächtnis nach Erinnerungen aus der Kindheit. Die meisten erzählen gern, in welcher Situation und wo – ob im Schwimmbad, See oder Meer – sie schwimmen gelernt haben. Manche erzählen auch Geschichten, wie ihr Haustier freiwillig oder unfreiwillig schwimmen gelernt hat oder im Wasser gelandet ist. Mit dabei ist auch Chelsea, der Hund von Magdalene Reinelt. Chelsea bellt ab und zu, wenn jemand Fremdes vorbeiläuft, das stört aber niemanden.

Ein wichtiger thematischer und viel diskutierter Bestandteil der Zeitungsrunde sind darüber hinaus das Fernsehprogramm und das Horoskop. »Kommt ein Krimi?«, fragt eine Bewohnerin und eine andere möchte von ihrer Nachbarin gern wissen, welches Sternzeichen sie hat. In der anschließenden Gedächtnisrunde spielt Susi Tillmann ein Frage- und Antwort-Spiel: Die Mutter Deiner Mutter ist die…? Wie oft finden Bundestagswahlen statt? Welche Farbe hat die Apfelsorte Granny Smith? Wer hat früher selbst eingekocht? Und was? Marmelade oder Apfelmus? Die Bewohner beantworten die Fragen gern, manche erinnern sich dadurch an bestimmte Erlebnisse und erzählen sie.

Während der Zeitungs- und Gedächtnisrunde treffen die Pflegekräfte die wichtigsten Vorbereitungen für das bevorstehende Mittagessen. Iris Grebowicz ist als Pflegedienstleiterin für 35 Mitarbeiter im

Haus Müller verantwortlich. Sie erstellt die Dienst- und Urlaubspläne und kümmert sich um Mitarbeiterschulungen. Dabei wird sie tatkräftig von Herbert Votava unterstützt. Als er selbst noch als Seniorenheimleiter berufstätig war, verfolgte er das Ziel, dass alle Altenheime in der Region als Verbund zusammenarbeiten sollten. Sinnvoll sei dies unter anderem bei Schulungen von examinierten Pflegekräften. »Es ist für ein Heim unmöglich, sein ganzes Personal für einen Tag zu entbehren. Damit aber eine sinnvolle Anzahl von Mitarbeitern für eine Schulung zusammenkommt, wäre eine Verbundlösung erstrebenswert«, betont Votava. Er unterstützt Iris Grebowicz auch bei der Einarbeitung neuer Mitarbeiter und der Einhaltung des Hygieneplans. »Einmal im Jahr werden die Seniorenheime vom Medizinischen Dienst der Krankenkassen geprüft, es gibt einen Stichtag für Hygienerichtlinien, Hauswirtschaft und Pflegeansätze«, erläutert Votava. In enger Zusammenarbeit mit der Pflegedienstleitung erstelle er dafür Rasterpläne. Iris Grebowicz fügt hinzu: »Bei der Hygiene muss alles einwandfrei in Schuss sein. Gerade wenn Tiere im Haus leben, muss man genau hinschauen. Sie müssen frei von ansteckenden Krankheiten sein, geimpft und entwurmt.«

Doreen Düvier arbeitet als examinierte Pflegefachkraft seit März 2012 im Haus Müller. Sie ist die diensthabende Schwester in ihrem Wohnbereich und zuständig für die *Behandlungspflege*. Sie verteilt Medikamente, wechselt Verbände und steht Bewohnern und Ärzten bei Gesprächen vermittelnd zur Seite. Sorgen um die Hygiene macht sich Düvier trotz Tierhaltung nicht. »Solange keine offenen Wunden oder Zugänge da sind, ist das kein Problem. Und wenn doch, haben die Tiere keinen Zutritt«, sagt sie. Ziel des Hauses sei es, die Hygienevorschriften einzuhalten, ohne dass das Haus dabei steril wirkt. »Die Bewohner sollen sich wohlfühlen. Schließlich sei das Pflegeheim oft die letzte Station, bevor die Bewohner uns ganz verlassen.« Die gebürtige Berlinerin fühlt sich im Haus Müller sehr wohl. Das Besondere sei neben den Tieren auch das Bewohnerklientel. »Es sind nicht nur ganz alte Menschen hier, sondern auch welche zwischen 50 und Mitte 60«, erklärt sie.

Mit den Tieren hat die 34-Jährige zwar nur ganz am Rande ihrer Arbeit zu tun, sie sieht jedoch, wie gut die Zwei- und Vierbeiner den Menschen tun. Die Bewohner freuen sich immer, wenn jemand vom Sozialen Dienst mit einem Papagei oder Waschbären vorbeikomme. Zudem seien die Leute offener, wenn sie selbst Tiere haben. »Das Tier ist, wie eine Bezugsperson, immer vor Ort und dadurch für die Bewohner das Wichtigste, was sie haben«, sagt Düvier und fügt hinzu, die Tiere therapieren die alten Menschen quasi nebenbei. »Durch regelmäßige

»Man muss immer lustig bleiben.«

Franz-Josef Herzmann

Spaziergänge werden die Gelenke bewegt und das hält die Bewohner fit«, erläutert sie. Für Düvier ist das Haus Müller das fünfte Heim, in dem sie arbeitet. In allen anderen sei Tierhaltung strikt verboten gewesen. »Bevor die Leute einzogen, mussten sie erst ihr Haustier im Tierheim abgeben. Für die meisten war das sehr schlimm«, erinnert sie sich.

Katharina Drolshagen stimmt ihrer Kollegin zu. Im Haus Müller sei es im Vergleich zu anderen Pflegeheimen familiärer und es gebe die Tiere, sagt die Krankenpflegehelferin. Drolshagen muss es wissen: sie arbeitet seit 28 Jahren für die Familie Müller. Erst im Haus Müller, nun beim mobilen Pflegedienst. »Das Besondere am Haus Müller war schon immer das *familiäre Flair*. Deshalb fühlen sich die Bewohner auch so wohl. Es kommt keine Langeweile auf«, sagt sie. Die Tiere seien für die Leute die besten Beschäftigungstherapeuten. »Wir hatten hier mal ein Pferd und die Bewohner waren einfach damit beschäftigt, selbst wenn es nur darum ging, die Reste vom Frühstück zu verteilen«, erinnert sie sich. Die Tiere täten den älteren Menschen sehr gut. Auch die, die kein eigenes Haustier hätten, fänden einen Bezug zu den Tieren, ergänzt sie.

Edith Fulczynski ist eine der Bewohnerinnen, die Katharina Drolshagen meint. Obwohl die 84-Jährige kein eigenes Haustier hat, kümmert sie sich um die Tiere im angrenzenden Tierpark. »Ich habe von Anfang an immer die Affen gefüttert. Natürlich mit der Erlaubnis von Herrn Müller. Ab und zu gab es auch mal Weintrauben und Rosinenbrot, da waren die Äffchen ganz verrückt nach«, lacht sie. Anfangs habe es auch noch viele kleine Katzen gegeben, dann kamen nach und nach die Affen, die Nasen- und die Waschbären. Die gelernte Einzelhandelskauffrau und Mutter von vier Kindern wohnt seit Mitte 2005 im Haus Westfalenmeer. Ihr Alltag ist mit viel freier Zeit und Lebensfreude ausgefüllt. Dienstags gehe sie immer zur Gymnastik und erst gestern habe es einen Spielenachmittag gegeben, der jetzt regelmäßig einmal die Woche stattfinden soll, erzählt sie.

Bei diesem Spielenachmittag wird vermutlich auch Franz-Josef Herzmann, ein Bewohner der Wohngemeinschaft AIDA auf dem Gelände des Müller-Areals, teilnehmen. Der 70-Jährige hat es sich angewöhnt, den Vormittag im Gemeinschaftsraum des 2. Stocks im Haus Müller mit Mensch-ärgere-dich-nicht-Spielen zu verbringen. »Ich stehe um halb fünf auf, trinke einen Kaffee, lese die Zeitung und gehe danach zum Frühstück ins Haus Westfalenmeer«, erzählt er. Anschließend spiele er mit den anderen im Haus Müller bis zum Mittagessen. Im Sommer lege er sich danach ein Stündchen aufs Ohr und schaue, was der Nachmittag so bringt. Seine WG besteht aus einer Gemeinschaftsküche, einem Wohnzimmer, einem Bad und einem Balkon. Jeder der drei Bewohner hat sein eigenes Zimmer, doch nicht jeder ist auf Unterstützung von Seiten des Pflegedienstes angewiesen. Herzmann ist noch sehr rüstig und kommt gut allein zurecht, sein Mitbewohner hingegen liege den ganzen Tag im Bett. Das dritte Zimmer stehe gerade leer, da werde jemand Neues gesucht, erzählt er. »Es ist ein Kommen und Gehen hier«, sagt Herzmann. Man müsse sich einleben und versuchen das Beste daraus zu machen, getreu dem Motto:

Foto: Judith Köhler

»Man muss immer lustig bleiben.« Mit den Tieren hat er im Gegensatz zu vielen anderen Bewohnern nicht viel am Hut. »Ich geh da mal durch, aber mehr nicht«, sagt er. Früher habe er einen Hund gehabt, heute möchte er kein Haustier mehr. Lieber geht er angeln. Auf dem Viadukt fängt er Hechte, Zander und Rotaugen. »Die verschenke ich dann an die Touristen und Passanten, die vorbeikommen«, sagt Herzmann.

Während die Bewohner Zeit haben, ihren Lebensabend möglichst unterhaltsam und bunt zu gestalten, stehen die Mitarbeiter täglich vor neuen Herausforderungen. Wen man auch fragt, jeder sieht woanders Handlungsbedarf. Herbert Votava beispielsweise ist es wichtig, dass die Mitarbeiter eine hohe Wertschätzung erfahren und motiviert sind. Eine andere *Herausforderung* sei, die gute Note der MDK-Einstufung (MDK = Medizinischer Dienst der Krankenversicherung) von 1,2 für das Haus Müller zu halten, sagt er. Maria Müller wünscht sich darüber hinaus, dass nun ein bisschen Ruhe einkehrt. »Es ist ewig gebaut worden«, sagt sie. Jetzt müsse man erstmal zur Ruhe kommen und das Ganze bezahlen, denn es gebe nur wenige Zuschüsse für private Pflegeheime, fügt sie hinzu. Ihr Sohn Franz Georg Müller sieht als Leiter des Pflege- und Versorgungszentrums Möhnesee die künftige Herausforderung ebenfalls vom betriebswirtschaftlichen Standpunkt aus. Die Tierhaltung stelle in diesem Zusammenhang keine Probleme dar. Das Pflegeheim finanziere sich wie jedes andere private Pflegeheim über Pflegesätze, Wohngeld und das Sozialamt. »Wir freuen uns auch über Spenden, sind darauf aber nicht zwingend angewiesen«, sagt er. Bislang erfreut sich das Senioren- und Pflegeheim über eine große Nachfrage aus der ganzen Welt. »Eine Warteliste im klassischen Sinn gibt es bei uns nicht, denn die Leute, die anfragen, brauchen meist sehr schnell einen Platz«, erklärt Müller abschließend.

Foto oben: Katharina Drolshagen mit Edith Fulczynski, die im Haus Westfalenmeer wohnt.

Margareta Sträter mit ihrem Pudel Filou.

Foto: Judith Köhler

Interviews mit Bewohnern

Margareta Sträter

Margareta Sträter kommt aus Meschede im Sauerland. Die Mutter zweier Kinder hat immer gearbeitet, auch nach ihrer Hochzeit war sie als Erzieherin für behinderte und schwer erziehbare Kinder tätig. »Das war ein harter Job«, sagt sie heute. Im März 2011 starb ihr Mann, einen Monat später zog sie mit ihrem neun Jahre alten Apricotpudel Filou ins Haus Müller. Filou ist ihr Ein und Alles. »Er braucht mich und ich brauche ihn«, sagt sie.

Sie wohnen seit April 2011 in einem Einzelzimmer im Erdgeschoss mit Terrasse. Wie gefällt es Ihnen?
Ich finde es schön, dass es hier Tiere gibt, das ist genau das Richtige für ältere Menschen. Tiere kann man anfassen und streicheln, das ist wie wenn man direkt mit jemandem etwas unternehmen würde. Außerdem gefällt mir die Umgebung ausgesprochen gut. Man hat das Wasser quasi direkt vor der Nase und ist schnell in der Natur. Als Filou und ich das Haus Müller besichtigten, habe ich zu ihm gesagt: ›Filou, jetzt fahren wir in den Urlaub.‹

Wieso sind Tiere genau das Richtige für ältere Menschen?
Tiere helfen einem über Krankheiten hinweg. Sie kommen vorbei, man kann sie streicheln und wird getröstet. Filou wird hier ab und zu als Therapiehund eingesetzt und das funktioniert gut. Eine Frau, die sonst gar nicht mehr rausgehen würde, geht mit Filou spazieren. Sie darf ihn an der Leine führen und hat dadurch Verantwortung. Das ist schön!

Wie wichtig war es für Sie, dass Sie ihren Hund mit ins Seniorenheim nehmen durften?
Das war praktisch entscheidend. Ich wäre sonst vielleicht nicht gegangen. Filou ist mein Alltagsbegleiter, er ist immer da, auch wenn es mir mal nicht so gut geht und ich am Stöhnen bin. Dann setzt er sich sofort an mein Bett und rappelt mich wieder auf.

Wie ist es, wenn Sie mit Filou durch das Haus Müller gehen?
Keiner der Bewohner geht an Filou vorbei ohne ihn zu streicheln und zu fragen, wie es ihm und mir geht. Dadurch komme ich mit vielen ins Gespräch.

Gehen Sie auch bei den anderen Tieren vorbei?
Ja, einem Affen habe ich beigebracht zu klatschen, bevor er ein Leckerli bekommt. Tiere machen einfach Freude.

Wie sieht ein normaler Tag bei Ihnen aus?
Wegen meiner Krankheit bin ich etwas eingeschränkt. Ich habe totales Nierenversagen und muss deshalb jeden zweiten Tag zur Dialyse. Das bedeutet, ich stehe um halb vier Uhr morgens auf und um fünf Uhr bringt mich ein Taxi zur Dialyse. Dort bin ich dann bis halb elf. Zurück im Haus Müller esse ich mit den anderen Bewohnern zu Mittag und ruhe mich danach aus. Nachmittags gehen Filou und ich bei gutem Wetter spazieren. Und dann ist auch schon Abendbrotzeit.

Wie oft sehen Sie Ihre Familie?
Meine Kinder wohnen in der Nähe und ich sehe sie regelmäßig. Mein Enkel ruft öfter an.

Auch die Schwiegertochter von Margareta Sträter – Margit Drees-Sträter – kommt gern zu Besuch. Sie hatte das Haus Müller vor Jahren schon kennengelernt und ins Auge gefasst. Damals allerdings für ihren Onkel, der aus dem Ruhrgebiet an den Möhnesee ziehen wollte.

Frau Drees-Sträter, was hat Ihnen am Haus Müller gleich gefallen?
Das Haus hat Wärme ausgestrahlt. Durch das mediterrane Flair fühlt man sich gleich wohl. Das kenne ich von anderen Altenheimen in der Form nicht, die sind oft sehr steril und haben wenig Atmosphäre. Das Haus Müller dagegen hat einen guten Mittelweg gefunden. Es ist hier nicht wie in einer Klinik, sondern es ist auch mal ok, wenn eine Fluse auf dem Boden liegt.

Haben Sie ihrer Schwiegermutter deshalb auch das Haus Müller ans Herz gelegt?
Genau. Als mein Schwiegervater starb, überlegten mein Mann und ich, ob das Haus Müller nicht eine gute Möglichkeit für sie wäre. Meiner Schwiegermutter fiel der Umzug nicht leicht, alles was sie sich aufgebaut hatte, musste sie zurücklassen. In dieser Situation war es sehr gut und wichtig, dass Filou bei ihr bleiben konnte. Heute fühlt sie sich im Haus Müller sehr wohl und es geht ihr auch gesundheitlich wieder besser.

Wie schätzen Sie die Wirkung der hier lebenden Tiere auf die Bewohner ein?
Die Tiere sind meiner Ansicht nach sehr wichtig, denn die Bewohner spazieren zusammen zu den Nasen- und Waschbären oder Papageien, unterhalten und bewegen sich dabei. Außerdem gibt es noch ein schönes Bistro, wo man essen gehen kann. Es hat tatsächlich ein gewisses Urlaubsflair.

Hätte es vor anderthalb Jahren eine Alternative zum Haus Müller gegeben?
Nein, jede Alternative wäre dramatisch gewesen. Wir hätten höchstens versuchen können, dass meine Schwiegermutter in ihrer Wohnung mit Rund-um-die-Uhr-Betreuung bleibt. Das wäre aber sehr schwierig geworden. Mit dem Haus Müller in der Nähe hatten wir einfach sehr viel Glück.

Eva Hellwag

Eva Hellwag lebte zusammen mit ihrem Mann 30 Jahre auf der Kanareninsel La Palma. Dort hatten sie eine kleine Kakteengärtnerei namens „Klein-Mexiko". Als ihr Mann 2003 starb, entschied einer ihrer beiden Söhne, dass es besser wäre, sie käme im Alter wieder zurück nach Deutschland. Die heute 80-Jährige stimmte zu und lebt seit 2010 zusammen mit ihrer Labrador-Hündin Emma im Haus am See. Die achtjährige Hundedame spielt bei Eva Hellwag die „erste Geige".

»Tiere gehören meiner Ansicht nach zum Wohlbefinden dazu.«

Eva Hellwag

Foto: Judith Köhler

Eva Hellwag (links) mit ihrer Nachbarin Heidi Sellner und den beiden Hunden Emma und Sandy.

Wie sind Sie auf das Haus am See gekommen?
Mein Sohn Lutz hat es für mich ausgesucht. Nach dem Tod meines Mannes war es ihm lieber, dass ich wegen der eher dürftigen ärztlichen Versorgung von La Palma zurück nach Deutschland komme. Das Haus am See hat er gewählt, weil er zum einen hier in der Nähe wohnt und ich zum anderen meinen Hund Emma mitnehmen konnte. Denn Emma hätte ich nicht hergegeben, da hätten wir eher eine andere Lösung finden müssen.

Seit wann haben Sie Emma?
Da ich keinen spanischen Hackenbeißer wollte, brachte mir mein Sohn eines Tages einen Welpen mit nach La Palma. Das war vor etwa acht Jahren. Ich hatte schon immer einen Hang zu großen Hunden und habe mich sehr gefreut. Mittlerweile brauche ich allerdings einen Rollator, deshalb ist es für mich recht schwierig geworden, mit Emma spazieren zu gehen. Meine Nachbarin und Freundin Heidi Sellner geht nun mit ihr Gassi.

Heidi Sellner hat auch einen Hund, richtig?
Genau, einen kleinen Terrier namens Sandy. Frau Sellner bekommt Emma auch, wenn ich mal nicht mehr da bin. Bei ihr bin ich sicher, dass Emma in guten Händen ist.

Wie sieht ein Tag von Ihnen und Emma aus?
Es ist toll, dass wir die Hunde überall mithin nehmen dürfen und dass es auch nicht stört, wenn mal einer bellt. Ich stehe gegen sechs Uhr auf. Dreimal in der Woche kommt eine Pflegekraft und hilft mir beim Duschen. Anschließend frühstücken Frau Sellner und ich zusammen. Danach macht jeder was er möchte. Außer am Donnerstagvormittag, da gehen wir beide zum Gedächtnistraining im Haus Müller.

Welche Unterstützung brauchen Sie?
Hilfe benötige ich beim Duschen und Putzen. Einmal in der Woche kommt eine Putzfrau vorbei. Ansonsten versorgt mich mein Sohn. Er kauft ein und kommt mindestens einmal die Woche, meistens sonntags, vorbei. Mein anderer Sohn wohnt in Bayern, wir sehen uns deshalb nicht so viel, telefonieren aber öfter.

Wie hilft Ihnen Emma im Alltag?
Sie gehört absolut dazu. Wenn ich allein bin, kann ich mit Emma reden und sie streicheln. Einmal war mir schwindelig und ich bin hingefallen, da kam Emma und legte ihren Kopf auf meine Schulter. Das hat mich sehr berührt und getröstet. Tiere gehören meiner Ansicht nach zum Wohlbefinden dazu.

Heidi Sellner

Heidi Sellner stammt ursprünglich aus Düsseldorf und ist gelernte Friseurin. Seit 2005 hat sie zusammen mit ihrem schwer kranken Mann im Haus Westfalenmeer gewohnt. Als er im März 2009 starb, war sie mehr als froh, dass sie ihre Tiere – zwei Hunde und einen Kakadu – noch hatte. 2012 zog die 69-Jährige ins Haus am See um.

Wie haben Sie vom Haus Müller erfahren?
Ich habe einen Fernsehbeitrag darüber im WDR gesehen und mir gleich den Namen notiert. Als ich hinfuhr, um es zu besichtigen, war das Haus Westfalenmeer gerade in Planung.

Wieso kam das Haus Westfalenmeer für Sie in Frage?
Mein Mann hatte 2001 einen schweren Schlaganfall und war seitdem halbseitig gelähmt. Auch sprechen konnte er nicht mehr. Bis zum Tod meines Mannes haben mich Pflegekräfte immer sehr gut unterstützt. Wir haben unseren Umzug nie bereut, mein Mann und ich hatten hier noch drei sehr schöne gemeinsame Jahre.

Mit wie vielen Tieren sind Sie eingezogen?
Mit zwei Hunden – Max und Sandy. Max war ein Schnauzer-Mix und wurde 16 Jahre alt. Er starb 2012. Mein Mann hatte ihn am 30. Dezember 1996 unter einem Müllcontainer gefunden. Ein Tierarzt schätzte ihn damals auf etwa sechs Wochen. Sandy, unseren Yorkshire-Terrier, haben wir seit zehn Jahren. Später kam dann noch unser Kakadu Cocofinchen dazu. Den hat mein Mann auch noch kennengelernt.

Wie wichtig waren die Tiere für Ihren kranken Mann?
Als mein Mann so krank wurde, suchte ich Sandy als Therapiehund für ihn aus. Die beiden waren gut aufeinander abgestimmt: Wenn mein Mann sich am linken Bein kratzte, wusste Sandy, dass er sie gleich mit seiner gesunden linken Hand hochheben würde. Sandy war noch keine vier Stunden bei uns im Haus, da lächelte er schon. Manchmal schlief sie auch in seinen Kniekehlen. Tiere sind einfach wichtig für die Seele und in unserem Fall als Trostspender unentbehrlich.

Nach dem Tod ihres Mannes mussten Sie sich daran gewöhnen, wieder allein zu leben. Wie gestalten Sie heute ihre Freizeit?
Ich bin in einem Chor und nehme zusätzlich Gesangsstunden. Außerdem gehe ich regelmäßig schwimmen und mit den beiden Hunden spazieren. Deshalb bin ich auch noch so fit.

»Tiere sind einfach wichtig für die Seele und in unserem Fall als Trostspender unentbehrlich.«

Heidi Sellner

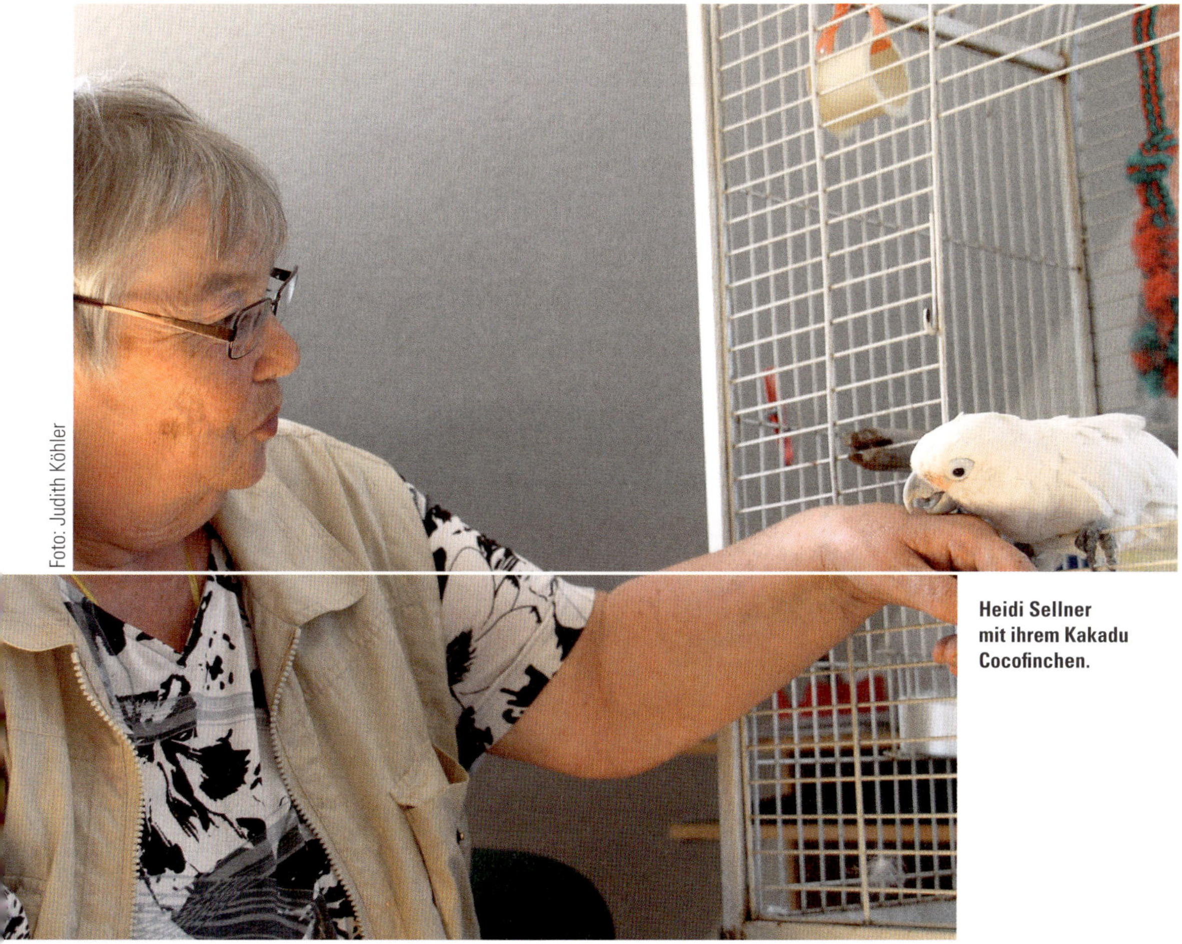

Foto: Judith Köhler

Heidi Sellner mit ihrem Kakadu Cocofinchen.

Daten, Zahlen, Fakten

1917	Das Haus Müller wird als Bauernhof genutzt
1943	Im Krieg wird die Sperrmauer zerstört, dadurch auch große Teile des Anwesens. Nach der Bombardierung wurde die Sperrmauer wieder aufgebaut.
Ab 1944	Aus dem Bauernhof Müller wird die Pension Müller
1968	Ein Kiosk für den Außer-Haus-Verkauf von Getränken und Snacks wird eröffnet
Ab 1969	Aus- und Umbau des Bauernhofs zu einer Pension und Gaststätte. In den Sommermonaten ist die Pension Müller ein Freizeitheim für hörbehinderte und taubstumme junge Menschen.
1974	Aus der Pension Müller wird die »Altenpension Müller«. Hühner, Enten und Ziegen werden weiterhin auf dem Hof gehalten und versorgt. Geführt wird die Altenpension von Maria und Franz Josef Müller. Etwa 500 Tiere leben rund um die Altenpension.
1998	Sohn Franz Georg Müller übernimmt die Leitung der Altenpension und baut sie Schritt für Schritt zum Pflege- und Versorgungszentrum Möhnesee aus. Zuvor war das Areal etwa 15.000 qm^2 groß, nach dem Ausbau sind es 30.000 qm^2. Ergänzend zur stationären Pflege wird nun auch Betreutes Wohnen angeboten. Die Artenvielfalt wird vor allem durch exotische Tiere wie Papageien ergänzt. Gleichzeitig schrumpft die Anzahl der Tiere auf etwa 250.
1999	Das Angebot Betreutes Wohnen wird um eine Außenwohngruppe erweitert
2002	Der ursprüngliche Kiosk wird zu einem Bistro mit 80 Innen- und bis zu 300 Außenplätzen umgebaut
2004	Das Restaurant Lago mit 100 Innenplätzen wird gebaut und eröffnet
2005	Das Haus Westfalenmeer wird fertig gestellt und von den Bewohnern bezogen. Zeitgleich wird der ambulante Pflegedienst »möhnemobil« gegründet. Der Pflegedienst versorgt die zu Pflegenden im Haus Westfalenmeer im Rahmen von Betreutem Wohnen und andere zu Pflegende im Kreis Soest.
2009	Neubau des Haus Müller mit 60 vollstationären Pflegeplätzen für alle Pflegestufen. Rund 100 Mitarbeiter sind im Senioren- und Pflegezentrum Möhnesee beschäftigt.

Möhnesee

»Rund 100 Mitarbeiter sind im Senioren- und Pflegezentrum Möhnesee beschäftigt«

Tiere im Haus Müller

- Hühner, Papageien, Kakadus, Wellensittiche, Kapuzineraffen, Waschbären, Nasenbären, Hunde, Katzen

Unterbringung

- Vollstationäre Pflegeplätze
  - Haus Müller: 48 Einzel- und 6 Doppelzimmer
- Betreutes Wohnen
  - Haus am See: 9 Einzelappartements
  - Haus Westfalenmeer: 20 Wohnungen
  - Auf dem Gelände: Fünf weitere Wohnungen und die Wohngruppe AIDA mit drei Plätzen
- MDK-Einstufung 2012:
  - Haus Müller: 1,2
  - Ambulanter Pflegedienst: 1,0

Pflegesätze Haus Müller ab 01.07.2012

Stufe	Pflegebedingte Aufwendungen	Unterkunft	Verpflegung	Förderbare Investitionskosten Einzelzimmer	Förderbare Investitionskosten Doppelzimmer	Altenpflegeumlage
0	24,08 €	15,94 €	12,28 €	23,43 €	22,31 €	2,18 €
1	37,04 €	15,94 €	12,28 €	23,43 €	22,31 €	2,18 €
2	52,60 €	15,94 €	12,28 €	23,43 €	22,31 €	2,18 €
3	68,69 €	15,94 €	12,28 €	23,43 €	22,31 €	2,18 €

Pflegesätze Haus Müller ab 01.07.2012

Stufe	Pflegesätze gesamt / Tag Einzelzimmer	Pflegesätze gesamt / Tag Doppelzimmer	Kosten für Einzelzimmer pro Monat	Kosten für Doppelzimmer pro Monat
0	77,91 €	76,79 €	2.370,02 €	2.335,95 €
1	90,87 €	89,75 €	2.764,27 €	2.730,20 €
2	106,43 €	105,31 €	3.237,60 €	3.203,53 €
3	122,52 €	121,40 €	3.727,06 €	3.692,99 €

Pflegesätze Haus Müller ab 01.07.2012

Stufe	Pflegekassenanteil	Kosten Einzelzimmer abzgl. Pflegekassenanteil	Kosten Doppelzimmer abzgl. Pflegekassenanteil	Pflegewohngeld Einzelzimmer	Pflegewohngeld Doppelzimmer	Kosten abzgl. PWG Einzelzimmer	Kosten abzgl. PWG Doppelzimmer
0	0,00 €	2.370,02 €	2.335,95 €	0,00 €	0,00 €	2.370,02 €	2.335,95 €
1	1.023,00 €	1.741,27 €	1.707,20 €	712,74 €	678,67 €	1.028,52 €	1.028,52 €
2	1.279,00 €	1.958,60 €	1.924,53 €	712,74 €	678,67 €	1.245,86 €	1.245,86 €
3	1.550,00 €	2.177,06 €	2.142,99 €	712,74 €	678,67 €	1.464,32 €	1.464,32 €

Schichten der Pflegekräfte im Haus Müller

- **06.00 Uhr – 13.30 Uhr**
- **13.00 Uhr – 20.30 Uhr**
- **20.00 Uhr – 06.30 Uhr**

→ **wegen der Übergabe überschneiden sich die Schichten jeweils um 30 Minuten**

Kostenaufstellung Betreutes Wohnen

Haus Westfalenmeer

Wohnung Usedom

Lage:	Erdgeschoss
Größe:	45,59 qm²
Fixe Kosten:	
Miete:	387,52 Euro
Nebenkosten-Vorauszahlung:	91,18 Euro
Betreuungspauschale 1 Person:	80,00 Euro
Summe fixe Kosten:	558,70 Euro
Plus: Wahlleistungen als Paketpreis	
Vollverpflegung	322,00 Euro
Wäschereinigung	150,00 Euro
Raumpflege	75,00 Euro
Summe Wahlleistungen	547,00 Euro
GESAMTSUMME	**1.105,70 Euro**

Wohnung Baltrum

Lage:	Erdgeschoss
Größe:	55,4 qm2
Fixe Kosten:	
Miete:	470,90 Euro
Nebenkosten-Vorauszahlung:	110,80 Euro
Betreuungspauschale 1 Person:	80,00 Euro
Summe fixe Kosten:	661,70 Euro
Plus: Wahlleistungen als Paketpreis	
Vollverpflegung	322,00 Euro
Wäschereinigung	150,00 Euro
Raumpflege	75,00 Euro
Summe Wahlleistungen	547,00 Euro
GESAMTSUMME	**1.208,70 Euro**

Wohnung Fuerteventura

Lage:	Erdgeschoss
Größe:	70,07 qm2
Fixe Kosten:	
Miete:	595,60 Euro
Nebenkosten-Vorauszahlung:	140,14 Euro
Betreuungspauschale 1 Person:	80,00 Euro
Summe fixe Kosten:	815,74 Euro
Plus: Wahlleistungen als Paketpreis	
Vollverpflegung	322,00 Euro
Wäschereinigung	150,00 Euro
Raumpflege	75,00 Euro
Summe Wahlleistungen	547,00 Euro
GESAMTSUMME	1.362,74 Euro

»2005 wird der ambulante Pflegedienst ›möhnemobil‹ gegründet. Der Pflegedienst versorgt die zu Pflegenden im Haus Westfalenmeer im Rahmen von Betreutem Wohnen und andere zu Pflegende im Kreis Soest«

Kontakt

Senioren- und Pflegeheim Haus Müller
Zum Weiher 7
59519 Möhnesee
Tel.: 02924/810-0
Fax: 02924/810-333
E-Mail: info@pflegeheim-mueller.de
http://pflegeheim-mueller.de/

Anmerkungen

28 Hegedusch, Eileen und Lars (2007): Tiergestützte Therapie bei Demenz. Die gesundheitsförderliche Wirkung von Tieren auf demenziell erkrankte Menschen, Hannover, S. 47.

29 Ebd., S. 48.

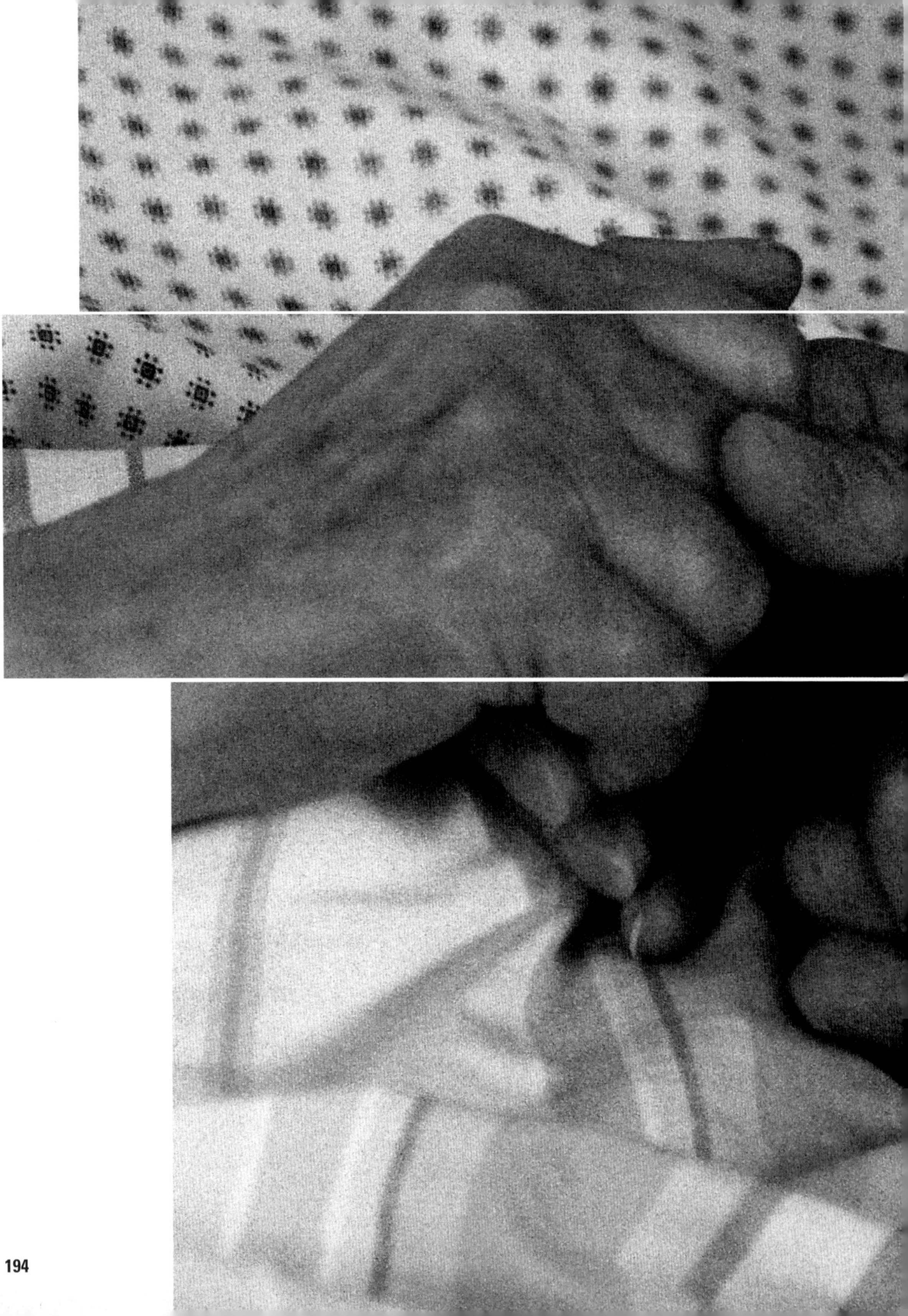

Modellprojekt 3

Der Verein Freunde alter Menschen e.V. in Berlin

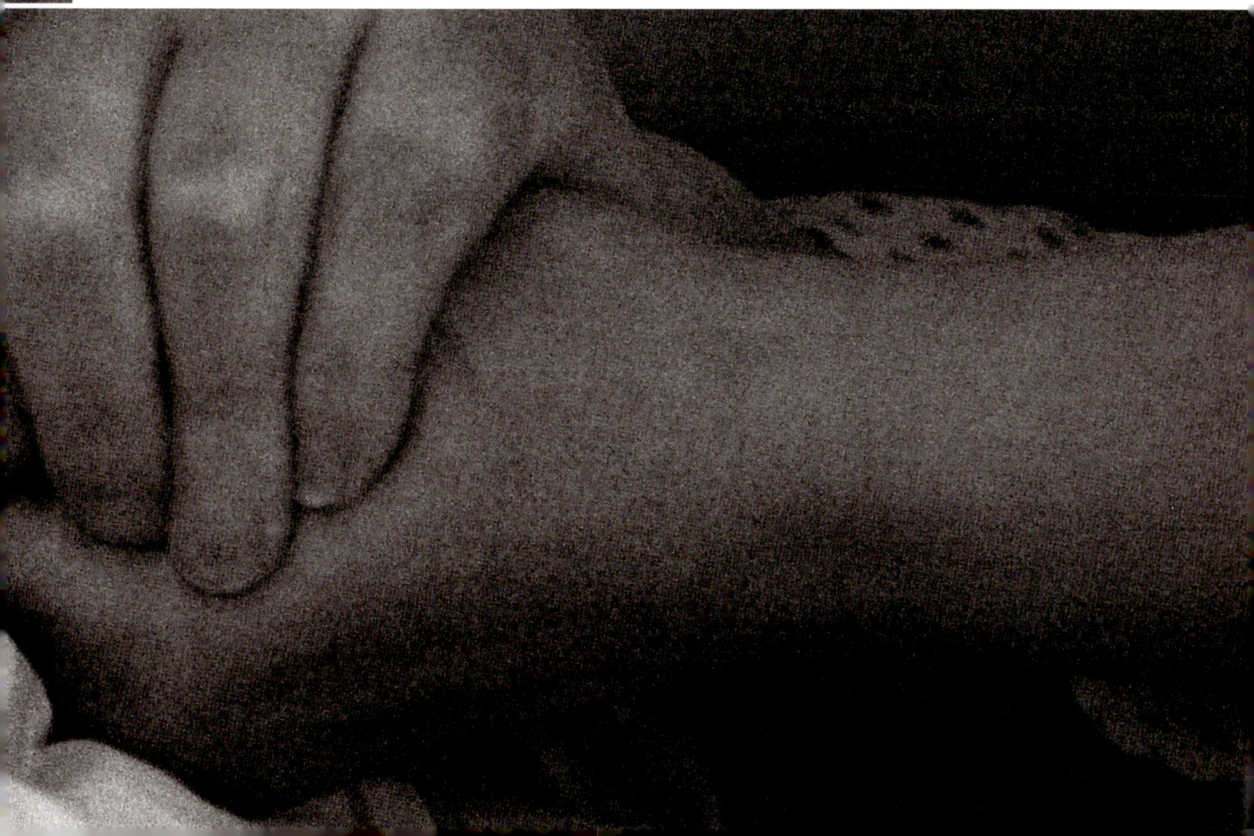

Geschichte und Zielsetzung des Vereins

Das Altwerden in der Stadt ist anders als auf dem Land

Der Verein „Freunde alter Menschen" legt den Fokus seiner Arbeit auf das Wohlergehen älterer Menschen. Durch die Besuchspartnerschaften werden soziale Kontakte und persönliche Begegnungen ermöglicht.

»Altwerden muss man lernen«, sagt Käthe Wagner mit einem kleinen Seufzer. Es seien die körperlichen Einschränkungen, an die man sich im Laufe der Zeit gewöhnen müsse. Man werde bescheidener und dankbarer, erläutert sie. Die 91-Jährige wohnt in einer kleinen Einzimmerwohnung direkt am Kurfürstendamm in Berlin. Die Umgebung ist herrlich, doch Käthe Wagner geht nicht mehr so oft vor die Tür wie früher. Manchmal ist es mit dem Rollator einfach zu beschwerlich oder auch zu teuer. Denn direkt am Ku'damm sind selbst kleine Vergnügungen wie Kaffeetrinken und Kuchenessen kostspieliger als in anderen Bezirken der Hauptstadt. Einmal in der Woche bekommt Käthe Wagner Besuch von der 29-jährigen Linda Weiß. Sie unterhalten sich, gehen spazieren und planen für das nächste Jahr größere Ausflüge in die Umgebung. Die beiden kennen sich durch »Freunde alter Menschen« in Berlin-Kreuzberg. Der Verein hat es sich zum Ziel gesetzt, alte und einsame Menschen vor der Isolation zu bewahren, indem er soziale Kontakte und persönliche Begegnungen durch Besuchspartnerschaften ermöglicht. Mit dem Motto »Alte Freunde sind die besten« möchte der Verein ein Zeichen setzen und einen anderen Weg im Umgang mit alten Menschen gehen.

Die Idee dazu stammt ursprünglich aus Frankreich. 1946 gründete Armand Marquiset in Paris »*Les petits frères des Pauvres*«. Der französische Humanist und Philanthrop stammte aus wohlhabendem Hause in der Nähe von Paris, wo er im Jahr 1900 geboren wurde und eine unbeschwerte Kindheit verlebte. Gemeinsam mit seiner Großmutter besuchte er zu Beginn der Zwanziger Jahre alte, mittellose Menschen, deren Kinder im Krieg gestorben waren. Ein Erlebnis, das ihn nachhaltig prägte und dazu führte, dass er sich nach dem Tod seiner Großmutter 1930 noch stärker humanitär engagierte. Bei seiner Arbeit konzentrierte er sich dabei mehr und mehr auf alte Menschen, bis er sich entschied, sein Engagement nach dem Zweiten Weltkrieg in eine Organisation umzuwandeln und den Verein der »*Les petits frères des Pauvres*« gründete. Marquiset sammelte Spenden, um alten einsamen Menschen einen Kurzurlaub ermöglichen zu können oder um gemeinsam mit ihnen Weihnachten zu feiern. In den folgenden Jahren breitete sich die Idee zunächst rasch in Frankreich, später auch international aus. Das Büro in Berlin-Kreuzberg gibt es seit 1991.

Klaus Pawletko ist seit 1999 der Geschäftsführer der Berliner Zweigstelle. Beim Verein selbst ist er seit 1993 – erst als Freiwilliger, dann im Vorstand und als erster Vorsitzender, heute als Leiter. »Zu Beginn habe ich zwei alte Herren in einem Pflegeheim besucht«, erinnert sich der 57-Jährige. Der studierte Soziologe mit Schwerpunkt Gerontologie stammt ursprünglich aus Braunschweig und lebt seit 1973 in Berlin. Die Gefahr, im Alter isoliert zu werden, ist seiner Ansicht

»Altwerden muss man lernen«

Käthe Wagner

„Les petits frères des Pauvres" wurde 1946 in Frankreich gegründet.

Foto (abfotografiert): Judith Köhler

»Wenn zum Beispiel der Ehemann, die Geschwister oder Freunde kurz hintereinander wegsterben, geht das mit dem Alleinsein und der Isolation oft sehr schnell, …«

Klaus Pawletko

nach gerade in der Hauptstadt relativ groß, weil es hier weniger gewachsene Nachbarschaften gibt als auf dem Land. »Wenn zum Beispiel der Ehemann, die Geschwister oder Freunde kurz hintereinander wegsterben, geht das mit dem Alleinsein und der Isolation oft sehr schnell, ohne dass die älteren Menschen etwas dafür können«, erläutert Pawletko. Vereine oder regelmäßige Kirchgänge seien in Berlin weniger verbreitet als auf dem Land, das Problem sei, dass man selbst aktiv werden müsse, um wieder neue Kontakte knüpfen zu können. Aber das falle gerade Senioren, die vielleicht nicht mehr so mobil sind, sehr schwer. Auch das Geld spiele eine Rolle. Wenn man sich Aktivitäten und Hobbies wie Kino, Theater oder Reisen nicht mehr leisten könne, vereinsame man genauso. »Gefährlich wird es aus unserer Sicht, wenn niemand in der Stadt mehr den Vornamen der Person kennt, denn das ist ein Zeichen von Intimität und Freundschaft«, erklärt Pawletko.

Neben den *Besuchspartnerschaften* gibt es noch zwei weitere Standbeine, die sich der Verein in den vergangenen Jahren aufgebaut hat. Seit 2006 gibt es in Berlin-Mariendorf einen weiteren Stützpunkt, der sich um die seniorengerechte Umgestaltung des Kiezes kümmert und dabei eng mit Wohnungsbaugenossenschaften zusammenarbeitet. Des Weiteren hat es der Verein als einer der ersten überhaupt geschafft, sechs Wohngemeinschaften für Demenzkranke in Berlin zu etablieren. Mittlerweile werden jedoch keine neuen Wohnungen mehr angemietet. »Es gibt inzwi-

Foto: Judith Köhler

Im Tiefparterre des Berliner Altbaus hat das deutsche Büro der »Les petits frères des Pauvres« seit 1991 sein Büro.

Foto: Judith Köhler

Geschäftsführer Klaus Pawletko.

schen schon sehr viele solcher WG's in Berlin, außerdem ist das Konzept nicht profitabel für uns als Vermieter«, erklärt Pawletko. In Zukunft möchte der Verein stärker *kiezbezogen* arbeiten, so wie in Mariendorf. Denn wenn man alte Menschen finden will und ihnen helfen möchte, dann muss man dorthin gehen, wo alte Menschen sind. »Wohnungsbaugenossenschaften haben diesen Kontakt. Außerdem ist ihnen eine gewachsene Nachbarschaft wichtig, weshalb sie sich für die Förderung seniorengerechten Wohnraums einsetzen«, erläutert der Geschäftsführer. Da die Genossenschaften kaum Leerstand zu beklagen hätten, seien sie wirtschaftlich gesund und setzten sich für soziale Projekte ein. Die Aufgaben von Klaus Pawletko als hauptamtlicher Geschäftsführer sind vielfältig: Er betreibt politische Lobbyarbeit, ist Ansprechpartner für Angehörige im Konfliktfall, er moderiert Angehörigentreffen und steht als Vermittler zwischen der Hausverwaltung und den Mietern der Demenz-WGs, die über ganz Berlin verteilt sind.

Insgesamt gehören zum Berliner Verein drei Mitarbeiterinnen, die Klaus Pawletko unterstützen: Ursula Heine ist die Koordinatorin für den Stützpunkt Kreuzberg, Christl Schwarz ist die Koordinatorin im Kiez Mariendorf und Anne Bieberstein kümmert sich um die Öffentlichkeitsarbeit und das Sammeln von Spenden. »Die beiden Besuchsprogramme in den zwei Stadtbezirken Kreuzberg und Mariendorf unterscheiden sich. Wir sprechen mit unseren Besuchsprogrammen unterschiedliche Zielgruppen an«, sagt Bieberstein. Während die Zielgruppe in Kreuzberg vor allem einsame Hochaltrige

»Manchmal ist man trotz Familie einsam, manchmal auch ohne glücklich«

Anne Bieberstein

seien, soll der Besuch eines Freiwilligen bei einer Familie in Mariendorf in erster Linie die Angehörigen entlasten. Der Besuch selbst sei für einen alten Menschen in jedem Fall eine Bereicherung, fügt sie hinzu. Doch woran macht man Einsamkeit genau fest? Wer legt fest, was Alleinsein bedeutet? Das sind Fragen, die sich auch der Verein täglich stellt und zugibt, dass es darauf keine eindeutige Antwort gibt. »Das ist sehr individuell und schwer zu definieren. Manchmal ist man trotz Familie einsam, manchmal auch ohne glücklich«, erläutert Bieberstein. Die 37-Jährige hat neben der Öffentlichkeitsarbeit auch die finanzielle Seite des Vereins im Auge. Zu 35 Prozent finanziert sich die Arbeit von »Freunde alter Menschen« aus Privatspenden und durch das Sponsoring von Wohnungsbaugenossenschaften. »Außerdem hat uns in den letzten Jahren die Mutterorganisation aus Frankreich mit 50.000 Euro pro Jahr unterstützt«, erklärt Bieberstein. Derzeit laufe es ganz gut, zumindest so, dass man wisse, dass es den Verein auch im nächsten Jahr noch gibt. Aufgrund der finanziellen Unterstützung denkt der Verein auch über eine räumliche Veränderung nach. »Momentan platzen wir aus allen Nähten, deshalb suchen wir nach neuen, barrierefreien Räumen. Eine Option ist ein Genossenschaftsprojekt im Gleisdreieckpark«, erläutert Bieberstein. Die Grundwerte des Vereins fußen auf dem Begriff der Menschenwürde und der Überzeugung, dass jeder Mensch einmalig ist. Auf der Internetseite von »Freunde alter Menschen« heißt es: »Wir engagieren uns unabhängig von Herkunft, körperlicher und psychischer Verfassung oder sozialem Status. Wir verteidigen die Selbstbestimmtheit jedes von uns begleiteten alten Menschen – mit Freundschaft und Verlässlichkeit. Alte Menschen, Freiwillige und hauptamtliche Mitarbeiter tragen diese Werte gemeinsam.« Die Grundsätze des Vereins leiten sich aus diesem Verständnis ab:

- Wir erkennen und nehmen den Menschen in seiner Einzigartigkeit an.
- Wir achten seine Würde, seine Intimität, seine persönliche Biographie und Lebensweise.
- Wir wollen ihm (Ansprech-) Partner und Fürsprecher sein.
- Wir unterstützen ihn, seine Potentiale zu entdecken, und geben ihm die Möglichkeit, seine Wünsche und Sehnsüchte zum Ausdruck zu bringen.
- Wir stehen ihm zur Seite, richten uns nach seinem Rhythmus und berücksichtigen seine persönlichen Bedürfnisse und gegebenenfalls vorhandene Behinderung.
- Wir unterstützen ihn, selbstbestimmt leben zu können.

Seit 1981 haben sich verschiedene gemeinnützige und national selbständige Vereine in der Internationalen Föderation der *»Les petits frères des Pauvres«* zusammengeschlossen und besitzen als Föderation Beraterstatus bei den Vereinten Nationen.

Besuchspartnerschaften in Kreuzberg

Gespräche, die zeigen, was im Leben wichtig ist

Anne Bieberstein ist seit gut drei Jahren beim Verein »Freunde alter Menschen«. Zuvor arbeitete sie in einem Medienunternehmen, doch Marketing und Werbung erfüllten sie auf Dauer nicht. Als ihr die Stellenbeschreibung des Vereins in die Hände fiel, bewarb sie sich. »Ich wollte mehr karitativ arbeiten und mit gutem Gewissen hinter meiner Arbeit stehen. Die Arbeit hier im Verein ist eine idealistische Herausforderung, der ich mich immer wieder gern stelle«, erläutert sie. Da sie selbst erst durch die Stellenanzeige auf den Verein aufmerksam geworden ist, arbeitet sie an dessen Reputation und versucht ihn deutschlandweit bekannter zu machen. »In der Fachpresse kennt man uns schon, vor allem wegen der Demenz-WGs. Es gibt aber auch noch andere Aktivitäten, wie zum Beispiel die Besuchspartnerschaften und das Kiezprojekt in Mariendorf, die ebenso sehr Aufmerksamkeit verdienen«, betont Bieberstein. In Frankreich seien die »petits frères« viel etablierter. Es gebe mehr Büros und etwa 10.000 Freiwillige. In Deutschland seien es dagegen nur etwa 100 Freiwillige in Kreuzberg, weil der Verein nicht mehr leisten könne. Bieberstein schätzt die Zusammenarbeit mit der französischen Mutterorganisation, die dem Berliner Büro mit viel Fachwissen stets den Rücken stärkt. »Interessant ist, dass das Spendensammeln wegen der Mentalitätsunterschiede in jedem Land anders funktioniert. In Frankreich arbeitet man hoch emotional. Das kommt in Deutschland nicht so gut an«, erklärt Bieberstein.

Für die 37-Jährige war der Beginn ihrer neuen Arbeit mit einem Lernprozess über sich selbst verbunden. Sie musste den Umgang mit älteren Menschen erst lernen. »Ich war überrascht, dass Ältere genauso fühlen wie du und ich. Liebeskummer hört auch im Alter nicht auf«, sagt sie. Viele ihrer Mitglieder seien innerlich jung geblieben und nur äußerlich gealtert. Wenn sie gestresst ist, ruft Anne Bieberstein ab und zu zwei ältere Damen an und spricht mit ihnen. »Das erdet mich. Die Gespräche zeigen mir, was im Leben wichtig ist«, sagt sie. Für den Verein ist ein Kontakt in Augenhöhe wichtig. Vor allem bei den Besuchspartnerschaften. Die Freiwilligen sollen nicht als Dienstleister angesehen werden, sondern als Freunde. »Ziel einer Besuchspartnerschaft ist eine lebenslange *Freundschaft*, die auf Vertrauen basiert«, erläutert Bieberstein. Dabei soll nicht der Eindruck entstehen, dass nur der alte Mensch etwas von der Besuchspartnerschaft hat. Bieberstein und ihre Kolleginnen Ursula Heine und Christl Schwarz achten sehr genau darauf, dass sich beide Seiten wohlfühlen und von den Besuchen etwas haben. Bei der Auswahl der Freiwilligen legen sie dabei großen Wert auf langfristiges Engagement. Allerdings ist das gerade bei jungen Menschen gar nicht so einfach, weil viele während des

Studiums für einige Monate ins Ausland gehen, den Studienort wechseln oder nach dem Abschluss in eine andere Stadt ziehen. »Wenn eine Besuchspartnerschaft schon nach kurzer Zeit wieder aufhört, sind die älteren Menschen schnell enttäuscht. Manche sehen sich auch in ihren Vorurteilen gegenüber jungen Menschen bestätigt, zum Beispiel, dass auf sie kein Verlass ist«, sagt Bieberstein.

»Freunde alter Menschen« wählt seine Freiwilligen mit sehr viel Bedacht aus. Bieberstein und ihre Kolleginnen nehmen sich die Zeit, genau hinzuschauen, denn Werte wie Zuverlässigkeit und Verbindlichkeit sind gerade für ältere Menschen von großer Bedeutung. Gleichzeitig ist dieses genaue Hinschauen für die *Verantwortlichen* nicht leicht, denn der Wettbewerb um freiwillige Helfer ist in der Hauptstadt sehr groß. »Wer zu uns kommt, sollte offen und belastbar sein und ein Interesse an älteren Menschen haben. Nicht alle Älteren sind ›Schätzchen‹, sie bringen ihre Biographie mit und der Umgang damit ist manchmal nicht leicht«, betont Bieberstein. Momentan gibt es etwa 100 Freiwillige, die sich bei »Freunde alter Menschen« ehrenamtlich engagieren. Die Altersstruktur ist gut gemischt: 20 Prozent sind zwischen 20 und 30 Jahren, der Rest verteilt sich zu gleichen Teilen bis etwa 60 Jahre. »Viele stoßen über das Internet auf uns«, sagt Bieberstein, die 2011 die Webseite des Vereins neu gestaltete.

Der 27-jährige Johannes Beckmann stieß über einen anderen Weg zu »Freunde alter Menschen«. Er hatte Lust sich ehrenamtlich zu engagieren und informierte sich auf einer Börse in Friedrichshain-Kreuzberg, wo alle möglichen Freiwilligendienste vertreten sind. »Als Student habe ich Zeit und wollte davon gern etwas abgeben. Schön ist, dass man dafür oft mit einem guten Gefühl belohnt wird«, sagt Beckmann. Seit Mai 2012 besucht er Frida Busch[30] in ihrer Zweizimmerwohnung in Kreuzberg. Beide verbindet eine Ausbildung zum Koch. »Wenn es mit dem Studium und der Grundschule später nichts wird, machen wir zusammen ein Restaurant auf«, sagt Beckmann vergnügt und Frida Busch lächelt. Die beiden sehen sich etwa alle zwei Wochen. Dem Studenten ist es wichtig, dass die Besuche auch unregelmäßig stattfinden können, damit es nicht zu einer Verpflichtung wird. »Es soll so wie mit meinen anderen Freunden sein. Da verabrede ich mich auch nur, wenn ich Zeit habe«, sagt er. Für die 93-jährige Frida Busch ist das kein Problem. Sie freut sich einfach, wenn Johannes Beckmann alle ein bis zwei Wochen vorbeikommt. »Wir erzählen uns dann gegenseitig Geschichten aus unserem Leben, trinken Kaffee und essen Kuchen oder wir spielen Karten«, sagt die alte Dame. Ab und zu machen die zwei auch Ausflüge in die Umgebung, zum Beispiel an den Wannsee oder nach Grunewald. Der 27-Jährige hört gern

Geschichten aus dem Leben von Frida Busch. Bevor sie 1936 als Köchin und *Hauswirtschafterin* nach Berlin kam, lebte sie auf einem Bauernhof. »Dort war ich einmal sogar Hebamme für 14 Ferkel«, erzählt sie schmunzelnd. In Berlin kochte sie dann zunächst in einem adeligen Damenheim und plante ihre Hochzeit. »Aber mein Verlobter starb vier Wochen vor dem angesetzten Termin im Krieg«, sagt sie. Später heiratete sie einen anderen Mann, mit dem sie 1965 in das Haus zog, in dem sie heute immer noch lebt. Ihre Zweizimmerwohnung hat noch den alten Charme von früher: Eine Sitzecke mit Kachelofen, dazu viele Plüschkissen auf dem Sofa, Blumen und ein gemütlicher Sessel. Besonders glücklich ist die 93-Jährige, dass sie auch einen Balkon hat. »Die Geranien, die dort blühen, sind schon über 40 Jahre alt«, sagt sie stolz.

Außerdem füttert Frida Busch mit Vorliebe Blau- und Kohlmeisen auf dem Balkon. Spatzen mag sie hingegen nicht so gern. »Die machen so viel Dreck«, sagt sie. Beim Verein »Freunde alter Menschen« ist sie seit gut zwei Jahren. Wie sie dahingekommen ist, weiß sie gar nicht mehr so genau. »Ursula Heine hat mich damals angerufen und gefragt, ob sie mal zusammen mit einem Studenten vorbeikommen kann«, erinnert sich Busch. Der Student sei dann einfach etwas länger geblieben und danach regelmäßig zwei Jahre lang zu ihr gekommen. »Manchmal eine halbe Stunde, manchmal zwei Stunden«, sagt sie. Heute komme er nicht mehr, weil er beruflich zu sehr eingespannt sei. Dafür bekommt sie jetzt regelmäßig Besuch von zwei anderen Freiwilligen des Vereins.

Durch den Verein habe sie seitdem ordentlich Programm bekommen: Bingo, gemeinsames Mittagessen, Spielnachmittage und Ausflüge. »Es ist immer schön, wenn der Brief mit dem Programm im Briefkasten liegt«, sagt sie und lächelt. Johannes Beckmann schätzt die Besuche bei Frida Busch, auch wenn es erst ein paar Monate sind. Dadurch, dass beide Koch gelernt haben, gibt es einen gewissen Draht zueinander. Doch es ist nicht nur das. Beckmann interessiert es, wenn seine Besuchspartnerin von früher erzählt. Denn während des Zweiten Weltkriegs arbeitete die heute 93-Jährige bei Reichspropagandaleiter Joseph Goebbels als Hauswirtschafterin und kümmerte sich um dessen Haushalt und Küche. »Ich wollte dort nicht arbeiten und habe alle vier Wochen gekündigt. Aber als *Zwangsverpflichtete* hat das nichts genützt«, sagt sie. Busch erzählt von ihrem Alltag im Haus Goebbels, dass ihr Spitzname dort »Mamsell« war und sie den sechs Kindern aufgrund der strengen Essensrationen und der asketischen Lebensweise schon mal »falsche Schlagsahne« ge-

Foto rechts: Johannes Beckmann und FridaBusch vor den 40 Jahre alten Geranien auf dem Balkon.

»Ziel einer Besuchspartnerschaft ist eine lebenslange Freundschaft, die auf Vertrauen basiert«

Anne Bieberstein

Foto: Judith Köhler

»Es ist immer schön, wenn der Brief mit dem Programm im Briefkasten liegt«

Frida Busch

Fotos (abfotografiert): Judith Köhler

macht hat. Mit Goebbels selbst hatte sie nicht viel zu tun. »Er mochte vier Minuten Eier im Glas und aß, wenn er zuhause war, gern ›quer durch den Garten‹«, erinnert sie sich. Weil sie kurz vor Silvester 1944 erkrankte, wurde sie anschließend freigestellt und musste danach nicht mehr bei Goebbels arbeiten.

Seit der Mann von Frida Busch gestorben ist, lebt die alte Dame allein. Sie hat keine Kinder und auch ihre Schwester ist schon verstorben. Ohne die Besuche von Johannes Beckmann und den Verein wäre sie oft allein. Anne Bieberstein kennt viele ältere Menschen in Berlin, bei denen das so ist. »Die familiäre Zerrissenheit ist in Großstädten höher, es gibt hier viel weniger gewachsene Nachbarschaften als auf dem Land«, erläutert sie. In kleineren Städten bekomme man mehr *Aufmerksamkeit* geschenkt, in Berlin sei das Altwerden dagegen anonymer.

Frida Busch ist dafür ein gutes Beispiel. Ihre Nachbarn kennt die alte Dame nämlich nicht. »Als mein Mann und ich 1965 hier einzogen, kannten wir jeden im

Foto Oben:
Früher fotografierte Frida Busch gern selbst, machte auch eine Aufnahme von den sechs Kindern Goebbels.
Foto Links:
Frida Busch 1940 im Alter von 21 Jahren.

Foto: Judith Köhler

Haus. Heute kenne ich nicht einmal mehr die, für die ich die Pakete annehme. Das ist sehr schade«, sagt sie und fügt hinzu: »Wenn wirklich mal was wäre, ich könnte nicht mal irgendwo klingeln, weil ich nicht weiß, wer da wohnt.«

Zielgruppe des Kreuzberger Besuchprojekts sind in erster Linie Hochaltrige ab 75 Jahren, die nicht mehr so mobil und einsam sind. Die meisten sind zwischen 80 und 90 Jahren alt. Wie die älteren Menschen den Verein finden oder umgekehrt, geschieht auf unterschiedlichen Wegen. Es gibt Kontakte zu Sozialstationen und Wohnungsbaugenossenschaften, die oft mit älteren Menschen zu tun haben. Manchmal rufen die Senioren auch selbst an oder ihre Angehörigen sind durch einen Zeitungsartikel oder das Internet auf »Freunde alter Menschen« aufmerksam geworden und melden sich. Zweimal in der Woche organisiert der Verein neben dem Besuchsprogramm einen Telefonkreis, bei dem ältere Menschen angerufen werden. »Die Länge eines Gesprächs ist dabei unterschiedlich. Das können mal zehn Minuten oder auch eine halbe Stunde sein«, sagt Bieberstein.

Ihre Kollegin Ursula Heine koordiniert den Telefonkreis und die Besuchspartnerschaften in Kreuzberg. Ihr Ziel ist es,

»Die familiäre Zerrissenheit ist in Großstädten höher, es gibt hier viel weniger gewachsene Nachbarschaften als auf dem Land«

Anne Bieberstein

dass die Leute zusammenfinden und sich der Gesellschaft mehr zugehörig fühlen. »Das Besondere ist, dass wir wirklich versuchen Freundschaften zu vermitteln bzw. aufzubauen«, sagt sie. Bisher habe sie nur positive Rückmeldungen bekommen, alle seien immer sehr dankbar und wüssten ihre Arbeit zu schätzen, erläutert Heine.

Sie organisiert auch die monatlichen Ausflüge, zum Beispiel in den Zoo. Bei einem Besuch im September 2012 waren alle Teilnehmerinnen von den Tieren entzückt, es wurde viel gelacht.

Die studierte Sozialarbeiterin Heine liest den Erfolg solcher Aktivitäten an den Gesichtern der Teilnehmer ab, denn so wirtschaftlich, dass er Geld abwerfen würde, arbeitet der Verein nicht. »Der Erfolg dieser Arbeit ist die Freude, die man schenken kann«, betont sie.

Beim Zooausflug mit dabei waren auch Gunda Düsing und Anny Neth. Seit ein paar Jahren pflegen die beiden eine innige *Besuchspartnerschaft*. Es gibt zwar keinen festen Tag in der Woche, an dem sie sich sehen, aber Gunda Düsing kommt auf jeden Fall einmal in der Woche für etwa zwei Stunden bei Anny Neth vorbei. Und egal bei welchem Wetter: Gunda Düsing kommt mit dem Fahrrad. »Es sind etwa 20 Kilometer Fahrt pro Strecke.

Mitte September organisierte die Koordinatorin Ursula Heine einen Ausflug in den Berliner Zoo.

... Beim Zoobesuch im September 2012 waren alle Teilnehmerinnen von den Tieren entzückt ...

Impressionen vom Zoobesuch im September.

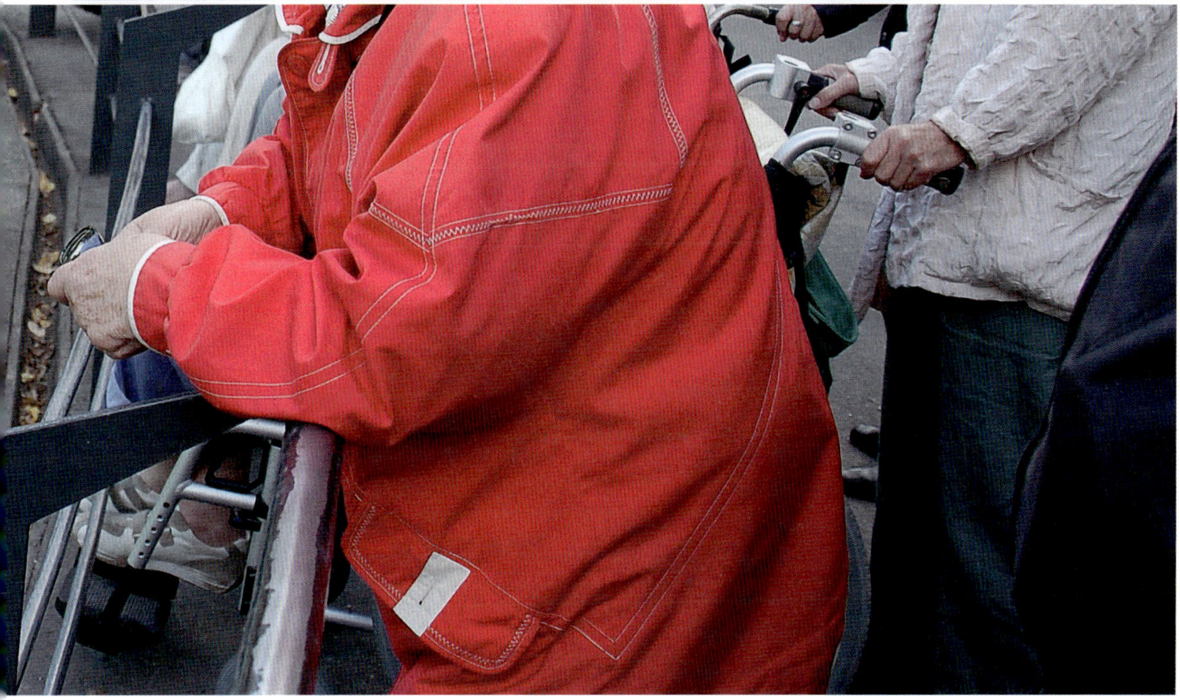

Foto: Judith Köhler

Gunda Düsing und Anny Neth verbindet seit Jahren eine innige Besuchspartnerschaft, die beiden Frauen gut tut.

Foto: Judith Köhler

> »Es ist immer ein schöner Tag für mich und macht sehr viel Spaß. Wir können so gut zusammen quatschen und lachen unheimlich viel«
>
> Gunda Düsing

Das Fahren tut mir gut und meistens bringe ich Äpfel, Pflaumen oder Blumen aus unserem Garten mit«, sagt Düsing, die schon seit zwölf Jahren beim Verein Mitglied ist. »Ich bin durch Werbung in der U-Bahn auf ›Freunde alter Menschen‹ gestoßen und weil ich keinen Stift zum Schreiben dabei hatte, habe ich mir die Nummer mit einem Lippenstift aufgeschrieben«, erzählt sie schmunzelnd. Sie wollte einfach gern ehrenamtlich was machen, erklärt sie ihre Motivation. Ihre Eltern wohnten in Süddeutschland, deshalb könne sie sich nicht um die beiden kümmern.

Bei ihren Besuchen gehen Düsing und Neth bei gutem Wetter meistens im Park spazieren oder in die Einkaufspassage in Köpenick. Anny Neth freut sich jedes Mal sehr über den Besuch: »Es ist immer ein schöner Tag für mich und macht sehr viel Spaß. Wir können so gut zusammen quatschen und lachen unheimlich viel«, sagt die 91-Jährige. Sie hat während des Kriegs als Krankenschwerster gearbeitet und kam 1945 nach Berlin. Heute wohnt sie in einem Seniorenstift. »Durch den Verein ist mein Alltag lebendiger geworden«, erzählt Anny Neth. Sie unternehme mehr, gehe zum Chigong, bastle oder nehme an Mittagessen und Kaffeenachmittagen teil, erklärt sie.

Nicht weit vom Zoologischen Garten entfernt wohnt am Kurfürstendamm die 91-jährige Käthe Wagner. Sie trifft sich einmal in der Woche mit Linda Weiß, einer jungen Frau, die momentan im Fach Literaturwissenschaft promoviert. Weiß besucht Wagner seit etwa zwei Jahren. »Es war nicht schwer, die Besuche in meinen Alltag zu integrieren. Es ist so, als wenn ich mich mit einer Freundin zum *Kaffeetrinken* verabrede«, sagt Linda

»Ich habe durch den Verein eine so lebendige Frau kennengelernt. Ich hätte wirklich nicht gedacht, dass sich daraus eine Freundschaft entwickelt, die so lange hält.«

Linda Weiß

Fotos: Judith Köhler

Weiß. Sie wollte gern ein Ehrenamt übernehmen und hat im Internet nach etwas Passendem für sich gesucht. Käthe Wagner wiederum ist durch ihre Tochter auf den Verein gekommen und seit mittlerweile vier Jahren Mitglied. Wenn Linda Weiß zu Besuch kommt, gehen die zwei oft nach draußen, entweder im Tiergarten spazieren oder auf dem Ku'damm bummeln. »Wir machen nur das, was uns Spaß macht«, sagt Käthe Wagner. Linda hat sie auch schon zu einem Chorkonzert von sich mitgenommen. Manchmal nutzen sie auch die Angebote des Vereins und nehmen an Ausflügen teil. »Am Wochenende wegfahren oder eine Dampferfahrt machen, das geht allein nicht mehr«, sagt die 91-Jährige. Seit ein paar Jahren ist sie auf einen Rollator angewiesen und bekommt mehr Unterstützung im Haushalt und bei der Pflege. Unter der Woche kommt jeden Tag eine Frau vorbei, die sich um das Essen und die kleine Wohnung von Käthe Wagner kümmert, außerdem kommt einmal täglich eine Frau vom Pflegedienst und hilft ihr beim Waschen. »Früher bin ich mit dem Bus noch zu Freundinnen gefahren, das geht nun nicht mehr. Mit meinem 90. Geburtstag bin ich alt geworden«, sagt die 91-Jährige und kann sich ein kleines Schmunzeln nicht verkneifen. Ab und an gönnt sie sich Kaffee und Kuchen in einem Café bei sich in der Nähe. Dort schreibt sie gern kleine Geschichten über das, was gerade passiert: »Ein kleiner Junge fängt Tauben, ein

Zwischen Linda Weiß und Käthe Wagner hat sich eine echte Freundschaft entwickelt. Die beiden treffen sich seit zwei Jahren regelmäßig und unternehmen viel gemeinsam.

Rollstuhlfahrer braust vorbei, viel Verkehr schlängelt sich durch die Straßen…«, gibt sie wieder. Manchmal bringe ihr der Kellner von sich aus schon Zettel und Stift. In Linda Weiß als Literaturwissenschaftlerin hat Käthe Wagner zudem eine interessierte Zuhörerin gefunden.

»Der Verein hat mir wirklich etwas gegeben«, sagt die alte Dame. Über die neu gewonnene Lebensqualität ist sie sehr froh. »Ich habe gern Kontakt mit anderen Menschen, ansonsten fällt mir die Decke auf den Kopf«, sagt die rüstige Frau. Das Haus, in dem Käthe Wagner wohnt, war früher ein Seniorenstift, heute wohnen in dem großen Appartementhaus viele Menschen nur noch übergangsweise. Wagner kennt noch drei oder vier Bewohner von früher. Die anderen sind ihr fremd. Über den Umzug in ein Altenheim mit Rundumbetreuung hat sie zwar schon nachgedacht, scheut sich aber noch davor. »Ich habe mir das mal angeschaut, fand es aber nicht so toll, weil ich mir mit einer anderen Person noch ein Zimmer teilen müsste. Danach sehne ich mich nicht, obwohl ich ein *Gemeinschaftsmensch* bin«, erläutert Wagner.

Für Linda Weiß haben sich ihre Erwartungen an die Besuchspartnerschaft mehr als erfüllt. »Ich habe durch den Verein eine so lebendige Frau kennengelernt. Ich hätte wirklich nicht gedacht, dass sich daraus eine Freundschaft entwickelt, die so lange hält«, sagt die 29-Jährige.

Besuchspartnerschaft in Mariendorf

Die Chemie muss stimmen, sonst funktioniert es nicht

Christl Schwarz ist die Koordinatorin von „Freunde alter Menschen" im Kiez Mariendorf. Neben der Organisation von Besuchspartnerschaften arbeitet sie eng mit Wohnungsbaugenossenschaften zusammen.

Ziel der Besuchspartnerschaften in Mariendorf ist in erster Linie die Entlastung von Angehörigen Demenzkranker. Christl Schwarz ist seit 2007 die Koordinatorin in Mariendorf und stellt den Kontakt zwischen den Familien und den ehrenamtlich Engagierten her. Im Kiez gibt es zwischen 15 und 20 Freiwillige, die an dem Besuchsprogramm teilnehmen. Genau wie ihre beiden Kolleginnen in Kreuzberg setzt auch Christl Schwarz bei den Besuchspartnerschaften auf langfristiges Engagement. »Die Besuche für Menschen mit Demenz sind eine anspruchsvolle Aufgabe – und: man muss sich mit den Zielen unseres Vereins identifizieren. Es geht nicht nur ums Besuchen, sondern auch um die Begleitung der Besuchspartnerschaft«, betont Schwarz. Einmal im Monat gibt es deshalb eine Team- und Fallbesprechung, die den Freiwilligen zum Austausch dient. »Wir besprechen die aktuellen *Besuchssituationen*, dadurch können die Freiwilligen ihre Situation besser reflektieren, Probleme erkennen, Lösungsansätze finden und ein ausgewogenes Verhältnis von Nähe und Distanz bewahren«, sagt die Koordinatorin. Häufig gestellte Fragen seien beispielsweise: Gebe ich meine Telefonnummer heraus? Wann überschreite ich meine Kompetenzen? Ist ein Besuch einmal in der Woche in Ordnung? Bin ich und/oder sind die Angehörigen mit der Pflegesituation überfordert?

Manchmal gebe es Probleme, die sich schon recht früh im kollegialen Gespräch herauskristallisierten und an denen man anschließend arbeiten könne. Deshalb seien diese Treffen so wichtig, erläutert Schwarz. Ihrer Ansicht nach bringen die Besuche der Freiwilligen frischen Wind und damit eine ganz neue Qualität ins Leben der Demenzkranken und ihrer Angehörigen.

Zur Vorbereitung auf eine Besuchspartnerschaft gehört eine *Basisqualifizierung*. An drei Wochenenden werden die künftigen Freiwilligen über Formen und Symptome der Krankheit Demenz informiert: Was kann ein Demenzkranker? Was nicht? Wie gehe ich mit Angehörigen um und wo sind die Grenzen meines Ehrenamts? Nach einigen Monaten wird den Freiwilligen eine Fortbildung angeboten.

Unterstützung bekommen die Besuchspartner zudem beim Kennenlernen. Christl Schwarz ist diejenige, die die Familie und den Freiwilligen unabhängig voneinander kennt und für eine gemeinsame Besuchspartnerschaft auswählt. Anschließend wird ein Treffen in häuslicher Umgebung vereinbart, bei dem die Koordinatorin mit dabei ist. Meist passt die Auswahl. »Die Chemie muss von Anfang an stimmen, sonst würde es bald zu einer Verpflichtung werden und nicht mehr funktionieren«, sagt sie. Nicht oft, aber manchmal sei es schon vorgekommen, dass der ältere Mensch und der Freiwillige zusammenpassten,

»Die Besuche für Menschen mit Demenz sind eine anspruchsvolle Aufgabe – und: man muss sich mit den Zielen unseres Vereins identifizieren. Es geht nicht nur ums Besuchen, sondern auch um die Begleitung der Besuchspartnerschaft«

Christl Schwarz

Judith Köhler

Christl Schwarz mit einem Mitglied des Vereins.

»Als freiwillig Engagierter muss man aufpassen, nicht als Dienstleister wahrgenommen zu werden, sondern als Partner auf Augenhöhe«

Christl Schwarz

aber die Angehörigen dazwischenfunkten. »Als freiwillig Engagierter muss man aufpassen, nicht als Dienstleister wahrgenommen zu werden, sondern als Partner auf Augenhöhe«, erläutert die Koordinatorin.

Bei der Auswahl der Freiwilligen achtet Christl Schwarz unter anderem auf die soziale Kompetenz der Personen. Sind sie aufmerksam und können sie zuhören? Sind sie sensibel und zuverlässig und stimmt ihre Motivation? »Ein wichtiger Punkt ist die *Motivation* der Freiwilligen. Ungeeignet ist hier die Intention, eigene Probleme zu kompensieren ebenso wie eine überzogene altruistische Grundhaltung«, sagt die Leiterin des Kiezprojekts.

Bei den beiden Frauen Dagmar Hodgson und Angelika Vera Klar hat die Einschätzung und Grundhaltung von Anfang an gepasst. Sie sind seit mehreren Jahren bei »Freunde alter Menschen« und haben als Besuchspartnerinnen bereits vielfältige Erfahrungen gesammelt. Dagmar Hodgson kam vor fünfeinhalb Jahren zum Verein, weil sie im Wochenblatt darüber gelesen hatte. »Alte Menschen waren schon immer was für mich«, sagt die gelernte Altenbetreuerin. Schon im Alter von 16 Jahren war ihr das klar, obwohl sie in ihrer Kindheit nichts mit Älteren zu tun hatte, das kam erst durch die Ausbildung. »Die Leute mochten es, dass ich ganz natürlich und unverstellt auf sie zugegangen bin«, erinnert sie sich an damals. Wenn man älteren Menschen offen, ehrlich und herzlich gegenübertrete, könne eigentlich nichts schiefgehen, fügt die 51-Jährige hinzu, die, nachdem ihre drei Kinder aus dem Gröbsten raus waren, gern noch mal etwas Neues wagen wollte und sich 2007 bei Christl Schwarz meldete. »Damals hat Christl gerade angefangen und wir waren nur eine Handvoll Leute, vielleicht sechs oder sieben, von denen die meisten heute noch da sind«, sagt Hodgson.

Ihre erste Besuchspartnerschaft ging damals auf Anhieb los. Hodgson besuchte ein älteres Ehepaar in Lichtenrade. Der Mann hatte einen schweren Schlaganfall erlitten und war seitdem pflegebedürftig. Seine Frau kümmerte sich rund um die Uhr um ihn. Nach dem ersten Kennenlerngespräch besuchte Hodgson das Ehepaar regelmäßig einmal in der Woche für etwa drei Stunden. »Mein Besuch war für die Frau eine Riesenentlastung. Sozusagen das Highlight der Woche, weil sie mal in die Stadt konnte, um Erledigungen zu machen, zum Friseur oder Kaffeetrinken«, erzählt sie. Wegen familiärer Veränderungen und Umzug endete die Besuchspartnerschaft nach zwei Jahren. Danach nahm sich Hodgson eine sechsmonatige Auszeit.

Mittlerweile besucht sie eine alte Dame aus Tempelhof, die 2013 ihren 90. Geburtstag feiert. Ihre beiden Töchter hatten sich an »Freunde alter Menschen« gewandt, weil sie wollten, dass ihre Mutter jemand Neues kennenlernt. »Der Schwerpunkt liegt hier nicht auf der Entlastung der Angehörigen, sondern soll vielmehr Abwechslung für die ältere Dame sein«, sagt Hodgson. Einmal in der Woche fährt sie für gut zwei Stunden nach Tempelhof, um mit der 89-Jährigen etwas zu unternehmen. »Am liebsten spielt sie. »Ich glaube, wir spielen fast jedes Mal Mensch-ärgere-Dich-nicht«, sagt Hodgson lächelnd. Spazierengehen hätten sie auch mal ausprobiert, aber das sei für die alte Dame mit mittlerer Demenz zu anstrengend gewesen.

Von der Besuchspartnerschaft profitieren alle Beteiligten: Die Töchter freuen sich über die Abwechslung für ihre Mutter, die ältere Frau ist begeistert, wenn

Bei der Auswahl der Freiwilligen legt Christl Schwarz besonderen Wert auf die soziale Kompetenz. Ein weiterer wichtiger Punkt ist die Motivation der Freiwilligen.

Einmal in der Woche besucht Dagmar Hodgson diese alte Dame in Berlin-Tempelhof. Fast jedes Mal spielen sie zusammen »Mensch-ärgere-Dich-nicht«.

»Diese Frau ist so erfrischend und positiv in ihrer Einstellung. Sie strahlt immer so, das ist herrlich«

Dagmar Hodgson

Foto: Verein »Freunde alter Menschen«

> »Ich habe zwar keine Vollmachten im rechtlichen Sinne, sehe aber von außen, woran es fehlt, und kann zumindest darauf hinwirken, dass das Personal mehr mit ihr unternimmt«
>
> Angelika Vera Klar

ihre Besuchspartnerin montags zum Spielen kommt und Dagmar Hodgson fühlt sich durch den neuen Kontakt bereichert. »Diese Frau ist so erfrischend und positiv in ihrer Einstellung. Sie strahlt immer so, das ist herrlich«, sagt die 51-Jährige.

Über ihr eigenes Altwerden macht sich Dagmar Hodgson derzeit noch keine Gedanken. Manchmal erschrecke es sie zwar, wie manche alten Menschen wohnen oder leben, aber Angst mache ihr das nicht. »Wichtig für mich ist zu wissen, dass ich meine Entscheidungen treffen muss, bevor es zu spät ist. Wie das dann im Einzelnen aussehen wird, weiß ich aber heute noch nicht«, erklärt sie.

Ihre Kollegin im Verein – Angelika Vera Klar – besucht seit gut zehn Monaten eine 75-jährige Frau im Pflegeheim. Das ist eine Ausnahme, denn eigentlich finden die Besuche ambulant statt. Die Dame war Mieterin der Berliner Baugenossenschaft (bbg) und kam seit 2007 regelmäßig in den Kieztreffpunkt. Sie konnte dann aufgrund ihrer schweren Demenz nicht mehr allein zu Hause leben. Die 60-jährige Angelika Vera Klar bringt ihrer Besuchspartnerin jedes Mal eine Rose als *Wiedererkennungszeichen* mit. Als die Treffen begannen, war ihre Besuchspartnerin noch sehr lebendig und konnte noch laufen. Ihr Gesundheitszustand verschlechterte sich allerdings so rapide, dass sie sich heute nur noch in einem Pflegerollstuhl im Heim fortbewegen kann. Bei ihren Besuchen setzt sich Angelika Vera Klar ans Bett der alten Frau, streichelt ihr über die Hände oder das Gesicht und fragt mit ruhiger Stimme, wie es ihr heute geht, ob sie schon draußen war und ob sie Lust hätte, am Montag wieder zum Singkreis zu gehen. Die 75-Jährige reagiert zwar kaum, dennoch merkt man, dass ihr der persönliche Bezug gut tut. Sie lächelt zaghaft und blickt Klar dankbar an, als diese ihr die Hände eincremt. Die alte Dame mit den kurzen, weißen Haaren sieht trotz ihrer Demenz- und Parkinsonerkrankung noch sehr jugendlich aus. »Früher wurde sie ›die Schöne‹ genannt«, erzählt Klar, die im Pflegeheim wie eine Art Angehörige wahrgenommen wird, da die 75-Jährige nur sehr wenig Kontakt zu ihrer eigenen Familie hat. »Ich habe zwar keine Vollmachten im rechtlichen Sinne, sehe aber von außen, woran es fehlt, und kann zumindest darauf hinwirken, dass das Personal mehr mit ihr unternimmt«, betont Klar.

Foto: Judith Köhler

Einmal in der Woche besucht Angelika Vera Klar ihre Besuchspartnerin in einem Berliner Pflegeheim.

Kiezprojekt Mariendorf

Durch Präsenz baut sich Nachbarschaft auf

Das Kiezprojekt in Mariendorf gibt es seit 2006. Es ist ein Treffpunkt mit Beratungsangebot für Anwohner und Bürger aus der Umgebung. Die Koordinatorin Christl Schwarz vom Verein »Freunde alter Menschen« arbeitet täglich eng mit den dort ansässigen Wohnungsbaugenossenschaften zusammen. Das gemeinsame Ziel der Kooperation ist, den Mietern ein lebenslanges Wohnen in den eigenen vier Wänden zu ermöglichen. Deshalb unterstützen die Berliner Baugenossenschaft (bbg) und die mariendorf-lichtenrader Baugenossenschaft (mlb) das Kiezprojekt finanziell. Sie stellen die Räume für das Projekt zur Verfügung und bezahlen die Stelle von Christl Schwarz mit. Neben dem Besuchsprogramm bietet das Kiezprojekt auch Beratungen rund ums Alter an, wie z.B. zur *Wohnungsanpassung* oder Pflege. »Es geht darum, den Umzug ins Heim zu vermeiden und Mieter über bestehende Angebote zu informieren, gemeinsam individuelle Lö-

Foto: Judith Köhler

Die Angebote des Treffpunkts nehmen die Bewohner rund um das Kiezprojekt Mariendorf gern an.

> »Man muss sehr aufmerksam sein, es ist oft nicht leicht, sich alle Schicksale anzuhören«
>
> Rüdiger Bartels

sungen zu erarbeiten und bei der Umsetzung zu helfen«, erläutert Schwarz.

Die Räume des Kiezprojekts werden darüber hinaus als Treffpunkt genutzt. Jede Woche gibt es unterschiedliche Programmpunkte. Montags findet das *Erzählcafé* statt, eine gemütliche Plauderstunde mit Kaffee und Kuchen. Dienstags wird »Mensch-ärgere-Dich-nicht« gespielt und mittwochs gemeinsam gekocht. Donnerstags bietet der Verein einen Kreativnachmittag an. Von montags bis mittwochs und nach Vereinbarung kann man sich zudem beraten oder beim Ausfüllen von Anträgen für die Pflegeversicherung oder für einen Schwerbehindertenausweis helfen lassen. An den Veranstaltungen nehmen ca. 12 bis 15 Personen teil. »Mehr geben unsere Räumlichkeiten nicht her. Außerdem ist uns ein persönliches Miteinander mit familiärem Flair wichtig«, betont Christl Schwarz.

»Wichtig ist die Präsenz des Vereins. Einfach da zu sein, ins Gespräch zu kommen und Angebote zu machen und umzusetzen, das befördert eine gute Nachbarschaft. Es gibt oft selbstverständliche Hilfe, über die gar nicht groß gesprochen wird«, sagt Schwarz. Um eine Nachbarschaft wachsen zu lassen, müsse man ständig Kontakt halten, die Netzwerkarbeit sei unerlässlich. Einmal in der Woche gibt es wie in Kreuzberg einen Telefonkreis für Menschen, die nicht zum Kiezprojekt kommen können oder zeitweise erkrankt sind.

Die Zusammenarbeit mit den Wohnungsbaugenossenschaften klappt sehr gut. »Wir ziehen an einem Strang«, sagt Schwarz. Theoretisch könnten alle Bewohner der Genossenschaften zu ihr kommen, denn sie sei der Schnittpunkt zwischen den Mietern und den Genossenschaften. Dank der Hauswarte ist Christl Schwarz immer auf dem Laufenden, wenn es Probleme gibt oder sich Schwierigkeiten ankündigen. Den Hauswarten der bbg und mlb fällt meist als erstes auf, wenn mit den Bewohnern etwas nicht stimmt. Zum Beispiel, wenn jemand eine Demenz entwickelt oder Verwahrlosung droht. Mit im Projekt sind auch Mitarbeiter, die vom Jobcenter kommen. »Die Arbeit tut vor allem Langzeitarbeitslosen gut, weil sie wieder eine *Struktur im Alltag* haben«, sagt sie und fügt hinzu: »Manchen konnten wir sogar helfen, wieder auf den Arbeitsmarkt zu kommen.«

Rüdiger Bartels ist gerade als neuer Mitarbeiter dazugekommen. Der 60-Jährige war früher als kaufmännischer Angestellter tätig, seit 2007 macht er Seniorenarbeit. Seiner Ansicht nach wird diese Arbeit von vielen unterschätzt.

Rüdiger Bartels ist noch ganz neu beim Verein. Er packt dort mit an, wo er gebraucht wird.

Foto: Judith Köhler

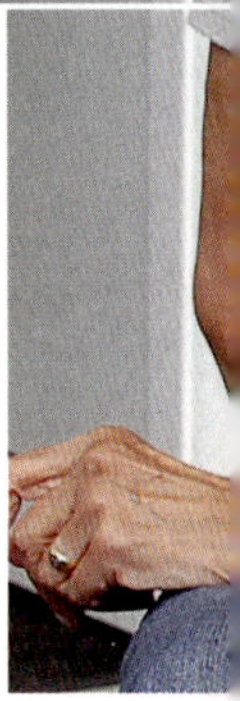

»Man ist nicht zwingend isolierter im Alter und wenn, dann isoliert man sich selbst. Es gibt so viele unterschiedliche Angebote, man muss sich eben überwinden«

Marianne Sokol

»Man muss sehr aufmerksam sein, es ist oft nicht leicht, sich alle Schicksale anzuhören«, sagt er. Gleichzeitig sei der Erfahrungsaustausch etwas ganz Besonderes, man lerne viel voneinander. Seine Aufgaben beim *Kiezprojekt* sind das Vor- und Nachbereiten von Bastelnachmittagen, Kochtreffen und dem Erzählcafé.

Von Beginn an beim Kiezprojekt mit dabei ist Marianne Sokol. Die Berlinerin ist durch einen Zeitungsartikel auf den Verein gestoßen. »Ich wollte hier mit anderen zusammen kochen«, sagt sie. Und da ihr Christl Schwarz gleich sympathisch gewesen sei, ebenso wie die anderen Kochteilnehmer, sei sie bis heute jeden Mittwoch hier. »Das wissen auch meine anderen Freunde. Der Mittwoch ist tabu«, sagt sie und lacht herzlich. Die Kochgruppe damals habe ihr sehr viel Spaß gemacht, aber mittlerweile komme sie eher zum Quatschen her, weil sich inzwischen viele Freundschaften ergeben hätten, erläutert die 73-Jährige. Wie viele andere Freiwillige engagierte auch sie sich in einer Besuchspartnerschaft. Sie besuchte anderthalb Jahre einen älteren Herrn, um dessen Ehefrau zu entlasten. »Er war ein richtiger Herr. ›Mein Hugo‹ hab ich immer gesagt«, erzählt sie.

Wie Marianne Sokol ist auch die gleichaltrige Brigitta Göbel immer mittwochs

Foto: Judith Köhler

mit von der Partie. Die beiden verstehen sich blendend. »Dieser Tag gibt mir etwas«, sagt Göbel. Ansonsten säße sie allein zu Hause. Durch den Verein, über den sie in der Zeitung las, habe sie neue Leute kennengelernt, mit denen sie unter der Woche einiges unternehme. An den Wochenenden sieht sie ihre Familie, die mit drei Kindern und 14 Enkeln recht groß ist. »Mit meinen Enkeln koche ich jedes Wochenende zusammen«, sagt sie. Eigentlich sei es in Berlin nicht schwer, Kontakte zu anderen Menschen zu bekommen. »Man muss nur den Hintern hochkriegen«, sagt sie mit einem energiegeladenen Lächeln. Marianne Sokol pflichtet ihr bei: »Man ist nicht zwingend isolierter im Alter und wenn, dann isoliert man sich selbst. Es gibt so viele unterschiedliche Angebote, man muss sich eben überwinden«, erläutert sie.

Für Jennifer Fiebiger ist das Kiezprojekt Mariendorf eine gute Lernstätte, um ihr Wissen über Soziale Arbeit zu vertiefen. Die 27-Jährige studiert dieses Fach an der Evangelischen Hochschule und absolviert ein Praxissemester bei »Freunde alter Menschen«. Zweimal in der Woche ist sie in Mariendorf, einmal die Woche in Kreuzberg. Ursprünglich kam sie auf den Verein, weil sie einem Freund der Familie helfen wollte. Bei der

Marianne Sokol und Brigitta Göbel haben sich über den Treffpunkt in Mariendorf kennengelernt. Die beiden verbindet die Leidenschaft zum Kochen. Außerdem können sie herrlich zusammen lachen.

Recherche im Internet stieß sie auf das Kiezprojekt und behielt das Konzept im Hinterkopf.

Vor ihrem Studium arbeitete sie als Beamtin bei einer Rentenversicherung, aber das lag ihr nicht. »Soziale Arbeit entspricht meinen Interessen mehr. Ich kann mich gut in Menschen hineinversetzen«, sagt sie. Ihrer Ansicht nach füllt der Verein die sozialen Lücken, die sich in den vergangenen Jahren in der Gesellschaft aufgetan haben. »Der Verein fördert das Ehrenamt. Das ist gut und notwendig, denn das Ehrenamt ist ein ›Spiegel der Gesellschaft‹ für das, was in der Gesellschaft fehlt«, sagt die Studentin. Gleichzeitig fügt sie kritisch hinzu: »Zu viel Ehrenamt macht es dem Staat allerdings zu einfach.« Für die junge Frau liegen die Unterschiede des *Älterwerdens* in der Stadt oder auf dem Land auf der Hand. In der Stadt gebe es mehr Aktivitäten, man sei freier und selbstsicherer und dennoch drohe Isolation, weil die Versorgung so gut sei. »Je besser die Versorgung ist, desto weniger intensiv kümmert man sich vielleicht um seine Mitmenschen«, lautet Fiebigers These. Auf dem Land hingegen sei es zwar weniger anonym, gleichzeitig gebe es aber auch weniger soziale Angebote und eine schlechter ausgebaute Infrastruktur.

Fotos: Judith Köhler

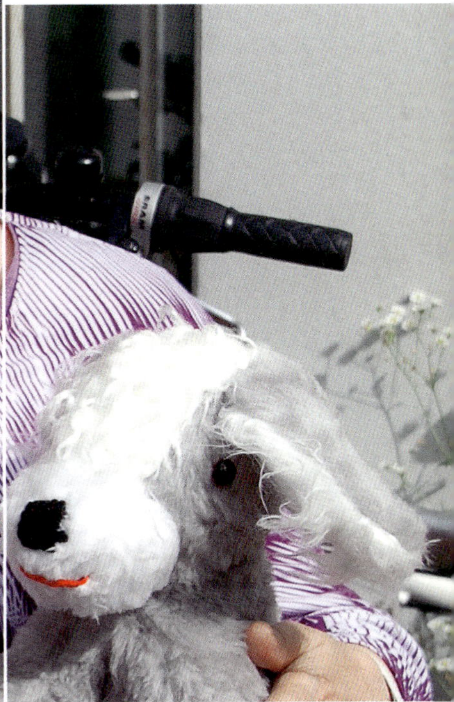

»Aber: man wird gemeinsam alt, der Zusammenhalt ist größer. Man achtet mehr auf den anderen«, sagt die 27-Jährige.

Die junge Frau versteht sich gut mit Gritta Lehrke. Die 81-Jährige ist wie Marianne Sokol und Brigitta Göbel jeden Mittwoch im Treffpunkt. Sie schätzt vor allem die Gesellschaft. »Wir sitzen alle zusammen am Tisch, werden umsorgt und alle sind nett und freundlich«, fasst sie zusammen. Lehrke nutzt die Angebote des Kiezprojekts und der Wohnungsbaugenossenschaften. Neben dem Mittagessen geht sie einmal in der Woche auch zum Chigong. Dabei bleibt ihr genug Zeit für ihr Hobby: Die 81-Jährige fertigt mit Hingabe Kuscheltiere an und spendet diese dem Verein. »Ich möchte, dass die Stofftiere günstig verkauft werden, damit auch die was davon haben, die es sich nicht so leisten können«, sagt Gritta Lehrke.

Links: Gritta Lehrke und Jennifer Fiebiger bei einem Plausch nach dem Mittagessen. Rechts: Freie Stunden nutzt die alte Dame zum Anfertigen von Kuscheltieren, die sie dem Verein spendet.

Die Demenz-WG in der Albrechtstraße

Selbstbestimmtheit und Wohnortnähe zu Angehörigen als Qualitätsmerkmale

Wie Pilze schossen in den vergangenen Jahren die Wohngemeinschaften für Demenzkranke aus dem Boden. Vor allem in Berlin ist die Alternative zum Heim sehr weit verbreitet. Der Verein »Freunde alter Menschen« war der erste, der diese Wohnform in der Hauptstadt etablierte. Inzwischen gibt es insgesamt sechs WGs, die der Verein betreut. Eine der Demenz-WGs des Vereins ist in einem dreistöckigen Haus in der Albrechtstraße in Berlin-Steglitz zu finden. Früher war hier ein Spastikerverein, weshalb das ganze Haus barrierefrei ist und es bereits beim Einzug eine Zugangsrampe für Rollstühle gab. Klaus Pawletko hat bei der Auswahl der Räumlichkeiten darauf geachtet, dass sie in ganz normalen Wohngebieten mit gewachsener Nachbarschaft und Geschäften liegen, groß genug sind und nach Möglichkeit einen Balkon oder eine Terrasse haben. Etwa 30 Quadratmeter sollen jedem Bewohner zur Verfügung stehen – 15 Quadratmeter Einzel- und 15 Quadratmeter Gemeinschaftsfläche. »Wir nehmen Wohnungen aus dem Bestand, die oft noch nicht barrierefrei umgebaut sind. Wird das irgendwann erforderlich, rüsten wir nach«, sagt Klaus Pawletko. Da alle Bewohner eine Pflegestufe haben, stehen jedem 2. 500 Euro für eine Wohnungsanpassung zur Verfügung. Dieses Geld wird geschickt kombiniert, sodass mehrere Umbauten möglich sind und der Gemeinschaft zugute kommen. Der Geschäftsführer des Vereins ist der Ansicht, dass die Architektur oft überschätzt wird. Viel wichtiger sei die soziale Architektur. Eine ganz wesentliche Rolle spiele beispielsweise der Eingang. »Man braucht einen geräumigen Eingangsbereich und nach Möglichkeit einen kleinen Garten, wo man sich treffen und sich unterhalten kann«, erläutert Pawletko. Generell brauche es zudem die Bereitschaft der Menschen, sich aufeinander einzulassen und aneinander interessiert zu sein. »Wichtig ist dabei die Kleinräumigkeit des Ganzen. Wenn die Atmosphäre familiär ist, erfährt man über den Einzelnen mehr«, erklärt Pawletko.

In der *Wohngemeinschaft* für Demenzerkrankte leben momentan acht ältere Menschen zwischen Ende 70 und Mitte 90. Jeder Bewohner besitzt sein eigenes Zimmer und kann bei gutem Wetter eine Runde im Garten spazieren gehen. Eine große Wohnküche und ein gemütlicher Wintergarten bieten zudem Raum für ein gemeinsames Miteinander. »Beim Einzug legen wir Wert darauf, dass die Bewohner noch mobil sind, sich also notfalls mit Rollstuhl oder Rollator fortbewegen können. Außerdem ist uns wichtig, dass sie kommunikationsfähig und -willig sind«, sagt Pawletko. Bei der Einrichtung achtet der Geschäftsführer darauf, dass sie gemütlich und gleichzeitig pflegeleicht ist. Der Boden ist mit Linoleum ausgelegt, Teppich wäre für das Personal zu wartungsintensiv. Im Keller des Hauses, das auch über einen Aufzug verfügt, gibt es einen Multiraum, in dem die Waschmaschinen und Trockner stehen. »Hier kann die Wäsche getrocknet werden, denn bei acht älteren Menschen, von denen manche inkontinent sind, fallen täglich mehrere Waschladungen an«, sagt er.

Während die *Organisation* der sechs Wohngemeinschaften dem Verein obliegt, übernimmt ein Pflegedienst die tägliche Arbeit mit den Bewohnern. Meistens sind drei Mitarbeiter vor Ort,

In der Wohngemeinschaft für Demenzkranke leben momentan acht ältere Menschen zwischen Ende 70 und Mitte 90.

to: Judith Köhler

Foto: Judith Köhler

Das dreistöckige Haus in der Albrechtstraße in Berlin-Steglitz. Hier ist eine von insgesamt sechs Demenz-WGs, die der Verein inzwischen betreut, zu finden.

… Da alle Bewohner eine Pflegestufe haben, stehen jedem 2.500 Euro für eine Wohnungsanpassung zur Verfügung. Dieses Geld wird geschickt kombiniert, sodass mehrere Umbauten möglich sind und der Gemeinschaft zugute kommen …

mindestens jedoch zwei. »Da die Bewohner bei ihrem Einzug bereits eine mittlere Demenz haben, ist es wichtig, dass beim Fortschreiten der Krankheit Pflegepersonen da sind, die wissen, was die Leute mögen, und sie bestenfalls schon seit längerem kennen«, erklärt Pawletko. Deshalb sei es bedeutend, dass die Pfleger nicht ständig wechselten.

Der 56 Jahre alte Rainer Stephan gehört als Hauspfleger seit 2006 fest zur WG in der Albrechtstraße. Er arbeitet für einen *Pflegedienst*, nicht für den Verein. Zu seinen täglichen Aufgaben gehört die Grundpflege wie Waschen, Toilettengänge und darauf zu achten, ob es physische oder psychische Veränderungen bei den Bewohnern gibt. Gleichzeitig versucht er, die Bewohner zu fördern. »Man muss den Leuten möglichst viele Dinge zum Selbermachen geben, damit sie von sich aus sagen: ›Aha, ich kann doch noch was‹«, sagt Stephan. Zu diesen Dingen gehören einfache Handarbeiten wie Gemüse waschen oder schälen, Rührei umrühren oder einen Stuhlkreis bilden. Ihn motiviert vor allem, wenn die Bewohner Fortschritte machen und zum Beispiel ihre Sprache oder Motorik verbessern. »Bei manchen haben wir es geschafft, dass die Demenz nicht mehr oder langsamer voranschreitet«, erläutert er. Rainer Stephan arbeitet gern in der Albrechtstraße, es freut ihn, dass die Bewohner so harmonisch zusammenleben. Auch Tiere sind erlaubt. Es gab bereits eine Katze namens Mäuschen und einen Hund mit Namen Benny. Beide seien allerdings schon gestorben. »Benny wurde so alt, dass er am Ende selbst inkontinent wurde«, erinnert sich Stephan mit einem Schmunzeln.

Wie bei der Pflegewohngruppe in Eichstetten werden auch in Berlin drei unterschiedliche Verträge abgeschlossen. Einer für die Miete, einer für die Pflege und eine Angehörigen-Verein-

»Man muss den Leuten möglichst viele Dinge zum Selbermachen geben, damit sie von sich aus sagen: ›Aha, ich kann doch noch was‹ «

Rainer Stephan

barung. Letztere stellt sicher, dass die Angehörigen ein Mitsprache- und Vetorecht bei Beschlüssen haben. Viermal im Jahr findet ein Angehörigen-Treffen statt, das von Klaus Pawletko moderiert wird. Bei diesen Treffen werden all die Dinge besprochen, die den Bewohnern, Angehörigen, Pflegern und dem Verein auf dem Herzen liegen. Dazu gehören die hauswirtschaftliche Versorgung, die *Vorratshaltung* oder auch ganz alltägliche Dinge wie zum Beispiel die Frage, welche Glühlampen künftig verwendet werden sollen. Auf Wunsch der Angehörigen ist beispielsweise eine Haushaltskraft eingestellt worden, erinnert sich Pawletko. »Acht Bewohner sind von der Größe der WG her optimal, denn zum einen gibt es genügend wechselnde Gesprächspartner und zum anderen ist unter betriebswirtschaftlichen Gesichtspunkten eine bessere hauswirtschaftliche Versorgung möglich«, erklärt der Geschäftsführer. Für die Qualität der Wohngemeinschaft seien darüber hinaus die Selbstbestimmtheit der Bewohner und die Wohnortnähe zu den Angehörigen wesentlich. »Jeder der Angehörigen besitzt einen Schlüssel zum Haus, sodass Besuche jederzeit möglich sind«, sagt Pawletko.

Rosemarie Lehmann ist als Tochter einer Bewohnerin sehr engagiert. Sie wohnt nur zehn Minuten von der Albrechtstraße entfernt und besucht ihre 80-jährige Mutter, die seit 2009 in der WG wohnt, einmal in der Woche. Die Sozialarbeiterin hat beruflich viel um die Ohren, deshalb ist es für sie eine große Entlastung zu wissen, dass ihre Mutter in guten Händen ist. »Ich wollte meine Mutter in meiner Nähe wissen und sie nicht in ein Heim geben. Denn auch wenn meine Mutter nicht mehr eigenständig wohnen kann, so kann sie hier dennoch selbstbestimmt leben«, erläutert Rosemarie Lehmann. Auf den Verein »Freunde alter Menschen« kam sie über das Internet.

Foto: Judith Köhler

Seit sechs Jahren ist Rainer Stephan als Hauspfleger fester Bestandteil der Wohngemeinschaft. Er kümmert sich um die Grundpflege der Bewohner.

… In der WG sei es wie in einer Großfamilie, wo immer was los sei …

Rosemarie Lehmann ist froh, dass sie für ihre Mutter einen WG-Platz gefunden hat, der nur zehn Minuten von ihrer eigenen Wohnung entfernt ist.

Fotos: Judith Köhler

Christian Niemitz zusammen mit seiner Mutter Erika. Sie wohnt seit Ende Juni 2012 in der Albrechtstraße in Steglitz.

Das Nachbarschaftsheim Schöneberg war in ihrer Wohnnähe. »Ich hatte mir schon viel angeschaut, aber erst hier in der Albrechtstraße hatte ich das Gefühl: ›Ja, hier ist meine Mutter richtig‹«, sagt sie. Vorher habe ihre Mutter in einem Seniorenwohnhaus gewohnt, aber dort ging es irgendwann nicht mehr. In der WG sei es familiär, das tue ihrer Mutter gut. Ebenso wie der *Austausch* mit den anderen Bewohnern. »Das Miteinander ist das Beste. Zwar steht die Pflege im Vordergrund, doch wenden sich die Mitarbeiter den Bewohnern zu und sollen ihre noch verbliebenen Fähigkeiten fördern«, erläutert Frau Lehmann.

Christian Niemitz geht es ähnlich wie Rosemarie Lehmann. Seine Mutter Erika lebt seit Ende Juni 2012 in Berlin-Steglitz. »Meine vier Geschwister und ich wollten, dass sie nicht mehr allein ist«, sagt er. In der WG sei es wie in einer Großfamilie, wo immer was los sei. Ein- bis dreimal die Woche kommt der Informatiker und Vater zweier Kinder vorbei. Seiner Mutter gefällt es in der WG gut, sie mag die Umgebung und versteht sich mit den anderen Bewohnern. »Klar ist es durch den Umzug anders geworden, aber das Gute ist, dass man sich bei Besuchen nun wieder mehr auf die Person konzentrieren kann und nicht mehr um das Drumherum wie Einkaufen, Waschen und Saubermachen«, erläutert Christian Niemitz.

Daten, Zahlen, Fakten

Geschichte

- 1946 gründet der französische Humanist und Philanthrop Armand Marquiset die Organisation »Les petits frères des Pauvres«
- Der Fokus seiner Arbeit liegt auf dem Wohlergehen älterer Menschen
- Marquiset sammelt Spenden, um mit Älteren gemeinsam Weihnachten feiern zu können oder ihnen einen Kurzurlaub zu ermöglichen
- Die Idee breitete sich zunächst in Frankreich, später auch international aus
- Seit 1981 haben sich verschiedene gemeinnützige und national selbständige Vereine in der Internationalen Föderation der »Les petits frères des Pauvres« zusammengeschlossen und besitzen als Föderation Beraterstatus bei den Vereinten Nationen.
- Seit 1991 gibt es ein Büro in Berlin-Kreuzberg und seit 2006 ein weiteres Kiezprojekt in Mariendorf

Die Grundsätze des Vereins

- Wir erkennen und nehmen den Menschen in seiner Einzigartigkeit an.
- Wir achten seine Würde, seine Intimität, seine persönliche Biographie und Lebensweise.
- Wir wollen ihm (Ansprech-) Partner und Fürsprecher sein.
- Wir unterstützen ihn, seine Potentiale zu entdecken und geben ihm die Möglichkeit, seine Wünsche und Sehnsüchte zum Ausdruck zu bringen.
- Wir stehen ihm zur Seite, richten uns nach seinem Rhythmus und berücksichtigen seine persönlichen Bedürfnisse und gegebenenfalls vorhandene Behinderung.
- Wir unterstützen ihn, selbstbestimmt leben zu können.

Berlin

Die Gesamteinnahmen lagen 2011 bei 604.100 Euro. Das ist gegenüber 2010 ein Zuwachs von gut 37 Prozent. Von den Gesamteinnahmen sind 130.000 Euro durchlaufende Posten, d.h. die tatsächlichen Einnahmen beliefen sich auf 474.000 Euro. Grund für die erfreuliche finanzielle Entwicklung ist laut Verein eine Erbschaft in Höhe von 260.000 Euro. Sonstige Erträge aus Zinseinnahmen, Beratungshonoraren und Auslagenerstattungen beliefen sich auf weitere 5.000 Euro.

Finanzierung 2011

Was	Privatspenden	Öffentliche Fördermittel	Leistungsabhängige Einnahmen	Sponsoring	Französische Mutterorganisation
Wer	Privatpersonen, Stiftungen und Firmenspenden	Mittel des Bundes, des Berliner Senats, der Pflegekassen und des Paritätischen	Für die Betreuung der sechs Demenz-WGs hat der Verein die Verwaltung übernommen. Dafür bekommt er eine Pauschale	Das Kiezprojekt in Mariendorf wird von der Mariendorf-Lichtenrader Baugenossenschaft gesponsert.	Zweckgebundene Zahlung, um die Finanzierung auf sichere Beine zu stellen.
Wieviel	66.800 €	63.400 €	18.100 €	10.800 €	50.000 €
Wofür	Privatspenden sichern ein planvolles Arbeiten und garantieren Unabhängigkeit von öffentlichen Geldgebern.	Im Vergleich zum Vorjahr 11.000 € weniger. Öffentliche Zuwendungen sind eine unsichere Einnahmequelle.	Diese Einnahmen decken den organisatorischen Aufwand, wie Verwaltung, Beratung, Moderation und Wohnungsanpassung.	Von dem Geld werden die Koordinatorin Christl Schwarz und der dortige Treffpunkt finanziert.	Finanziert wird dadurch die Stelle von Anne Bieberstein und der Etat für das Fundraising.

Die Differenz zur Gesamtsumme wird durch die durchlaufenden Posten ausgefüllt. Die durchlaufenden Posten sind laut Verein Gelder, die auf dem Konto des Vereins eingehen und in gleicher Höhe weitergeleitet werden. Sie stehen nicht für Aktivitäten zur Verfügung.

Zielgruppen der Besuchspartnerschaften

- Berlin-Kreuzberg: Einsame Hochaltrige ab 75 Jahren, die nicht mehr so mobil sind
- Berlin-Mariendorf: Familien von Demenzkranken, um die Angehörigen zu unterstützen.
- Das Besuchsprogramm richtet sich an SGB XI, Paragraph 45c aus: »Niedrigschwellige Betreuungsangebote im Sinne des Absatzes 1 Satz 1 sind Betreuungsangebote, in denen Helfer und Helferinnen unter pflegefachlicher Anleitung die Betreuung von Pflegebedürftigen mit erheblichem Bedarf an allgemeiner Beaufsichtigung und Betreuung in Gruppen oder im häuslichen Bereich übernehmen sowie pflegende Angehörige entlasten und beratend unterstützen. Die Förderung dieser niedrigschwelligen Betreuungsangebote erfolgt als Projektförderung und dient insbesondere dazu, Aufwandsentschädigungen für die ehrenamtlichen Betreuungspersonen zu finanzieren, sowie notwendige Personal- und Sachkosten, die mit der Koordination und Organisation der Hilfen und der fachlichen Anleitung und Schulung der Betreuenden durch Fachkräfte verbunden sind.« [31]

Alterstruktur der Freiwilligen

- In Kreuzberg gibt es etwa 100 Freiwillige, in Mariendorf 20 weitere
- 20 Prozent davon sind zwischen 20 und 30 Jahren, der Rest verteilt sich zu gleichen Teilen bis etwa 60 Jahre

Kontakt

Freunde alter Menschen e. V.

Hornstraße 21
10963 Berlin
Tel.: 030/691 18 83
Fax: 030/691 47 32
E-Mail: info@famev.de
http://www.famev.de

Kiezprojekt Mariendorf

Kurfürstenstraße 46
12105 Berlin
Ansprechpartnerin: Christl Schwarz
Tel: 030/32 59 19 80

Anmerkungen

30 Name geändert.

31 Bundesministerium der Justiz. Sozialgesetzbuch (SGB) – Elftes Buch (XI) – Soziale Pflegeversicherung. **http://www.gesetze-im-internet.de/sgb_11/BJNR101500994 html#BJNR101500994BJNG004401308** [08.11.2012].

Modellprojekt 4

Das Mehrgenerationenhaus der Diakonischen Hausgemeinschaften in Heidelberg

Das Freiburger Pilotprojekt

Eine Zukunftswerkstatt für solidarische Nachbarschaft

Ingo Franz war ein Visionär. Er träumte von einer gleichberechtigten Gemeinschaft, die an einem offenen Ort zusammenkommt und Suchenden einen Platz zum Sein bietet. Wo Beruf, Herkunft, Aussehen oder Gesundheit keine Rolle spielen. Jeder sollte willkommen sein, denn aus Sicht von Ingo Franz kann jeder Mensch einen wertvollen Beitrag für die Gesellschaft leisten. Die Vision stammt aus den 80er Jahren und war damals genauso wenig konventionell wie konkret. Heute, gut 20 Jahre danach, steht diese vage Idee in Form eines Mehrgenerationenhauses im Heidelberger Stadtteil Rohrbach. Hier gibt es einen großen Gemeinschaftsraum, in dem täglich warme Mahlzeiten, bunte Kindernachmittage, interessante Gesprächskreise oder spannende Filmabende angeboten werden. Im *Mehrgenerationenhaus* treffen sich Menschen, von denen die meisten nicht zum gesellschaftlichen Durchschnitt zählen.

Gedanklich war Ingo Franz schon in den 80er Jahren in dieses Gebäude eingezogen, räumlich stand er damals jedoch noch gut 180 Kilometer weiter südlich, in Freiburg. Dort organisierte er am 9. November 1989 mit einer Gruppe von Freunden und Freiwilligen den Umzug in ein kleines Haus nach Hochdorf. An den Tag erinnert er sich noch gut. »Wir konnten unsere Umzugspläne nicht wirklich einhalten, weil ständig einer von uns vorm Fernseher saß und schaute, was in Berlin passierte«, erzählt er. Bis heute sieht Franz den Mauerfall als Symbol für sein Hausprojekt. »Nicht nur in Berlin wurde an diesem Tag eine Mauer durchbrochen, sondern auch in Freiburg-Hochdorf. Wir wollten etwas Neues schaffen – scheinbar Unmögliches wurde plötzlich wahr«, sagt Franz, in dessen früher schwarz glänzendes Haar sich mittlerweile graue Strähnen eingeschlichen haben. Die markante Nase und die feinen Gesichtszüge sind geblieben. Die freundlichen Augen auch. Franz ist ein Mann, der Ruhe und Zuversicht ausstrahlt. Sein Mitstreiter aus Heidelberg, Dr. Nicolas Albrecht-Bindseil, sagt, Ingo Franz sei ein sehr markanter Mensch, der es wie kein Zweiter verstehe, den Menschen um sich herum das Gefühl von »zuhause« zu geben. »Er besitzt eine große Entschiedenheit, Dinge, die er als wichtig erachtet, anzupacken, auch wenn es große Aufgaben sind, die sich zunächst gegen das gewohnte System richten«, fügt Albrecht-Bindseil hinzu.

Der Umzug von Ingo Franz nach Freiburg-Hochdorf hatte mit einer Lücke im deutschen Sozialsystem zu tun, auf die er einige Wochen zuvor gestoßen war: In der Nähe von Waldshut-Tiengen betreute der studierte Sonderpädagoge im Sommer 1989 eine Frau, die mehrere Monate im Koma lag. Er kannte die damals 47-Jährige nicht und machte sich Gedanken, wie er ihr am besten Trost spenden konnte, auch wenn sie nicht merklich darauf reagierte. »Ich las ihr meistens Bibeltexte vor oder hielt ihre Hand. Manchmal versuchte ich auch, ihr einen Löffel Tee einzuflößen«, berichtet er. Und tatsächlich: Die Frau wachte entgegen der ärztlichen Erwartungen wieder auf. »Da wäre meine Arbeit eigentlich beendet gewesen, aber ein paar Freunde und ich waren so begeistert von den Fortschritten, die diese Frau machte, dass wir sie auf ihrem Weg weiter begleiten wollten«, erklärt Franz. Recht bald stellten sich jedoch erste Schwierigkeiten ein. Die 47-Jährige sollte in ein Pflegeheim kommen, da es zu dieser Zeit noch keine passende *Rehabilitationsklinik* für sie, ebenso wenig wie für viele andere, gab. Diesem Umstand geschuldet, lernte Franz im Laufe der folgenden Wochen mehrere Selbsthilfegruppen kennen, die sich zu diesem Thema gegründet hatten. »Es war eine offensichtliche Lücke im System, die niemand sehen wollte, die aber tausende Menschen betraf. Plötzlich hatte ich eine neue Aufgabe, mit der ich so gar nicht gerechnet hatte«, sagt Franz. Die Tochter der aus dem Koma erwachten Frau beschloss, dass der im Sommer begonnene Einsatz von Ingo Franz ambulant fortgesetzt werden sollte. Franz war einverstanden und gab so den Startschuss für die Suche nach einem geeigneten Haus, das nach den Bedürfnissen der neuen Bewohner barrierefrei umgebaut werden konnte. In Hochdorf wurde man fündig. »Es waren vier kleine Einfamilienhäuser, die wir nach und nach zu einer Einheit zusammenführten«, erinnert sich Franz. Er selbst übernahm die finanzielle Verantwortung für das gänzlich improvisierte Vorhaben, wissend, dass gute Freunde hinter ihm und seiner Idee standen.

Die Nachbarn in Hochdorf beobachteten die kleine Gemeinschaft zunächst mit etwas Argwohn, denn das offene Projekt hatte regen Zulauf. Nach und nach wich die anfängliche Scheu jedoch einem neu entdeckten Gemeinschaftssinn. »Wenn Grillfeste oder Geburtstagsfeten anstanden, war klar, dass die bei uns gefeiert werden. Schließlich hatten wir den größten Garten«, erzählt Franz. Offensichtlich habe aber auch die Atmosphäre, in der alle Lebenslagen vorkamen und besonders mitmenschliche Spielregeln bedingungsloser Akzeptanz erkennbar gewesen seien, eine besondere Rolle gespielt. Ein gutes Miteinander sei garantiert gewesen, sodass daraus ganz spontan ein *Nachbarschaftsforum* entstand, das im Februar 1990 als Verein der »Diakonischen Hausgemeinschaften« offiziell wurde. »Wir haben schnell begriffen, dass wir diese Idee schützen und mit einem Verein institutionalisieren müssen«, erläutert Franz. Bei der Namensgebung hätten sie nicht lange überlegt: »Wichtig war uns, dass der diakonische Schwerpunkt herausgestellt wird«, sagt der frühere Sonderschullehrer, denn der Verein wollte die »Gemeinschaftlichkeit« in den Fokus rücken und nicht auf Dienstleistungen reduziert werden. Schon bevor es die Hausgemeinschaften gab, war Ingo Franz und seinen Mitstreitern bewusst, dass es ohne ehrenamtliches Engagement nicht gehen würde. Ähnlich wie beim Schwanenhof in Eichstetten, musste der Ideengeber sich zunächst auf die Freiwilligkeit seiner Mitmenschen verlassen, denn »die Krankenkassen zahlten nichts«, betont Franz. Die bestehende soziale Lücke sei damals nur mit freiwilligem Engagement zu meistern gewesen. Heute gebe es weit mehr neurologische Kliniken. Damals seien sie Pioniere gewesen, die das Ziel einer besseren ambulanten Rehabilitation verfolgten. Dahinter steht die Ansicht, dass eine Reha fernab des Krankenhausalltags vielversprechender ist, weil ein durch Freunde und Nachbarn geprägtes Wohnumfeld meist näher an dem Leben dran ist, das der Patient aus vorigen Tagen kannte. Durch dieses Anknüpfen an den Alltag sind viele Patienten motivierter, bringen sich selbst wieder mehr ein und versuchen eigenständiger am Geschehen teilzunehmen. Die unterschiedlichsten Leute hauchten dem Projekt in den folgenden Jahren Leben ein. »Anfangs gab es Familien, die bei uns ihre Ferien verbrachten, oder es kamen Menschen, die neu in den *Ruhestand* verabschiedet worden waren. Häufig kamen auch welche, die gerade eine Trennung hinter sich hatten, sich gern bei uns einbrachten und daraus auch für sich etwas zogen«, erzählt Franz.

Während er von diesem – aus heutiger Sicht – »Freiburger Pilotprojekt« berichtet, betont er immer wieder dessen improvisierten Charakter. Er ist bis heute eines der Kennzeichen der Hausgemeinschaften. Ebenso wie die stets »offene Tür«. Öffnungszeiten gab es damals wie heute nicht. Die Hausgemeinschaften sollten ein offener, kein amtlicher Ort sein. »Da wegen unserer Pflegeperson Präsenzpflicht bestand, war Tag und Nacht jemand da«, erzählt Ingo Franz, der sich in den kommenden drei Jahren sämtliches Fachwissen aneignen musste, um den Verein in die richtige Richtung zu lenken, die da hieß: Lebensraum für sämtliche Bedürfnisse schaffen. Es sei vor allem ein gesellschaftlicher und nicht nur kirchlicher Ansatz gewesen, sagt Ingo Franz. Der Verein und seine Zielsetzung passten jedoch in kein bisher bekanntes Raster, ihn zu etablieren war echte Pionierarbeit.

»Es war eine offensichtliche Lücke im System, die niemand sehen wollte, die aber tausende Menschen betraf.« Ingo Franz

Neben seiner Arbeit in Freiburg-Hochdorf engagierte sich der Mittdreißiger bei den Planungen für den neuen Stadtteil Rieselfeld. Schon Anfang der 90er Jahre habe sich im Rieselfeld ein »ökumenisches Zentrum« positionieren wollen, sagt Franz. Ein Wohnprojekt, in dem Vielfalt gestaltet und Solidarität gelernt werden könnte, in der Nachbarschaft des neuen ökumenischen Zentrums aufzubauen, wäre sehr reizvoll gewesen. Seine Hoffnung auf ein eigenes Projekt im Rieselfeld habe sich allerdings zerschlagen, weil die finanziellen Mittel nicht rechtzeitig freigegeben worden waren. »In dieser Zeit habe ich gelernt mehr zu delegieren, damit noch mehr angestoßen wird«, erläutert er.

1994 zog er nach Heidelberg, um Diakoniewissenschaft zu studieren. Ein Schritt, der ihm nicht leicht fiel, den er aber sorgfältig über mehrere Monate vorbereitete. Sein Freiburger Projekt legte er vor seiner Abreise in die Hände eines jungen Ehepaars, das sich bereit erklärt hatte, das Begonnene selbstständig weiterzuführen. In Heidelberg angekommen und willens, das Studium aufzunehmen, lernte Ingo Franz noch im gleichen Jahr den Theologiestudenten Nicolas Albrecht kennen. Der damals 23-Jährige hatte zunächst damit spekuliert, sich beruflich in der Welt der Oper und des Theaters zu etablieren, bevor er sich nach einer Katimavik-Freizeit[32] entschloss, nach Heidelberg zu ziehen und Theologie zu studieren. Mit Ingo Franz fuhr er hin und wieder nach Freiburg und lernte so das Projekt der Diakonischen *Hausgemeinschaften* kennen. Er war sofort begeistert. Der junge Student wollte aus der Idee »etwas ganz Großes« machen, erinnert sich Ingo Franz und Nicolas Albrecht-Bindseil fügt hinzu: »Ich hatte mich während des Studiums immer schon gefragt, wie man praktische Bezüge herstellen kann, und Ingo hatte auf diesem Gebiet schon viele wertvolle Erfahrungen gesammelt.« Seine Begeisterung steckte an: Ähnlich denkende Kommilitonen wollten sich ebenfalls engagieren und Albrecht-Bindseil erkannte das Potential des kleinen Projekts. Kurzerhand überzeugte er Ingo Franz davon, die im Kern gute Idee auch in Heidelberg zu etablieren. »Unser Ziel war, die ganze Sache größer aufzuziehen – mehr Vielfalt, mehr Familie, mehr Senioren und ein Gefühl von Dorf in der Stadt schaffen«, erzählt er heute. Ingo Franz ließ sich überzeugen und sein Studium bald darauf sein. Die kommende Zeit in Heidelberg sollte für die beiden Pioniere zur Lebensaufgabe werden.

Die Anfangsjahre in Heidelberg

Entwicklungsdynamik durch eine Vielfaltsgemeinschaft freiwillig engagierter Pioniere

Die Freiburger Idee war gut, dessen waren sich Ingo Franz, Nicolas Albrecht und der Kreis der Freiwilligen, der sich Mitte der 90er Jahre um die beiden geschart hatte, bewusst. Unsicher war jedoch, ob die Idee auch im großen Stil tragen würde. Das hing entscheidend von den Menschen ab, die mitmachten. Wie bei vielen anderen ehrenamtlichen Projekten fehlte auch hier das Geld. Die Studenten hatten gerade so viel, um ihre eigene Miete zu bezahlen, nicht aber, um noch ein zusätzliches Vorhaben mitzutragen. Nicolas Albrecht fing deshalb an, die Werbetrommel zu rühren. Er schrieb Briefe und bat um Spenden, ging von Tür zu Tür oder veranstaltete Fundraising-Abende bei wohlhabenden Bürgern. »Je mehr man an eine Sache glaubt, desto mutiger wird man«, erläutert er sein Vorgehen.

Ein erster sichtbarer Schritt in die anvisierte Richtung war das Anmieten einer Zweizimmerwohnung im 4. Stock eines Mehrfamilienhauses in Heidelberg-Bergheim. Nicolas Albrecht bezog dort ein Zimmer, das andere stand für jedermann offen und sollte zum Stützpunkt des Vereins im Quartier werden. »Im Haus wohnten einige, die sozial auf Unterstützung angewiesen waren. Das merkte man unter anderem an den vielen Fragen, die zwischendurch – oft im Treppenhaus – gestellt wurden«, sagt Albrecht-Bindseil. Deshalb habe man nach ein paar Wochen Sozialsprechstunden angeboten, woraus sich – ähnlich wie in Freiburg – ein Nachbarschaftsnetz entwickelte. Die Wohnung sei oft »gerammelt voll« gewesen, sodass eine Erweiterung des Angebots und Platzes sinnvoll erschien. Als Bauareal kam das so genannte »Alte Radium-Solbad« in Frage, ein Grundstück in bester Lage am Neckar, das von der Stadt in einem *Wettbewerbs-Verfahren* vergeben wurde. Mit Bewerbungsschreiben an potentielle Investoren wollte der Verein der Diakonischen Hausgemeinschaften auf sich aufmerksam machen. Mit Erfolg: Im Sommer 1997 stellte sich der Heidelberger Großinvestor Roland Ernst bei den Hausgemeinschaften schriftlich vor und lud die Verantwortlichen der Initiative zu Gesprächen ein. Diese verliefen zunächst gut. Es entstand eine Kooperation zwischen den zwei ungleichen Partnern, die sich erst gut ein Jahr später als »schief« und wenig fruchtbar entpuppen sollte. 1997 aber war die Euphorie groß. »Die Hausgemeinschaften waren plötzlich wer. Manche bis dahin verschlossenen Amtsstuben öffneten plötzlich wie durch Zauberhand ihre Türen. Stutzig machte uns nur, dass wir als kleiner Partner die Hauptlast des Tagesgeschäfts trugen«, erinnert sich Albrecht-Bindseil. Zeitlich habe das »alle natürlichen Ressourcen in Anspruch« genommen. Eine Last, die man jedoch gern in Kauf nahm, weil der Schritt ins Eigenheim zum Greifen nah schien. Zumal die Firma von Roland Ernst die Verantwortung für die Bausumme von etwa 20 Millionen DM übernommen hatte.

»Das Modell ging von drei umgebauten Innenhöfen aus, die sowohl Begegnungs- als auch Rückzugsorte im Gesamtensemble bilden würden. Die Architektur hatte neben kleineren Läden und einem Kultur-Café auch eine Vielfalt an gemeinschaftlichen Wohnfeldern vorgesehen, in denen sich eine Kultur solidarischer Nachbarschaft ›über kurze Wege hinweg‹ hätte bestärken und ausbreiten können«, erläutert der Frankfurter Architekt Sven Albrecht. Zwischen 100 und 120 Menschen sollten in der Anlage wohnen können. Doch trotz intensiver Planung und Unterstützung von Nicolas Albrechts Vater, der die Projektentwicklung kostenlos übernommen hatte, scheiterte das Vorhaben. »Die Stadt entschied sich letztlich für das Konzept eines anderen renommierten Heidelberger Bauträgers«, sagt Albrecht-Bindseil. Für die Hausgemeinschaften war dies ein herber Rückschlag mit Konsequenzen.

Man gab die Idee eines großen Gemeinschaftsareals auf und konzentrierte sich fortan auf kleine, miteinander vernetzte *Teilprojekte*. Glücklicherweise waren einige davon – trotz der intensiven Arbeitsphase rund um das Wettbewerbsverfahren – bereits angestoßen worden und zeugten von einer funktionierenden dezentralen Organisationsstruktur. Stets kamen neue Wohnungen hinzu. Schon bald war der Verein aus der städtischen Eingliederungshilfe nicht mehr wegzudenken. Der Zulauf war enorm. Bald gehörten rund 50 Bürger zum festen Kern des Vereins. »Wir hatten einzelne Wohnungen und Gemeinschaftshäuser im Heidelberger Süden. Durch das Engagement der Bewohnerinnen und Bewohner und der vielen Freiwilligen aus der Nachbarschaft entwickelte sich ein ansehnliches Netzwerk«, erzählt Ingo Franz. Der Haken war nur: Es gab kein Zentrum. Alle Wohnungen waren im südlichen Stadtgebiet verstreut. Um dieses Defizit auszugleichen, mieteten sie 1998 ein Pfarrhaus, das mehr Raum bot für alle, die mitmachen wollten. »Das schwellenfrei zugängliche ›Markusforum‹ wurde so zum ersten wirklichen Projektzentrum der Diakonischen Hausgemeinschaften«,

»Die Architektur hatte neben kleineren Läden und einem Kultur-Café auch eine Vielfalt an gemeinschaftlichen Wohnfeldern vorgesehen, in denen sich eine Kultur solidarischer Nachbarschaft ‚über kurze Wege hinweg' hätte bestärken und ausbreiten können«

Nicolas Albrecht-Bindseil

Fotos: Nicolas Albrecht-Eindseil

sagt Nicolas Albrecht-Bindseil. Ein weiterer wichtiger Schritt, denn der Verein wollte vor allem auch seinen assistenzbedürftigen Mitgliedern eine »zukunftsweisende Perspektive« geben.

Das Pfarrhaus lag verkehrstechnisch günstig in der Südstadt und war so für alle Engagierten gut zu erreichen. In den ersten beiden Jahren entwickelte sich das Markusforum zu einem lebendigen Treffpunkt. Die zur Verfügung stehenden Gemeinschaftsräume wurden gern und oft genutzt. »Alles in allem war das damals eine wirklich tolle Zeit. Wir haben, so wie man sich das klischeehaft vorstellt, mit der Gitarre am Lagerfeuer gesessen und uns darüber gefreut, jeden Tag etwas Neues zu entdecken«, schwärmt Albrecht-Bindseil. Die Ideen seien dabei so bunt wie die Menschen gewesen. »Der eine wollte Bienen züchten, ein anderer Schafe«, erinnert er sich weiter. Durch die guten Beziehungen zu der in jener Zeit »pfarrerlosen« evangelischen Kirchengemeinde wurde es je nach Bedarf immer mehr zur alltäglichen Praxis, auch das angrenzende Gemeindezentrum zu nutzen. Damit für beide Seiten ein Vorteil aus dieser Nutzung entstand, wurden Dienste in der Kirchengemeinde übernommen. So kam ein großer Saal mit angrenzender Großküche dazu, den die Hausgemeinschaften nutzten, um ihr Angebot an

Bild (oben): Modell Vangerowstraße
Bild (links): Einradfahrende Kids der Familienmitglieder.

»Nach manchen Veranstaltungen fanden wir auch schon mal 100 Mark in der Manteltasche. Manchmal ließen wir den Hut herum gehen, wohl wissend, dass davon die Familie Franz in der nächsten Zeit auskommen muss«

Nicolas Albrecht-Bindseil

Treffen, Veranstaltungen, Vorträgen, Diskussions- und Kulturtagen auszuweiten. Das, was zehn Jahre zuvor in Freiburg begonnen hatte, fand nun erstmals in institutionalisierter Form in Heidelberg zusammen.

Einen nicht unerheblichen Anteil daran hatte auch Arnfried Gebhardt. Der Stuttgarter hatte Ingo Franz in einer Selbsthilfegruppe kennengelernt, als dieser einen Vortrag über das Freiburger Pilotprojekt hielt. Gebhardt, ein ehemaliger Mathematik-Student und mehrmaliger Bundessieger bei Schülerwettbewerben im Fach Mathematik, hatte als 28-jähriger einen schweren Unfall und erlitt ein Schädel-Hirn-Trauma. Noch am Abend des Vortrags fragte er Ingo Franz, wann es ein solches Projekt auch in Heidelberg gebe. Und Arnfried habe nicht locker gelassen. Wochen und Monate fragte er immer wieder nach, was auch verständlich war, denn zu diesem Zeitpunkt lebte der junge Mann bereits seit einiger Zeit in einem *Altenpflegeheim*. Seit Ende der 90er Jahre ist Arnfried Gebhardt nun fest mit den Hausgemeinschaften verbunden. Er hat das Wahrwerden der Vision von Ingo Franz mit seiner Beharrlichkeit unterstützt.

Doch so gut sich das Netzwerk rund um den Verein etablierte, so schlecht stand es oft ums Geld, an dem es chronisch mangelte. »Es gab keinerlei finanzielle Sicherheiten«, räumt Ingo Franz ein. Der Verein lebte von der Hand in den Mund. »Nach manchen Veranstaltungen fanden wir auch schon mal 100 Mark in der Manteltasche. Manchmal ließen wir den Hut herum gehen, wohl wissend, dass davon die Familie Franz in der nächsten Zeit auskommen muss«, fügt Albrecht-Bindseil hinzu, der mittlerweile selbst fünffacher Vater ist. Das hatte auch zur Folge, dass die angestellten Mitarbeiter häufig wechselten, weil sie anderswo besser verdienten. Ein oft gehörter Ratschlag, der für die Hausgemeinschaften jedoch nie in Frage kam, war, die ambulante Versorgung aufzugeben und ein Heim aufzumachen. »Dann könnt ihr besser abrechnen, sagte man zu uns«, erzählt der studierte Theologe. Doch ums Geldverdienen oder Abrechnen ging es Ingo Franz und Nicolas Albrecht-Bindseil nie. Ihr Ziel war, ein nachbarschaftliches Netzwerk mit gesellschaftlicher Bedeutung aufzubauen und assistenzbedürftigen Menschen »Hilfe zur Selbsthilfe« anzubieten. Da es bis dato noch zu wenige Rehakliniken gab, war die Nachfrage besonders groß. Denn wohin mit jungen Menschen, die aufgrund eines Unfalls oder durch eine Krankheit zum Pflegefall wurden? In den Kliniken selbst herrsche ein großer Druck, sagt Franz, schließlich wisse man dort auch, dass ein Altenheim nur wegen der Pflege Sinn macht, nicht aber inhaltlich und noch dazu sehr teuer ist.

Ingo Franz, der gute Kontakte zu einer neurologischen Klinik in Bad Tölz hatte, hörte häufig von Patienten, die nach einem Unfall »direkt aus dem normalen Leben« eingeliefert worden waren. Einer davon war Christian Marek, der Jahre später seinen Weg zu den Hausgemeinschaften fand. Marek war im Sommer 1988 beim Bergwandern in den Dolomiten abgestürzt. Damals war er 15 Jahre alt und ging noch zur Schule. Nach dem Unfall, bei dem er sich ein Schädel-Hirn-Trauma zuzog, lag er ein halbes Jahr im Wachkoma. Die anschließenden drei Jahre verbrachte er in Rehakliniken in Deutschland und der Schweiz. Durch den Selbsthilfeverband in seiner Heimatregion Darmstadt wurde er Ende der 90er Jahre auf die Diakonischen Hausgemeinschaften aufmerksam. »Ich habe dreimal ein Probewohnen im *Markusforum* gemacht. Dieses Wohnen machte mir so viel Spaß, dass ich beschloss, nach Heidelberg zu ziehen«, erzählt Marek. Seit 2007 lebt er im neuen Mehrgenerationenhaus, dessen Träger die Hausgemeinschaften sind. Mit seinem Auszug von zuhause begann für Christian Marek ein neues, selbstständigeres Leben in Heidelberg.

»Ich habe dreimal ein Probewohnen im Markusforum gemacht. Dieses Wohnen machte mir so viel Spaß, dass ich beschloss, nach Heidelberg zu ziehen«

Christian Marek

Gruppenfoto der Diakonischen Hausgemeinschaften vor dem Markusforum. Alle Altergruppen, unterschiedliche Lebenslagen, mehr oder weniger intensive Anbindung an ein Gemeinschaftsleben, das bei den täglichen Mahlzeiten und bei kleinen Festen die Vielfalt kultiviert.

Foto: Nicolas Albrecht-Bindseil

Von der Initiative zur Institution

Konzeption und Aufbau inklusiver Lebensräume

Die Hausgemeinschaften blieben mehrere Jahre im Markusforum und bauten ihr soziales Netzwerk weiter aus. Dabei orientierten sie sich an der Kleinteiligkeit des Dorfs, sodass die Strukturen überschaubar blieben. Es dauerte nicht lang, da hatte die Initiative so regen Zulauf, dass es der benachbarten Kirchengemeinde manchmal zu viel wurde. Zudem wurde das Pfarrhaus allmählich zu klein. »Unser Vereinszentrum war ständig überfüllt, auch deshalb fingen wir an, nach einer anderen Immobilie Ausschau zu halten, die wir als Generalmieter übernehmen wollten«, erklärt Ingo Franz. Ein weiteres Ziel war, die *Organisationsform* verbindlicher zu machen. »Wir wollten etwas Solides«, fügt Nicolas Albrecht-Bindseil hinzu. Glücklicherweise fand man relativ schnell ein geeignetes Gebäude im Stadtteil Rohrbach, das mit Hilfe eines Kredits der GLS Bank[33] teilfinanziert werden sollte. »Wir hatten vor dem Mehrgenerationenhaus schon mal mit der GLS Bank zu tun. Die Bank kannte unsere Einstellung und Ziele, sodass wir einen Kredit bekamen, obwohl wir kein Eigenkapital vorweisen konnten«, erläutert Franz. Das fehlende Eigenkapital wurde durch private Bürgschaften teilweise kompensiert.

Der Stadtteil Rohrbach bot sich für die Hausgemeinschaften an, weil er in der Nähe des bisherigen Gemeindezentrums lag und die Möglichkeit bot, das Projekt auch räumlich zu erweitern, was im Zentrum Heidelbergs sehr schwierig gewesen wäre. Zudem ist Rohrbach gut mit S- und Straßenbahn erreichbar und die Grundstückspreise sind günstiger als in Gebieten, die näher an der Innenstadt liegen. Als alles schon unter Dach und Fach zu sein schien, entdeckte ein Praktikant des Vereins im Internet eine alte Gaststätte namens »Schweizerhof« in Rohrbach, die zum Verkauf stand. Trotz des sich verdoppelnden Finanzvolumens entschieden sich Franz und Albrecht-Bindseil, der inzwischen geheiratet hatte, für den Kauf der alten Gaststätte. Im Februar 2004 unterschrieb der Vorstand des Vereins den Vertrag.

Eigentlich hätte nun in die Hände gespuckt und angefangen werden können, doch die Zeit zwischen dem Kauf des Schweizerhofs und der Umbauzeit bis 2007 sollte zur schwierigsten der Hausgemeinschaften seit ihrer Gründung 1990 werden. »Es gab ein paar wenige, aber einflussreiche Leute im Verein, die der Vergrößerung argwöhnisch gegenüberstanden. Das barg viel Konfliktpotential«, gibt Ingo Franz zu. Selbst ein hinzugezogener Schlichtungsbeirat konnte den Disput nicht lösen. Der Widerstand hing unter anderem mit der Finanzierung[34] und dem damit verbundenen inhaltlichen Richtungswechsel der Hausgemeinschaften zusammen. Durch die Vergrößerung des Vorhabens mussten weitere Geldgeber gefunden werden. Einer davon war die »Aktion Mensch«. Sie unterstützte das Projekt mit knapp einer halben Million

Auch in der Finanzierung kommen ganz unterschiedliche Elemente zusammen, die sich gegenseitig ergänzen.

Finanzierungsmodule

Säule 1 *Eigenkapital über Vergabe von Wohnrechten*	Säule 2 *Unbare Eigenleistungen*	Säule 3 *Bare Eigenleistungen*	Säule 4 *Stiftungen*	Säule 5 *Darlehen aus Freundeskreis*	Säule 6 *Bankkredite*
Bewohner zahlen vergünstigte Miete im Voraus und bekommen dafür Wohnrecht für 50 Jahre. Jedes Jahr werden zwei Prozent der Wohnrechtssumme »abgewohnt«.	Man errechnete, dass in der Bauphase etwa 4.000 Arbeitsstunden von Freiwilligen erbracht werden. Eine Stunde Arbeitszeit wurde mit 15 Euro Ertrag gewertet.	Der Verein sicherte der Bank zu, einen »gewissen Überschuss« zu erwirtschaften und diesen aus dem laufenden Haushalt in die Projektfinanzierung einzubringen	Der Verein hatte zahlreiche Förderanträge gestellt und konnte so Stiftungsmittel akquirieren. Diese wurden in den Finanzplan aufgenommen	Zinsgünstige Privatkredite von Förderern und Freunden. So ließ sich laut Albrecht-Bindseil die Zinsbelastung der Kredite drücken.	Der Kapitalbedarf, der nicht durch die anderen fünf Säulen gedeckt werden konnte, wurde mittels Bankkrediten aufgebracht.

Euro. Dieses Geld war jedoch zweckgebunden und erforderte von den Initiatoren ein drastisches Umdenken. »Hintergrund unserer Bewerbung für die Förderung war, dass wir dringend Geld brauchten, um den öffentlichen Raum zu bezahlen«, erklärt Ingo Franz. Es sei zwar klasse, wenn jemand nach einer Feier abspüle, aber Heizkosten und Licht müssten ebenfalls finanziert werden. Deshalb bewarb man sich bei der *»Aktion Mensch«*, die schon damals Inklusionsvorhaben unterstützte. »Wir stellten also einen Antrag zur Förderung einer ›Begegnungsstätte für behinderte und nichtbehinderte Menschen‹«, erläutert Franz. Doch dafür gab es kein Geld. Die »Aktion Mensch« wollte keinen öffentlichen Gemeinschaftsraum fördern, wo vielleicht auch arbeitslose Akademiker oder Drogensüchtige Hilfe suchen. Ihre finanzielle Hilfe sollte zweckgebunden eingesetzt werden, und zwar nur für behinderte Menschen. »Der Inklusionsgedanke wurde von der ›Aktion Mensch‹ an dieser Stelle leider nicht zu Ende gedacht. Dort wollte man nur ›Wohnraum für behinderte Menschen‹ fördern«, erläutert er.[35] Dies wiederum hatte zur Folge, dass in den Schweizerhof tatsächlich zunächst nur Menschen mit einer Behinderung einziehen durften, was die stets angestrebte Durchmischung von Menschen quer durch

»Wenn man zielgruppenspezifisch fördert, dann zementiert man den Status dieser Zielgruppen nur noch und grenzt sie damit aus.«

Ingo Franz

Foto: elxeneize

alle Gesellschafts- und Gesundheitsschichten erheblich ausbremste. »Wenn man zielgruppenspezifisch fördert, dann zementiert man den Status dieser Zielgruppen nur noch und grenzt sie damit aus«, moniert Franz. Damals habe es für die Hausgemeinschaften jedoch keine andere Lösung gegeben. »Das war sehr ärgerlich«, sagt Franz. Nun versuche man, durch den öffentlichen Raum im Mehrgenerationenhaus[36] diese Diskrepanz so gut es geht auszugleichen.

Die GLS Bank stellte der Initiative, die kein Eigenkapital besaß und dennoch ein so großes Projekt starten wollte, eine Projektsteuerungsgesellschaft zur Seite. Zusammen erarbeiteten sie erfolgreich diverse Finanzierungsmodule, die sich auf die sechs Säulen stützten (siehe Tabelle S. 259).

Die Initiatoren planten, den Schweizerhof zu einem Nachbarschaftsforum auszubauen, das unterschiedliche Funktionen im Quartier übernimmt und dabei vor allem vom bürgerschaftlichen Engagement der Umgebung getragen wird. Da das Haus in direkter Nachbarschaft zum Neubaugebiet »Quartier am Turm« lag, konnten assistenzbedürftige Menschen schon früher in die Nähe der Hausgemeinschaften ziehen. »Schon vor dem offiziellen Projektstart haben wir dort assoziierten Wohnraum angemietet«, erzählt Albrecht-Bindseil. So war es auch möglich, flexibel auf neue Bedürfnisse zu reagieren.

Mit sehr viel Eigenleistung begann am 1. Mai 2005 der Umbau des alten Gebäudes, das später barrierefrei sein sollte. »Über den Sockelstockwerken, die heute auf 250 Quadratmetern gemeinschaftlich genutzt werden, liegen die Privatwohnungen unterschiedlicher Größe, die meist barrierefrei gestaltet sind und insgesamt 750 Quadratmeter umfassen«, erklärt Albrecht-Bindseil. Gemeinsam mit dem Neubau gibt es laut Franz etwa 1.000 Quadratmeter Nutzfläche. 250 Quadratmeter davon gehörten zum öffentlichen Raum, die restlichen 750 Quadratmeter entfielen auf Privatwohnungen. Gut ein Jahr später stellten die Hausgemeinschaften den Antrag für das Mehrgenerationenhaus. »Merkel hatte sich in ihrer ersten Regierungserklärung für ›Mehrgenerationenhäuser‹ und damit für den Ausbau von Nachbarschaftsnetzwerken als wichtigen Baustein für die gesellschaftliche Zukunft ausgesprochen. Als wir von dem Förderprogramm erfuhren, wussten wir: Das ist unsere *Schublade*«[37], erläutert Franz. Zuvor hätten die Hausgemeinschaften nie in ein Schema gepasst. Der Verein bewarb sich im Sommer 2006 um den Status Mehrgenerationenhaus und hatte Glück. Die Bewerbung war erfolgreich. Seit dem 1. Januar 2007 wurde er für fünf Jahre mit 40.000 Euro aus Bundesmitteln jährlich gefördert.[38] Im März und April 2007 konnten die ersten Bewohner einziehen.

Die Zeit des Umbaus war für die Initiatoren und ehrenamtlichen Helfer eine sehr prägende Zeit. Sie setzten ihre Arbeitskraft ein und wurden mit Dank und Freundschaft belohnt. »Das Haus hat ein riesiges Identifikationspotential für

Bild links:
In unmittelbarer Nachbarschaft ein Neubaugebiet mit vielfältigen Kooperationsperspektiven, z.B. mit einer großen Altenhilfe-Einrichtung.

alle, die heute noch dabei sind«, sagt Nicolae Gilla, Pfarrer der rumänisch-orthodoxen Gemeinde in Tübingen. Während der Bauphase arbeitete er anderthalb Jahre unentgeltlich auf der Baustelle. Vier Stahlträger hat er über einer Tür im Gemeinschaftsraum angebracht. »Das Haus ist in dieser Zeit zu meiner zweiten Heimat geworden«, erklärt der Mittdreißiger. Zusammen mit seiner Frau gehört er seit 2002 zu den Hausgemeinschaften. Damals kamen sie wegen eines Forschungsstipendiums des Diakoniewissenschaftlichen Instituts in Heidelberg nach Deutschland. In den ersten vier Jahren lebten sie mit zwei Rollstuhlfahrerinnen in einer WG. »Wir haben versucht, einen sozialen Rahmen mit möglichst familiärer Atmosphäre zu schaffen«, erzählt er. Die darauffolgenden zwei Jahre zwischen 2005 und 2007 seien für den Verein eine sehr dynamische Zeit gewesen. »Die Hausgemeinschaften konnten nicht so bleiben, wie sie waren, allerdings hat sich jeder seine eigenen Gedanken gemacht, was letztlich zu unterschiedlichen Meinungen führte«, erinnert sich Gilla. Heute kommt er etwa zweimal in der Woche ins Mehrgenerationenhaus und übernimmt den Hintergrunddienst. Das bedeutet, er sorgt dafür, dass alles reibungslos funktioniert.

Für den Transformationsprozess – weg von der Initiative, hin zur Institution – standen den Hausgemeinschaften das Heidelberger Amt für Soziales und Senioren sowie der Organisationsentwickler Dirk Stefan Walliser zur Seite. Letzterer kennt Ingo Franz schon seit 30 Jahren. Als Bekannter seiner Eltern hatte Ingo Franz ihm in der Schulzeit durchs Latinum geholfen. 2004 kam er zu den Hausgemeinschaften. »Ziel meiner Arbeit war und ist, das Konstrukt der Hausgemeinschaften so zu entwickeln, dass der freiwillige Charakter des Vereins erhalten bleibt und der sozialwirtschaftliche Teil parallel dazu professionelle Züge annimmt«, erklärt er. Hintergrund war folgender: Die Hausgemeinschaften platzten aus allen Nähten, es kamen immer mehr assistenzbedürftige Menschen, doch das Aufrechterhalten von Pflege und einer Tagesstruktur kostete viel Geld.

Im Heim, wo zum Beispiel Arnfried Gebhardt vor seiner Zeit bei den Hausgemeinschaften lebte, werden die Unterstützungsleistungen pauschal abgerechnet. Doch pauschale Lösungen wollte der Verein nicht. Sie wollten für jede assistenzbedürftige Person einen *maßgeschneiderten* Platz. »Arnfried sollte nach Ansicht der Hausgemeinschaften mitten im Zentrum des Geschehens leben, wo er mit anderen Menschen seines Alters in Kontakt kommt und seine Begabungen aktiv im alltäglichen Leben gefördert werden«, erläutert Walliser. Um jedoch eine qualitativ gute Tagesstruktur und Pflege anbieten zu können, brauche es eine professionelle Hülle. »Anfangs funktionierte das ehrenamtlich alles noch ganz gut. Aber auf Dauer und um gegenüber der Stadt seine Leistungen abbilden zu können, gründeten wir die NeuroKom Heidelberg gGmbH

»Das Haus ist in dieser Zeit zu meiner zweiten Heimat geworden«

Nicolae Gilla

Bundesfamilienministerin Ursula von der Leyen kam 2007 zur Einweihung des Mehrgenerationenhauses nach Heidelberg.

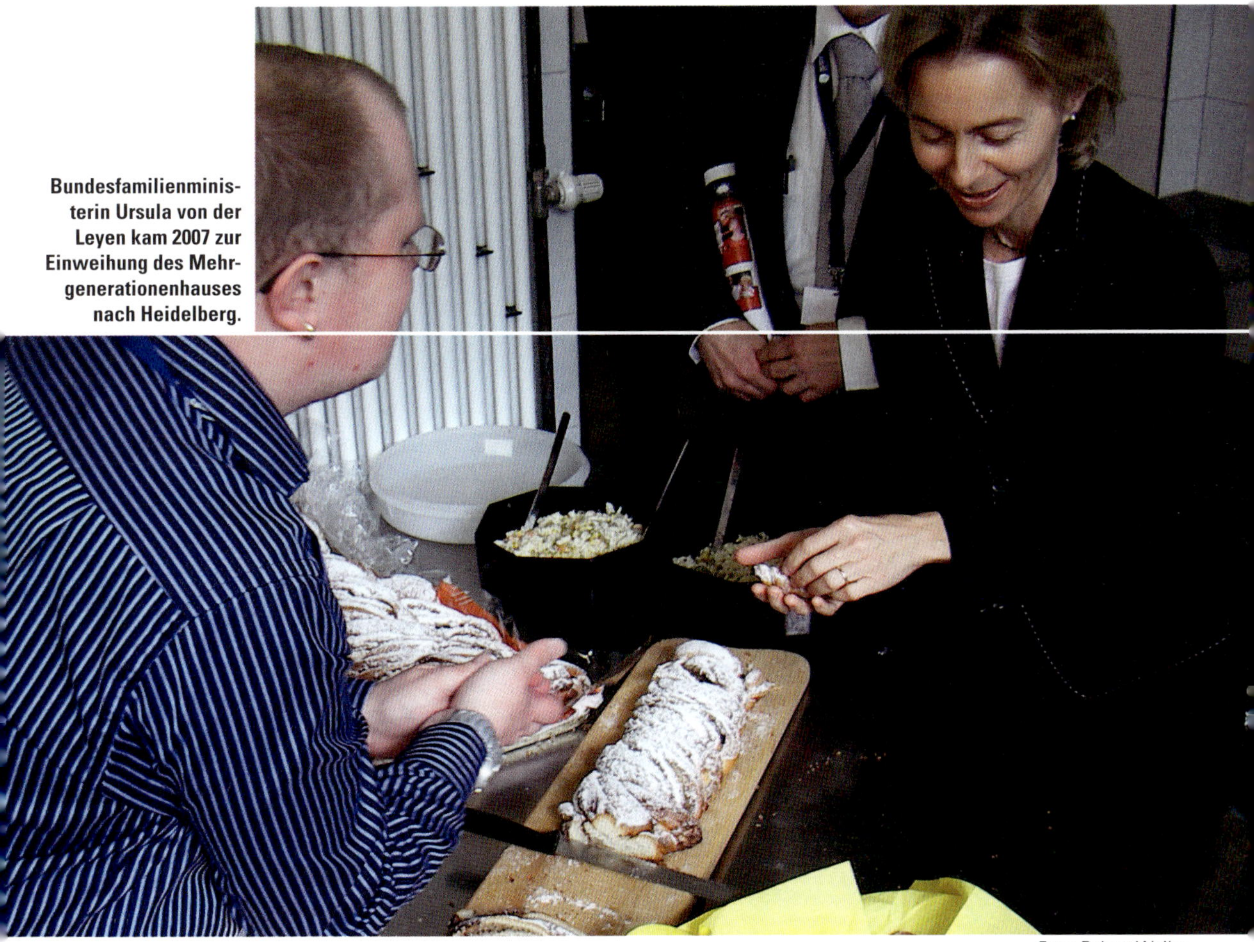

Foto: Robert Weiler

Fotos: Nicolae Gilla

Für die Arbeitsgemeinschaften auf der Baustelle waren Bauhelferinnen im Rollstuhl irgendwie selbstverständlich.

... Mit sehr viel Eigenleistung begann am
1. Mai 2005 der Umbau eines historischen Gebäudes,
das später barrierefrei sein sollte ...

Foto: Nicolae Gilla

... Die Arbeit der Hausgemeinschaften hatte sich inzwischen herumgesprochen, das Netzwerk des Vereins wuchs und damit auch die Anfragen aus der ganzen Republik ...

und den Habito e.V.«, führt Walliser weiter aus. Die NeuroKom kümmere sich als gemeinnützige GmbH um die Tagesstruktur, die Habito als Verein um die Wohnbetreuung. Davor habe es keine richtige Regelung gegeben, da musste für jeden einzelnen Fall eine eigene Lösung gefunden und mit jedem Kostenträger einzeln verhandelt werden.

Wolfgang Reinhard, Leiter des Amts für Soziales und Senioren, erinnert sich gut daran, wie Ingo Franz noch vor der Gründung von NeuoKom und Habito zu ihm kam und ihn fragte, ob die Stadt den Verein nicht finanziell unterstützen könne. »Wir haben die Hausgemeinschaften von Anfang an ernst genommen und intensiv beraten«, sagt Reinhard, der den Auftrag der Stadt darin sieht, zielgerichtete und innovative Ansätze zu unterstützen. So kam es denn auch, dass das Amt für Soziales und Senioren die Hausgemeinschaften davon überzeugte, die entsprechenden Verwaltungsstrukturen aufzubauen, sodass sie ihre Leistungen abrechnen konnten. Als dieser Schritt getan war, ergab sich jedoch ein neues Problem: Die Arbeit der Hausgemeinschaften hatte sich inzwischen bundesweit herumgesprochen, das Netzwerk des Vereins wuchs und damit auch die Anfragen aus der ganzen Republik. Von überallher wollten Menschen mit Assistenzbedarf nach Heidelberg kommen. »Das Problem bestand darin sich zu begrenzen. Entsprechend den gesetzlichen Regelungen muss die Stadt auch für Zuziehende im Bedarfsfall die anfallenden Betreuungskosten tragen. Dies würde letztlich zu einer finanziellen Überforderung und Benachteiligung gegenüber Städten und Gemeinden, wo es kein vergleichbares *Hilfeangebot* gibt, führen. Doch die Hausgemeinschaften sollten ein Heidelberger Projekt sein«, betont Reinhard.

Wichtig während dieses Prozesses war dem Verein, dass die Ehrenamtlichkeit trotz der Institutionalisierung erhalten blieb. »Heute sind die Hausgemeinschaften eine reif strukturierte Pionierorganisation«, sagt Dirk Stefan Walliser. Der Geist der Zuwendung sei erhalten geblieben. Seiner Einschätzung zufolge sehen auch die Kostenträger in ambulanten Einrichtungen mittlerweile die Zukunft. »Die Marktsituation ändert sich. Eltern eines behinderten Kindes wünschen sich für dieses heute ein schönes Umfeld mit möglichst viel Normalität und nicht, dass es in einem Behindertenheim leben muss«, sagt Walliser mit Nachdruck. Den großen Trägern gehe es vor allem um Sicherheit. Ein sicheres Konzept sei das

Internationale Baucamps belebten die Baustelle jeweils im Sommer 2005, 2006 und 2007.

»Bis vor drei Jahren hatte der Verein noch das Schild ›Freaks‹ umhängen. Zwar im positiven Sinne, aber eben dennoch nicht ganz ernst zu nehmen«

Dirk Stefan Walliser

A und O. Um jedoch mit der Zeit zu gehen, begannen die großen Träger sich in den letzten Jahren mehr und mehr für ambulante und unkonventionelle Projekte zu interessieren. »Bis vor drei Jahren hatte der Verein noch das Schild ›Freaks‹ umhängen. Zwar im positiven Sinne, aber eben dennoch nicht ganz ernst zu nehmen«, erklärt Walliser.

Doch die Zeit hat sich inzwischen geändert. Heute wird das Wort Inklusion großgeschrieben und stellenweise, wie im Projektzentrum Schweizerhof der Hausgemeinschaften, schon gelebt. Entscheidenden Anteil daran hat laut Walliser die *Behindertenrechtskonvention* der Vereinten Nationen. Sie ist seit dem 26. März 2009 in Deutschland in Kraft und schuf einen fruchtbaren Nährboden für Initiativen wie die Diakonischen Hausgemeinschaften. »Die Konvention steht zu Recht für einen Wechsel von einer Politik der Fürsorge hin zu einer Politik der Rechte«[39], schreibt Valentin Aichele, Leiter der Monitoring-Stelle der UN-Behindertenrechtskonvention des Deutschen Instituts für Menschenrechte in einem Aufsatz der Zeitschrift »Aus Politik und Zeitgeschichte«. Sie bilde den neuen Rechtsrahmen der Behindertenpolitik in Deutschland, fügt er hinzu. So heißt es im 2009 geschlossenen Koalitionsvertrag zwischen CDU, CSU und FDP: »Politische Entscheidungen, die Menschen mit Behinderungen direkt oder indirekt betreffen, müssen sich an den Inhalten der UN-Konvention über die Rechte der Menschen mit Behinderungen messen lassen.«[40]

Im Heidelberger Mehrgenerationenhaus sollte sich jeder willkommen und akzeptiert fühlen. Ingo Franz und seine Mitstreiter haben diese Philosophie zum Markenzeichen der Hausgemeinschaften gemacht. »Der Verein sollte keine Fürsorge-, sondern eine Vielfaltsgemeinschaft sein«, unterstreicht Ingo Franz erneut. Dabei sei es erforderlich auf die Balance zu achten, sodass Akademikerfamilien genauso gern ins Mehrgenerationenhaus kommen wie Obdachlose oder psychisch labile Personen. Dirk Stefan Walliser stimmt der Aussage zu: »Als Organisationsentwickler würde ich sagen, dass Mischung und Teilhabe noch besser funktionieren sollten. Es wäre gut, einen höheren Durchmischungsgrad von Menschen mit und ohne Assistenzbedarf im normalen Alltagsleben zu haben.«

Auch die Familien aus dem benachbarten Neubaugebiet kommen gern in das Mehrgenerationenhaus in Heidelberg-Rohrbach – ein kinderfreundlicher Ort!

Fotos: Architekt Hartmut Würster

... Die Initiatoren planten, den Schweizerhof zu einem Nachbarschaftsforum auszubauen, das unterschiedliche Funktionen übernimmt und vor allem vom bürgerschaftlichen Engagement der Umgebung getragen wird ...

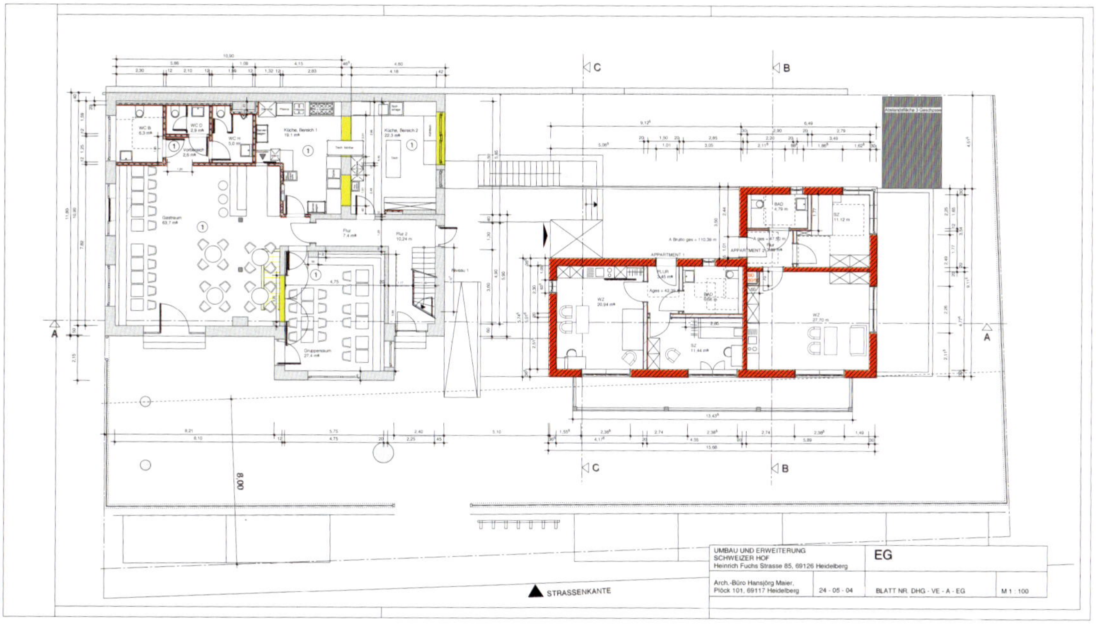

»Über den Sockelstockwerken, die heute auf 250 Quadratmetern gemeinschaftlich genutzt werden, liegen die Privatwohnungen unterschiedlicher Größe, die meist barrierefrei gestaltet sind und insgesamt 750 Quadratmeter umfassen«

Albrecht Bindseil

Leben und Arbeiten im Mehrgenerationenhaus

Stigmatisierungen und Rollenbeschränkungen lösen sich auf

Der Schweizerhof ist zu einem offenen Ort in Heidelberg geworden, so wie Ingo Franz und Nicolas Albrecht-Bindseil es sich von Anfang an vorgestellt hatten. Der *improvisierte Charakter* ist geblieben, sodass man flexibel auf die Bedürfnisse der Bewohner und Besucher reagieren kann. Deshalb verselbstständigt sich das Leben im Mehrgenerationenhaus manchmal und nimmt chaotische Züge an. Damit jedoch nicht alles drunter und drüber geht, gibt es feste Angebote, die den Alltag strukturieren. Dazu gehören die Mahlzeiten – Frühstück von 9 bis 10 Uhr, Mittagessen von 12.30 bis 13.30 Uhr und Abendessen ab 18.30 Uhr – die immer sehr gut besucht sind und im geräumigen Gemeinschaftsraum stattfinden. Vor dem Mittagessen hat Ingo Franz eine Mittagsrunde eingeführt. Sie beginnt, wenn alle einen Platz gefunden haben, und dauert etwa eine Viertelstunde. Franz berichtet in diesen 15 Minuten, welche besonderen Ereignisse in den nächsten Tagen stattfinden, wer Geburtstag hat oder welche geschichtlichen Begebenheiten sich an diesem Tag

Foto: Judith Köhler

Vor dem Essen gibt es Infos zum Gemeinschaftsleben und den ritualisierten Dank an einzelne Helfer/innen. Die Mittagsrunde ist fester Bestandteil des Alltags.

... Die Mittagsrunde ist eine gesellige Informationsrunde, die Besucher wie Bewohner zu schätzen wissen ...

zugetragen haben. Gern trägt jemand auch ein Gedicht oder den Spruch des Tages vor. Der Dank an alle, die sich freiwillig engagiert haben, ist ein festes Ritual dieser Runde: eine Übung der Achtsamkeit. Die Mittagsrunde ist eine gesellige Informationsrunde, die Besucher wie Bewohner zu schätzen wissen. Auch wenn dem ein oder anderen der Duft des nahenden Mittagessens schon verführerisch in der Nase kitzelt.

Verantwortlich dafür, dass es ein leckeres Mittagessen gibt, ist Koch Bernd Schneider. Neben dem Kochen hat er auch die Planung und den kompletten Wocheneinkauf übernommen. Schneider ist ein zurückhaltender Mann Anfang dreißig, der seine Umgebung erst beobachtet, bevor er Freundschaften schließt. »Anfangs habe ich die Arbeit hier abgelehnt. Ich wollte nichts mit behinderten Menschen zu tun haben und konnte mich mit dem Haus überhaupt nicht *identifizieren*«, sagt er. Angefangen hat er 2010 als Praktikant, bevor er Anfang 2011 zum Küchenchef ernannt wurde. »Die Mitarbeiter hier im Haus haben mir geholfen zu mir zu finden. Wir haben viel geredet, so habe ich nach und nach Kontakt zu den Bewohnern aufgebaut«, erinnert er sich. Mittlerweile bringt er Adalbert und Adella, zwei Kindern, die mit ihrem Vater im Schweizerhof wohnen, das Kochen bei. In die Arbeit in der Küche bezieht er täglich einige Menschen ein, die hier ein Programm der Tagesförderung gebucht haben. »Wichtig ist mir mit den Lebensmitteln sinnvoll zu haushalten. Ich will nicht zu viel kochen und am Ende muss es weggeworfen werden«, erklärt er. Momentan sei sein Job so, wie er sein sollte. Schneider geht morgens gern zur Arbeit und genießt es viele Freiheiten zu haben. »Zum Beispiel kann ich während des Kochens Musik hören und alle respektieren es«, sagt er.

Die Rapmusik von Bernd Schneider dringt vormittags oft aus der Küche in den angrenzenden Gemeinschaftsraum. Arnfried Gebhardt stört das nicht. Im Gegenteil. Der 47-jährige Bewohner des Mehrgenerationenhauses freut sich, wenn er am Alltag anderer teilhaben kann, und hält sich deshalb oft im Gemeinschaftsraum auf. Vor seinem Unfall 1993 hat er VWL und Politik studiert und mehrere Preise bei Mathematikwettbewerben gewonnen. Seit seinem Unfall ist er wegen seines erlittenen Schädel-Hirn-Traumas auf einen Rollator angewiesen, sein Alltag ist von Physio-, Logo- und Psychotherapien geprägt. Das Wohnen im Schweizerhof ist für ihn etwas ganz Besonderes, denn zuvor lebte er mehrere Jahre im Altenheim. »Im Mehrgenerationenhaus stimmt das Gesamte. Nicht nur für mich, für die anderen stimmt es auch«, sagt er und fügt hinzu: »Barrierefreiheit ist nicht nur ein Wort für Behinderte, sondern es gilt für alle. Wenn jemand zum Beispiel nicht studieren kann, weil das Geld zuhause fehlt, dann ist das auch eine Barriere«, erklärt er. Mit von der Partie in Gebhardts Alltag ist oft auch Svetlana Heinz. Die 22-Jährige ist im dritten Lehrjahr zur Heilerziehungspflegerin und war die erste Auszubildende des Habito e.V. Ihre Aufgabe besteht in erster Linie darin, sich um die Bewohner zu kümmern. »Ich bestelle Medikamente, gehe mit den Bewohnern zum Arzt und schaue nach, wenn jemand nicht wie sonst beim Essen ist«, erläutert sie. Auf die Hausgemeinschaften ist sie per Zufall gestoßen. Nach dem Realschulabschluss gab es ein Berufskolleg mit Fachrichtung Soziales, parallel dazu begann sie ein Praktikum bei Habito. Nach einem Jahr bekam Svetlana Heinz einen 1-Jahres-Vertrag, 2009 begann ihre dreijährige Ausbildung. In dieser Zeit hat sie gelernt, dass ihre Arbeit häufig über den Feierabend hinausgeht. »Mir sind die Leute hier sehr ans Herz gewachsen«, sagt sie. Als ein Bewohner, um den sie sich sehr intensiv gekümmert hatte, im Februar 2009 starb, ging ihr das sehr nahe. »Als ich hier angefangen habe, war alles noch viel kleiner, da hatte es noch mehr *Familiencharakter*. Heute gibt es mehr Abstand«, erläutert Heinz. Nach dem Ende ihrer Ausbildung will sie zwei Jahre Berufserfahrung sammeln und anschließend studieren. »Bei den Hausgemeinschaften habe ich viel gelernt und bin selbstbewusster geworden. Durch die Verantwortung, die man hier für die Menschen trägt, und durch das tägliche Treffen von Entscheidungen. Außerdem war das Feedback meiner Kollegen immer sehr konstruktiv«, erzählt sie weiter. Klar ist aber auch, dass es manchmal nicht ganz leicht ist. »Sicher bin ich manchmal genervt, aber das Gute ist, dass die Leute hier so fit sind. Entstehende Konfliktsituationen sind dann nicht einseitig, die Bewohner geben Kontra, sind kritikfähig und verstehen auch, wenn ich mal sage: ›jetzt nicht‹«, erläutert sie. An ihrer Hose klemmen zwei Haustelefone, zudem trägt sie einen riesigen Schlüsselbund mit sich herum. »Das ist so, wenn man Hintergrunddienst hat. Dann muss man erreichbar sein und schauen, dass alles funktioniert«, erklärt sie.

Damit alles reibungslos funktioniert, gibt es unterschiedliche Dienste. Den Frühdienst übernehmen in der Regel zwei Personen. Er geht von 8.30 Uhr bis 16.30 Uhr. »In dieser Zeit werden assistenzbedürftige Bewohner zum Frühstück oder Mittagessen abgeholt und geprüft, ob alle ihre Medikamente genommen haben«, erklärt Michael Oberländer, der bei den Hausgemeinschaften als Assistent von Ingo Franz tätig ist. Zudem werde darauf geachtet, dass die Bewohner, ebenso wie die Besucher, an den tagesstrukturierenden Angeboten teilnehmen. Dazu gehören unter anderem die PC-Gruppe, ein Gesprächskreis, die Multimedia-AG oder die Teilnahme am Chor. Der Spätdienst sei ebenfalls meist mit zwei Personen besetzt und zwischen 13.30 Uhr und 21.30 Uhr aktiv. Die Aufgaben seien ähnlich wie beim Frühdienst, erklärt Oberländer. Aus Früh- und Spätdienst setze sich der so genannte Hintergrunddienst zusammen. Nachts ist eine Person da, die einigen Bewohnern beim Zubettgehen hilft und bis 8.30 Uhr morgens im Notfall erreichbar

»Die Mitarbeiter hier im Haus haben mir geholfen zu mir zu finden. Wir haben viel geredet, so habe ich nach und nach Kontakt zu den Bewohnern aufgebaut.«

Bernd Schneider

Wenn Z
erklärt
Schneider der k
Adella gern, v
es beim K
ank

Foto: Judith Köhler

Die Tagesstruktur der Hausgemeinschaften im Überblick

Zeit	Montag	Dienstag	Mittwoch	Donnerstag	Freitag
9.00 Uhr	Frühstück	Frühstück	Frühstück	Frühstück	Frühstück
10.00 – 12.00 Uhr	AG Küche/ Hauswirtschaft mit Bernd Schneider Ab 10.00 Uhr: Andacht und Gesprächskreis mit Michael Oberländer	AG Küche/ Hauswirtschaft mit Bernd Schneider Multimedia-AG bis 12.00 Uhr	AG Küche/ Hauswirtschaft mit Bernd Schneider Multimedia-AG bis 12.00 Uhr	AG Küche/ Hauswirtschaft mit Bernd Schneider Ausflug mit Michael Oberländer	AG Küche/ Hauswirtschaft mit Bernd Schneider Kreatives mit Farah Gotthilf
12.20 Uhr	Assistenzdienste bei der Begleitung zum Mittagessen	Assistenzdienste bei der Begleitung zum Mittagessen	Assistenzdienste bei der Begleitung zum Mittagessen	Assistenzdienste bei der Begleitung zum Mittagessen	Assistenzdienste bei der Begleitung zum Mittagessen
12.30 – 12.45 Uhr	Mittagsrunde	Mittagsrunde	Mittagsrunde	Mittagsrunde	Mittagsrunde
12.45 – 13.30 Uhr	Mittagessen	Mittagessen	Mittagessen	Mittagessen	Mittagessen
14.00 Uhr		Vorbereitung Bistro		Vorbereitung Bistro	Trommeln
15.00 Uhr	Sprachgestaltung mit Ewa Olszewska	Bistro mit Michael Oberländer (auch samstags)	Bistro-Besprechung mit Michael Oberländer / Offener Gesprächskreis bis 16.30 Uhr	Kindernachmittag mit Bistro	Kaffee und mehr…
16.00 – 18.00 Uhr	Chor mit Ewa Olszewska	Bistro	Offene Haus-Konferenz	Kindernachmittag mit Bistro	Kulturnachmittag
18.00 Uhr	Kaffeerunde mit Ewa Olszewska	Gemeinsame Vorbereitung zum Abendessen	Gemeinsame Vorbereitung zum Abendessen	Gemeinsame Vorbereitung zum Abendessen	Gemeinsame Vorbereitung zum Abendessen
18.30 Uhr	Abendessen	Abendessen	Abendessen	Abendessen	Abendessen
19.00 Uhr	Gemeinsames Aufräumen	Gemeinsames Aufräumen	Gemeinsames Aufräumen	Gemeinsames Aufräumen	Gemeinsames Aufräumen
20.00 Uhr	Assistenzdienste in den Wohnungen	Assistenzdienste in den Wohnungen	Assistenzdienste in den Wohnungen	Assistenzdienste in den Wohnungen	Assistenzdienste in den Wohnungen

ist. »Momentan läuft es bei allen Gruppen gut, nur die Kreativgruppe kommt etwas zu kurz«, sagt Oberländer.

Ewa Olszewska gehört ebenso wie Andreas Brauneisen zum festen Stamm der Hausgemeinschaften. Beide bieten unter der Woche Veranstaltungen an, die gern besucht werden. Olszewska ist Opernsängerin und stammt aus dem polnischen Lüben, etwa 70 Kilometer von Breslau entfernt. 2003 kam sie wegen eines Stipendiums in Stuttgart nach Deutschland, seit 2009 wohnt sie in der Nähe des Mehrgenerationenhauses. Seither leitet sie hier einen Chor und bietet *Sprecherziehung* an. »Nachdem ich in ein Wohnprojekt der Hausgemeinschaften eingezogen war, habe ich mit einer neuen, inklusiven Chorarbeit begonnen. Außerdem arbeite ich in der Kunstförderung mit einzelnen Menschen zusammen – beispielsweise mit einer Bewohnerin des Mehrgenerationenhauses Heidelberg. Diese ist seit ihrem schweren Verkehrsunfall in ihrer Wahrnehmung der eigenen Stimme sehr eingeschränkt. Es ist wunderbar, zu erleben, wie sie ihre Stimme wiederfindet und sich mit Freude und zunehmender Sicherheit wieder musikalisch zum Ausdruck bringen kann. An solchen Entdeckungsreisen wirke ich gerne mit«, sagt Olszewska. Schon immer habe sie sich in sozialen Kontexten engagiert. »Als Künstlerin bin ich vielleicht besonders sensibel dafür, wenn Menschen ihr Leben nicht so gut zur Entfaltung bringen können«, fügt sie hinzu. Seit vier Jahren arbeitet sie in einem Projekt, in dem viele Menschen von Arbeitslosigkeit betroffen sind. »Dort habe ich einen Obdachlosen-Chor aufgebaut, den ich bis heute leite. Er ist mit der Zeit zu einem Integrations-Chor herangewachsen«, erzählt Olszewska. Ihre beruflichen Engagements sind meist am Abend, sodass sie die Nachmittage gut für ihr Ehrenamt nutzen kann. Etwa viermal die Woche kommt sie in den Schweizerhof, spielt Klavier oder singt gemeinsam mit den Bewohnern. Am Mehrgenerationenhaus gefalle ihr vor allem die Menschlichkeit. »Ich finde, das Funktionieren dieser offenen Gemeinschaft mit so unterschiedlichen Anliegen ist ein Mysterium. Ich selbst kann hier ich selbst sein, niemand wertet andere ab«, fügt die dunkelhaarige Opernsängerin hinzu.

Diesen Aspekt schätzt auch Andreas Brauneisen. Er wohnt seit 2007 im ersten Stock des Mehrgenerationenhauses und kommt, obwohl er seit einem Skiunfall vor 30 Jahren eine linksseitige Restlähmung hat, gut alleine klar. Der ehemalige Tübinger Jurastudent kann mittlerweile fünf abgeschlossene *Berufsausbildungen* vorweisen, unter anderem als Industriekaufmann und Sachbearbeiter im Rechnungswesen. Jeden Freitag veranstaltet er im Schweizerhof einen Kulturnachmittag. Meist referiert eine Person über ein bestimmtes Thema, beliebt sind Referate zu Auslandsaufenthalten in den USA oder Australien. Auch andere Themen, wie Theaterspielen oder Musizieren sind sehr willkommen. »Oft sind so um die zehn Leute da, außer während der Fußball-WM – da kommt keiner«, sagt er und lacht verschmitzt. Wenn ein prominenter Politiker eingeladen ist, kommen auch mehr Leute. Für ihn ist das Wohnen im Mehrgenerationenhaus optimal, er schätzt die angenehme und vom Geist eines gelebten Glaubens geprägte Atmosphäre und findet es schön, dass durch das zwanglose Miteinander dennoch ab und zu Verbindlichkeiten entstehen. »Wenn ich Leute treffen möchte, gehe ich einfach runter. Es wird immer etwas geboten«, sagt Brauneisen.

Eine übersichtliche Wochenstruktur – auch am Wochenende – ist durch die Mahlzeiten und das Nachbarschaftscafé gegeben. Neben den feststehenden Angeboten ergeben sich viele spontane Aktivitäten.

Ewa Olszewska spielt bei einer Geburtstagsfeier Klavier.

Fotos: Judith Köhler

Andreas Brauneisen wohnt seit 2007 im Schweizerhof.

»Als Künstlerin bin ich vielleicht besonders sensibel dafür, wenn Menschen ihr Leben nicht so gut zur Entfaltung bringen können.«

Ewa Olszewska

Das Mehrgenerationenhaus bietet seinen Bewohnern und festen Stammgästen aus der näheren Umgebung neue Perspektiven und entlastet damit gleichzeitig auch die Angehörigen. Zu ihnen zählt unter anderem die Familie Kattentidt aus Neckargemünd, das etwa 20 Autominuten von der Heidelberger Innenstadt entfernt liegt. Rosemarie Kattentidt ist heute 82 Jahre alt, vierfache Mutter und mehrfache Oma. Ihr Sohn Lars Uwe wohnt im Schweizerhof, was für sie und ihre Familie eine große Unterstützung und Erleichterung ist, denn »die Hausgemeinschaften konnten meinen Sohn im positiven Sinne so ›fesseln‹, dass er gern im Schweizerhof ist und sich dort sichtlich wohlfühlt«, erläutert sie. Ihr Sohn hatte im Sommer 1983 einen schweren Verkehrsunfall und verbrachte anschließend 19 Monate im Krankenhaus und in einer Rehaklinik. »Danach wurde er als geheilt und *zivildiensttauglich* entlassen«, berichtet Rosemarie Kattentidt. Doch diese Prognose war grundlegend falsch, wie sich bald herausstellen sollte. Lars Uwe Kattentidt begann seinen Zivildienst in einem Heim für Autisten, nach wenigen Wochen rief jedoch die Leiterin des Heims bei ihm zuhause an und fragte seine Mutter, warum sie ihren Sohn als Zivildienstleistenden schicke, er sei doch krank. »Lars Uwe war unfähig selbstständig zu existieren«, erklärt Rosemarie Kattentidt, die bei diesem Anruf aus allen Wolken fiel und sich von den Ärzten im Stich gelassen fühlte. Ihr Sohn konnte zunächst in dem Heim, wo er zuvor gearbeitet hatte, als Patient bleiben. Anschließend besuchte er eine Reha-einrichtung in Bad Tölz, wo er Ingo Franz kennenlernte und Kontakt zu den Hausgemeinschaften bekam. »Ende 1999 zog Lars Uwe zurück nach Heidelberg und wurde vom Verein der Hausgemeinschaften in sehr liebevoller Weise aufgenommen«, erzählt Rosemarie Kattentidt.

Die Zeit vor dem Kontakt zu den Hausgemeinschaften und den 16 Jahren vor dem Einzug ins Mehrgenerationenhaus, wo er seit 2007 wie Andreas Brauneisen im Altbau wohnt, war für die Familie eine schwere Zeit. »Ich bin daran zerbrochen«, sagt Rosemarie Kattentidt. Sie musste wegen psychischer *Schwermütigkeit* selbst in ärztliche Behandlung, weil der Alltag so voller Schwierigkeiten steckte. Bis heute vergisst Lars Uwe Kattentidt sehr viel, würde von selbst nicht kochen, putzen oder an seine Medikamente denken, sagt seine Mutter. »Er muss immer ›geschubst‹ werden«, erläutert sie. Heute sehen sich Eltern und Sohn etwa alle drei Wochen. Rosemarie Kattentidt ist zwar weiterhin die Betreuerin ihres Sohnes, der Schweizerhof übernehme jedoch die gesundheitliche Betreuung. »Durch die Unterstützung von Ingo Franz und seinen Mitarbeitern ist mir eine Zentnerlast von den Schultern genommen worden. Heute rege ich mich nicht mehr so schnell auf«, sagt sie dankbar und fügt hinzu: »Die Hausgemeinschaften sind wirklich eine bewundernswerte Einrichtung, die alle möglichen Menschen vereint.« Früher seien Leute wie ihr Sohn in ein Altenheim gekommen, im Mehrgenerationenhaus Heidelberg der Diakonischen Hausgemeinschaften wohne er mitten im Leben.

Wie viele andere Bewohner besitzt auch Lars Uwe Kattentidt ein lebenslanges Wohnrecht im Mehrgenerationenhaus und muss dafür nur eine verminderte Miete zuzahlen. Seine Rente beträgt 700 Euro, weitere 100 Euro verdient er in einer Behinderten-Werkstatt dazu. Die Hausgemeinschaften bekommen darüber hinaus Eingliederungshilfe von der Stadt. Pflegegeld gibt es nicht, denn Lars Uwe Kattentidt besitzt keine Pflegestufe.

Rechte Seite: Übersicht über die geschätzten Kosten für den öffentlichen Raum des Mehrgenerationenhauses. Es wurde eine idealtypische Abgrenzung zur NeuroKom Heidelberg gGmbH und dem Habito e.V. vorgenommen[41]

		monatlich in Euro	jährlich in Euro
Aufwendungen für öffentlich genutzte Räume (EG Mehrgenerationenhaus, Kapelle, Anteile Büros: 200 Quadratmeter	„Miete" (Darlehenskosten, Tilgung, Abschreibung)	2000	24.000
Nebenkosten	200 x 3 Euro	600	7200
Abschreibung Inventar	100.000 Anlagegüter		10.000
Instandhaltung / Hausmeisterdienste / Reinigung	12.000 p.a.	1000	12.000
Auto / Carsharing		400	4.800
IT (Wartung / Abschreibung)		500	6.000
Porto / Telefon		300	3.600
Bürobedarf		300	3.600
Versicherungen		200	2.400
Öffentlichkeitsarbeit		500	6.000
Personal	Sozialraumregie / Inklusionsförderung + Anteil Buchhalterin + Anteil Koch	5000	60.000
	Übungsleiter / Honorare	700	8400
Gästebewirtung			48.000
Sonstiges			6000
Rücklagenbildung			8.000
Summe Ausgaben			**210.00**
Aktionsprogramm MGH			40.000
Querfinanzierung aus zwei sozialwirtschaftlichen Partnerorganisationen			60.000
Spenden und sonstige Zuwendungen			60.000
Kostenbeteiligung der bewirteten Gäste			30.000
Nutzungserstattungen			20.000
Summe Erträge			**210.00**

Ehrenämtler und Besucher

Ohne feste Regeln der Zugehörigkeit hat sich eine Gemeinschaft freundschaftlicher Beziehungen ergeben

Ohne ehrenamtlich engagierte Menschen würde es die Diakonischen Hausgemeinschaften nicht geben. Das war Ingo Franz und Nicolas Albrecht-Bindseil von Beginn an bewusst. Das Ehrenamt bildet den Grundpfeiler des Vereins, nicht nur, weil dadurch Ansprechpartner gewonnen und notwendige Arbeiten verrichtet werden, sondern auch, weil durch die Ehrenämtler die gesellschaftliche Durchmischung gewährleistet wird. Wer, wann und für wie lange bleibt und mithilft ist dabei völlig freigestellt. Es gibt keine Verpflichtungen, das ist den Initiatoren wichtig. Dennoch entstehen durch regelmäßigen Kontakt Verbindlichkeiten, im besten Fall Freundschaften. Die Gründe der Ehrenämtler, warum sie zum Mehrgenerationenhaus kommen, sind dabei so unterschiedlich wie die Menschen selbst. Manche kommen jeden Tag, andere regelmäßig, manche sporadisch.

Die Väter Sascha Lieneweg und Michael Enßlen versuchen jeden Donnerstag zum Kindernachmittag zu kommen. Beide sind verheiratet und Vater von Kindern im Kindergarten- und Grundschulalter. Beide schätzen das vielfältige, aber nicht kommerzielle Angebot des Mehrgenerationenhauses. »Der Schweizerhof nimmt Funktionen wahr, die sonst das Dorf erfüllt. Zum Beispiel habe ich hier unseren Hausschlüssel hinterlegt, falls wir uns mal aus Versehen ausschließen sollten«, sagt Enßlen. Außerdem könne man jederzeit vorbeikommen und um Hilfe bitten oder sich auch mal Werkzeug ausleihen. Ein weiterer wichtiger Grund für seine Besuche sei, dass seine Familie hier mit ganz unterschiedlichen Leuten zusammentreffe und so ihren Horizont erweitern könne.

Lieneweg sieht das ähnlich. Der 37-Jährige ist Lehrer an einem Heidelberger Gymnasium, das mit den Hausgemeinschaften kooperiert. Zweimal im Jahr kommen Schüler für ein Praktikum ins Mehrgenerationenhaus. »Vor dem Hintergrund des demografischen Wandels müssen mehr Jugendliche an ehrenamtliches Engagement herangeführt werden«, betont er. Seine beiden Kinder sind bereits in einem integrativen Kindergarten. Dass im Mehrgenerationenhaus nicht von Behinderung, sondern von *Assistenzbedarf* gesprochen wird, findet er charmant, ohne dass es zu politisch korrekt klingt. »Jeder von uns ist doch auf irgendeinem Gebiet assistenzbedürftig. Hier sitzen alle in einem Boot und jeder kann von jedem etwas lernen. Ich möchte, dass meine Kinder von diesem Gedanken etwas mitbekommen«, erläutert er. Das Mehrgenerationenhaus solle für sie die Normalität darstellen, denn im banachbarten »Quartier am Turm«, wo sie wohnten, seien alle gesund, hätten genug Geld und alles sei schön, sagt er absichtlich übertrieben. Schon jetzt begriffen seine Kinder, dass es Menschen gibt, die mehr Hilfe brauchen. Er selbst wiederum kommt gern zu Besuch, um das Gefühl haben zu können, nicht perfekt sein zu müssen. So wie es seiner Ansicht nach in der heutigen Berufswelt von allen erwartet wird. Doch das allein sind nicht die einzigen Gründe, warum

Sascha Lieneweg sich mit den Hausgemeinschaften verbunden fühlt. Während seines Studiums gehörte er zum Kernteam rund um Ingo Franz und Nicolas Albrecht-Bindseil. Seine Aufgaben bestanden darin, die betriebswirtschaftliche Ebene im Blick zu behalten, Imagepflege zu betreiben und *Wohnrechtsverträge* abzuschließen. Mit der drastischen Kursänderung, die die Förderung der »Aktion Mensch« zur Folge hatte, war er wie einige andere auch, nicht einverstanden. Im Jahr 2004 hörte er bei den Hausgemeinschaften auf und begann sein Referendariat. Seither fühlt er sich nur noch als ein »Satellit«, der den Verein umkreist, sich selbst aber nicht mehr einbringt. Dennoch hat er sein berufliches Umfeld nach den Hausgemeinschaften ausgerichtet. »Entscheidend ist, was ich hier gelernt habe«, sagt er und verweist damit auf die sozialen Werte des Vereins.

Kathrin Thiemke absolviert für sechs Monate ein freiwilliges Praktikum im

Michael Enßlen und sein Sohn Johan beim Kindernachmittag. Vorbereitung und Regie wird vom Mehrgenerationenhaus gewährleistet. Am Programm beteiligen sich Junge und Ältere – je nach Interessenlage.

Foto: Judith Köhler

Kathrin Thiemke bei der Arbeit.

Foto: Judith Köhler

> ... Für Kathrin Thiemke ist das Mehrgenerationenhaus eine willkommene Zwischenstation und dient dazu, Berufserfahrung zu sammeln, um danach bessere Chancen auf dem Arbeitsmarkt zu haben ...

Schweizerhof. Sie hat eine abgeschlossene Berufsausbildung als Bürokauffrau und ist derzeit arbeitsuchend. Für sie ist das Mehrgenerationenhaus eine willkommene Zwischenstation und dient dazu, Berufserfahrung zu sammeln, um danach bessere Chancen auf dem Arbeitsmarkt zu haben. Die 27-Jährige stammt ursprünglich aus Berlin und zog mit 15 Jahren nach Stralsund. Wie viele andere im Schweizerhof hat auch sie Assistenzbedarf. Thiemke kam mit einem offenen Rücken auf die Welt, kann deshalb nur schwer laufen und ist auf einen Rollstuhl angewiesen. Zu ihren Aufgaben gehört vor allem *Büroarbeit* wie Flyer entwerfen oder Texte korrigieren, sich um die Homepage kümmern oder beim Bistro mithelfen. Das Praktikum macht ihr Spaß. »Ab und an ist es hier schon sehr chaotisch. Dennoch ist es für mich eine große Bereicherung, weil ich mich danach gezielter bewerben kann«, sagt Thiemke. Der Arbeit der Hausgemeinschaften bescheinigt sie einen wichtigen gesellschaftlichen Mehrwert. »Viele Leute kommen hierher, die gar nicht wüssten, was sie mit ihrer Freizeit anfangen sollen oder sonst kein warmes Mittagessen bekämen«, erläutert sie. Dem stimmt auch Daniel Hane zu. Der 30-Jährige kommt fast jeden Tag ins Mehrgenerationenhaus, »weil es besser ist, als allein zuhause zu sein«, sagt er. Fünfmal in der Woche hilft der gelernte Bürokaufmann ehrenamtlich beim Bistro mit, das heißt, er schenkt Kaffee nach und schaut, ob noch genug Kuchen da ist. Ihm gefällt vor allem, dass er dabei so schnell mit Leuten in Kontakt kommt. »Das ist nicht wie diese Heimsoße«, erläutert Hane.

Der Eisenbahner Michael Toth engagiert sich seit 2005 ehrenamtlich im Schweizerhof. Seine Spezialität sind größere und kleinere Reparaturen. Ist die Klobrille locker, wackelt der Handtuchhalter oder muss eine Glühbirne ausgewechselt werden? Michael Toth hilft gern. Zwei- bis dreimal die Woche kommt Toth für zwei Stunden ins Mehrgenerationenhaus und ist unter anderem beim gemeinsamen Frühstück dabei. »Das Wichtigste ist, Zeit zu haben und zuzuhören«, sagt er. Dabei sieht er sich nicht als Therapeut. »Wobei manche sagen, ich sei besser als ein Therapeut, weil ich erst gar nicht probiere jemanden zu therapieren, sondern versuche, den Menschen ihren Lebensmut wiederzugeben und Vertrauen aufzubau-

Ein barrierefrei erreichbarer, multifunktionaler Raum mit Computerarbeitsplätzen und einer Küchenzeile befindet sich in einer ehemaligen Garage des angemieteten Nachbarhauses, das inzwischen in das Gesamtensemble einbezogen wurde.

en«, erläutert er. Toth ist verheiratet, hat zwei Kinder, zwei Enkel und wohnt etwa einen Kilometer vom Schweizerhof entfernt. Als dieser umgebaut wurde, war Toth ständig auf der Baustelle und verbrachte sogar seinen Urlaub hier, indem er ausländische Studenten anlernte. Mittlerweile möchte er die Freundschaften, die sich im Laufe der letzten Jahre aufgebaut haben, nicht mehr missen. Den Unterschied zum Heim sieht er in der *persönlichen Note* des Hauses, wo zusammengehalten werde, auch wenn es manchmal schwierige Zeiten gebe. »Das Mehrgenerationenhaus ersetzt die Großfamilie, die vor 40 Jahren verloren gegangen ist«, sagt er.

Während des Gesprächs klimpert Klaviermusik aus dem Gemeinschaftsraum herüber. Es ist Kindernachmittag und obwohl Ferien sind, kommen einige Eltern mit ihren Kindern. Es wird zusammen gemalt, gespielt oder gemeinsam vorgelesen. Mit von der Partie ist dabei häufig auch Andrea Hachmann, die früher als Erzieherin gearbeitet hat. Zurzeit hilft sie in der Küche aus, macht sauber und wischt die Tische. Die freie Einteilung der Arbeit ist für die sprunghafte Mittvierzigerin ideal. Seit August 2011 kommt sie regelmäßig zum Schweizerhof. »Wenn du kommst und die Leute sagen: ›Schön, dass du da bist, das ist toll.‹ Dann merkt man, dass man gebraucht wird«, sagt sie. Sicherlich brauche man oft auch viel Geduld. »Heute habe ich jemandem bestimmt 30-mal die Schuhe an und wieder ausgezogen, weil immer etwas gedrückt hat oder die Schuhe zu heiß waren«, schmunzelt sie und legt derweil trockene Handtücher zusammen. Ihr gegenüber sitzt Sarah Guest aus Irland. Die 31-Jährige ist schüchtern, redet nicht viel, packt stattdessen lieber mit an. Sie ist überall dort, wo eine helfende Hand gebraucht wird – beim Bistro, beim Kindernachmittag oder beim Tischdecken. Die ehemalige Kunststudentin sucht momentan Arbeit und hat sich vorgenommen, die ihr jetzt zur Verfügung stehende freie Zeit möglichst sinnvoll zu nutzen. Ihre Tätigkeit im Mehrgenerationenhaus in Kombination mit einem 1-Euro-Job in einem Kindergarten ist für sie eine gute Mischung. »Vielleicht ergibt sich ja daraus etwas«, hofft sie.

Vollkommen ausgefüllt ist hingegen der Alltag von Sibylle Klessen, Übersetzerin für Schwedisch und Niederländisch und vierfache Mutter. Dennoch engagiert sie sich gern und hat bisher schon zwei große Benefiz-Konzerte mit über 1.000 Gästen in der Heidelberger Stadthalle als hauptverantwortliche Organisatorin auf die Beine gestellt. Das Mehrgenerationenhaus hat sie durch ihre dreijährige Tochter Judith kennengelernt, die die Montessori-Kinderkrippe im Neubau besucht. »Es ist ein Ort, an dem man sehr frei mitarbeiten und wohin man auch mit vier Kindern gut hinkommen kann. Das ist nicht selbstverständlich«, sagt die 39-Jährige. Die ungezwungene Arbeit nebenbei macht ihr Spaß, auch wenn sie langfristig in ihrem eigentlichen Beruf als Übersetzerin wieder Fuß fassen möchte.

»Manche sagen, ich sei besser als ein Therapeut, weil ich erst gar nicht probiere jemanden zu therapieren, sondern versuche, den Menschen ihren Lebensmut wiederzugeben und Vertrauen aufzubauen«

Michael Toth

Foto: Judith Köhler

Michael Toth gratuliert Arnfried Gebhardt beim Frühstück zum Geburtstag.

Ehrenamtlich tätig: Andrea Hachmann (links) und Sarah Guest.

»Wenn du kommst und die Leute sagen: ›Schön, dass du da bist, das ist toll.‹ Dann merkt man, dass man gebraucht wird.«

Andrea Hachmann

Foto: Judith Köhler

Ab und zu unterhält sie sich mit ihrer Mitstreiterin Conny Kamstra, die aus Amsterdam stammt. Im Gegensatz zu Klessen hat Kamstra ihr Berufsleben abgeschlossen, seit Mitte 2010 ist die Fremdsprachensekretärin in Rente. Auf das Mehrgenerationenhaus kam sie, weil sie sich ursprünglich in der Sterbehilfe engagierte. Auslöser für ihren Einsatz war eine eigene Krebserkrankung. »Die Leute fassen dadurch sehr schnell Vertrauen zu mir, weil sie wissen, dass ich dieselben Ängste *durchgestanden* habe«, sagt sie. Wenn man im Schweizerhof tätig sei, dürfe man keine Berührungsängste haben. Momentan sei sie einmal in der Woche da und male zusammen mit einer Bewohnerin. Das hätte sich so ergeben, denn welchen Beitrag sie letztlich leiste, sei ihr egal. »Ich würde auch einen Putzeimer in die Hand nehmen oder in der Küche Gemüse schnibbeln. Für mich war immer klar, dass ich einen Teil meiner Energie meinem Umfeld unbezahlt zur Verfügung stellen möchte«, betont sie fröhlich. Zudem sei ihr Tun nicht einseitig. Ihr Engagement öffne ihr Türen in Welten, die sie vorher nicht kannte. Zum Beispiel das Wohnen in einer WG. »Für mich selbst käme das nicht in Frage, aber ich finde es unheimlich spannend zu sehen und kennenzulernen«, erklärt Kamstra. Dass das Mehrgenerationenhaus eine so große Anziehungskraft für Menschen aus der näheren Umgebung hat, erklärt sie sich mit dem Dorfgefühl, das im Schweizerhof gelebt wird. »Jeder der sich interessiert, kommt vorbei und dann ergeben sich eigentlich immer nette Gespräche«, sagt sie.

Nach dem Erstkontakt durch Homepage und E-Mail kam er vier Wochen zu Besuch. Alsbald entschied sich der Hamburger für einen Umzug nach Heidelberg: Andreas Brandt in seiner Wohnung im Schweizerhof.

Foto: Judith Köhler

Interviews mit Bewohnern, Angehörigen und Mitarbeitern

Andreas Brandt

Andreas Brandt stammt ursprünglich aus Hamburg, wo er bis 2004 als Informatiker arbeitete. Knapp acht Jahre zuvor hatten die Ärzte bei ihm Multiple Sklerose diagnostiziert. Brandt hatte es schon geahnt, wollte es aber nicht wahrhaben, da er um den möglichen Krankheitsfortschritt wusste. 2010 zog er nach Heidelberg. Die Multiple Sklerose war inzwischen so weit fortgeschritten, dass er lieber in einem Haus mit Betreutem Wohnen leben wollte. Andreas Brandt ist Jahrgang 1962, geschieden und Vater zweier erwachsener Kinder.

In Hamburg gibt es sicher auch schöne Häuser, die Betreutes Wohnen anbieten. Wieso sind Sie nach Heidelberg gekommen?
Ich kannte die Gegend um Walldorf aus einer langen Berufstätigkeit. Zeitweise habe ich für SAP gearbeitet. Während einer Kur habe ich eine gute Freundin kennengelernt, die von hier stammt. Das war 2009. Sie ist ein Freundschaftsanker, der mich zu dem Wohnortswechsel bewogen hat. Als ich im Internet nach etwas Entsprechendem gesucht habe, bin ich auf die Hausgemeinschaften gestoßen. Dann ging eigentlich alles ganz rasch: Nach einem mehrwöchigen Probewohnen bin ich von Hamburg nach Heidelberg gezogen.

Wie gefällt Ihnen das Wohnen hier?
Es ist schön! Nach dem Tod meiner Lebensgefährtin 2008 wurden auch die Freunde in Hamburg weniger. Ich fühlte mich einsam. Meine Kinder studieren zwar in Hamburg, haben aber primär ihr eigenes Leben und ich wollte nicht lästig werden. Die Vorteile am Mehrgenerationenhaus liegen auf der Hand: Durch das gemeinsame Essen jeden Tag habe ich viel Kontakt zu ganz unterschiedlichen Menschen. Gleichzeitig kann ich, wenn ich möchte, einen gewissen Abstand wahren und mich in meine Wohnung zurückziehen. Und wenn ich krank bin, kann ich mir sicher sein, schnell und unkompliziert mehr Hilfe zu bekommen.

Wie wohnen Sie?
Meine Wohnung liegt im Hochparterre, hat 52 Quadratmeter und einen Balkon. Es gibt einen großen Wohnraum mit Küche und ein Schlafzimmer. Die ganze Wohnung ist barrierefrei gebaut, allerdings gibt es wegen der Sturzgefahr nur eine Dusche und keine Badewanne.

Wie sieht ein normaler Tag bei Ihnen aus?
Meistens stehe ich so gegen 8 Uhr auf. Einige Male pro Woche dusche ich, wobei ich beaufsichtigt werde, um Unfälle zu vermeiden. Um 9 Uhr frühstücke ich mit den anderen im Gemeinschaftsraum. Anschließend sitze ich am Computer oder lese. Um 12 Uhr gibt's Mittagessen. Danach wird es ein bisschen dünn, gerade nach einem so erfüllten Arbeitsleben. Ich habe oft das Gefühl, wieder richtig was tun zu wollen. Um 18 Uhr gehe ich dann zum Abendessen.

Wie lange waren Sie berufstätig?
Bis 2004, danach wurde ich berentet. Das war eine krasse Umstellung: Von einer 50+-Stunden-Woche auf null. Die Pause danach war zwar ganz schön, aber es ging doch recht schnell, da hatte ich keine Lust mehr auf endlosen Urlaub.

»Im Moment nehme ich an den Mahlzeiten teil und bin zu allen freundlich. Schön ist, dass hier jeder ein ›offenes Ohr‹ hat.« Andreas Brandt

Wie ist Ihr Gesundheitszustand derzeit?
Seit ich hier wohne, ist mein Zustand stabil. Das kann so bleiben, muss aber nicht.

Machen Sie trotz Krankheit Pläne für die Zukunft?
Tatsächlich ja. Zusammen mit einer Bekannten aus Baden möchte ich eine Praxis für Psychotherapie eröffnen. Wir machen dafür beide zurzeit Fortbildungen.

Gibt es etwas, das Sie am Konzept der Hausgemeinschaften ändern würden?
Der Gedanke der offenen Gemeinschaft ist an sich eine gute Sache. Aber ein gewisser Schutz dürfte schon sein.

Wie bringen Sie sich im Mehrgenerationenhaus momentan ein?
Im Moment nehme ich an den Mahlzeiten teil und bin zu allen freundlich. Schön ist, dass hier jeder ein »offenes Ohr« hat.

Silke und Wolfgang Schwarz

Silke Schwarz kam 1978 in Köln mit einer Tetraspastik zur Welt, weil sie während der Geburt zu wenig Sauerstoff bekam. Da ihre Muskulatur dadurch permanent angespannt ist, kann sie nur mit Hilfestellung laufen und ist ansonsten auf einen elektrischen Rollstuhl angewiesen. Ihr Vater Wolfgang Schwarz fügt hinzu, Silke habe keine Lähmungen, es sei ein reines Koordinationsproblem. »Geistig ist sie total fit«, betont er. Die beiden sehen sich zweimal im Jahr für jeweils etwa eine Woche.

»

»Meine Eltern haben mich als offenen Menschen erzogen und mir viel Liebe, Humor und Zuversicht mitgegeben.«

Silke Schwarz

Foto: Judith Köhler

Silke und Wolfgang Schwarz im Garten des Mehrgenerationenhauses.

Silke, seit wann sind Sie bei den Hausgemeinschaften?
Ich kam im Jahr 2000 nach Heidelberg für eine Ausbildung als Bürokauffrau. Die habe ich jedoch aus gesundheitlichen und psychischen Gründen abgebrochen, weshalb ich mich dann fragen musste: Was mache ich jetzt? Die Stadt hat mir eine Betreuerin zur Seite gestellt, die mich auf die Hausgemeinschaften aufmerksam machte. Das war 2002.

Wie war Ihr erster Eindruck vom Verein?
Wenn ich ehrlich bin, hatte ich eigentlich gar keine Lust darauf. Ich dachte, das ist so ein kirchliches Ding. Aber ich wollte guten Willen zeigen. Alle waren so freundlich zu mir, da wollte ich auch freundlich sein.

Wie ging es weiter?
Ich zog in eine WG in Rohrbach, die zu den Hausgemeinschaften gehörte. 2007 bin ich von dort ins Mehrgenerationenhaus gezogen. Da wohne ich heute zusammen mit zwei anderen in einer WG. Das klappt gut, denn jeder hat sein eigenes Zimmer und jeder ist sehr eigenständig.

Wie sieht ein Tag in Ihrem Leben aus?
Da gibt es mehrere Möglichkeiten. Kurzzeitig habe ich den Rezeptionsdienst gemacht. Momentan helfe ich beim Wäschezusammenlegen. Außerdem nehme ich gern an den tagesstrukturierenden Angeboten teil, wie der Kreativ- oder Theatergruppe. Neulich gab es auch einen Fotoworkshop, wo wir die Grundtechniken des Fotografierens gelernt haben und anschließend zu bestimmten Themen Bilder machen sollten. Ansonsten bin ich bei den Essen im Gemeinschaftsraum dabei und neben Arztbesuchen und Krankengymnastik auch beim Bistro.

Welche Unterstützung bekommen Sie von den Hausgemeinschaften?
Der Verein arbeitet mit einem Pflegedienst zusammen, der übernimmt die Grundpflege wie Waschen, Duschen und Anziehen. Dann bekomme ich auch Hilfe im Alltag, zum Beispiel beim Spülen, Wäschewaschen und Saugen.

Wolfgang Schwarz ist seit 1986 Silkes Adoptivvater. Der 58-Jährige stammt aus Köln und spricht im schönstem Rheinländisch von seinen Eindrücken, die er in den vergangenen Jahren vom Mehrgenerationenhaus gesammelt hat.

Herr Schwarz, wie würden Sie das Mehrgenerationenhaus beschreiben?
Es ist ein Gesamtkunstwerk. Man bekommt die Hilfe, die man braucht, hat aber auch seine Ruhe, wenn man sie haben möchte. Silke hat jetzt mehr Struktur in ihrem Leben als früher, als sie noch in einer der WG's der Hausgemeinschaften wohnte, die über die ganze Stadt verstreut waren.

Haben Sie das Gefühl, Silke ist hier gut aufgehoben?
Auf jeden Fall. Es ist ein gutes Gefühl zu wissen, dass immer jemand da ist, der nach ihr schaut. Silke ist ein hochintelligenter Mensch, der aufgrund psychischer Probleme nicht in der Lage ist, sein Leben alleine zu gestalten.

Welche Probleme sind das?
Silke hat das Borderline-Syndrom, das ist eine Persönlichkeitsstörung, die in Schüben verläuft. Zum Beispiel hatte sie vor zwei Jahren eine anorektische Phase und wog 40 Kilo weniger als heute. Deshalb war sie auch neun Wochen in einer Klinik, bevor sie wieder ins Mehrgenerationenhaus kam. Bis heute gibt es bestimmte Auflagen von den Ärzten, eine davon ist, dass meine Tochter an den gemeinschaftlichen Essen im Haus teilnehmen muss. Die Leute hier haben Silke geholfen, wieder in die Spur zu kommen.

Welche Funktionen erfüllen die Hausgemeinschaften außer der täglichen Fürsorge?
Es geht natürlich auch darum ›Zeit totzuschlagen‹. Eine richtige Aufgabe wie Erwerbstätige hat hier keiner. Viele sind psychisch angeschlagen. Gleichzeitig ist der Umgang miteinander immer sehr respektvoll. Man muss es nüchtern sehen: Die Menschen hier mögen sich auch nicht alle. Sicher ist es eine große Gemeinschaft, wo man alles darf, aber nichts muss.

Was gefällt Ihnen an der Idee des Mehrgenerationenhauses, so wie es hier in Heidelberg gelebt wird?
Es wird sehr darauf geachtet, dass die Eigenständigkeit der Bewohner gewahrt bleibt, d.h., verbindliche Dinge werden miteinander besprochen, es wird nicht einfach entschieden. Im Gegensatz zum Heim bleibt hier die Individualität gewahrt.

Welche Alternative gäbe es für Silke, wenn sie nicht hier wohnen könnte?
Eigentlich nur das Heim und dann wäre es vermutlich ein Altersheim. Nein, nein, das Mehrgenerationenhaus ist bei weitem die beste Lösung und ich denke, dass es auch in Zukunft unter dem Strich die preiswerteste Variante ist.

Wie wird Silkes Wohnen hier finanziert?
Sie bekommt Sachleistungen durch einen Pflegedienst, weil sie Pflegestufe 2 hat. Außerdem erhält sie die Grundsicherung vom Staat und Leistungen der Eingliederungshilfe. Den Rest habe ich nicht so im Blick, darum kümmert sich eine gesetzliche Betreuerin. Im Monat bleibt ihr jedenfalls ein Taschengeld von 150 Euro.

Wo hat Silke gewohnt, bevor sie nach Heidelberg kam?
In unserem Haus in Kerpen. Da gab es allerdings viele Stufen und Silke musste immer rumgetragen werden. Für Ihre Selbstständigkeit war das Fortgehen von Zuhause ungeheuer wichtig. Viele Eltern versäumen den richtigen Zeitpunkt loszulassen.

Und noch eine Frage an Silke: Was haben Ihre Eltern in der Erziehung richtig gemacht?
Sie haben mich als offenen Menschen erzogen und mir viel Liebe, Humor und Zuversicht mitgegeben.

Christian Marek

Der Hesse Christian Marek hatte im Alter von 15 Jahren einen schweren Bergunfall in den Dolomiten. Beim Bergwandern mit Freunden stürzte er im Sommer 1988 rund 25 Meter in die Tiefe. Danach lag er ein halbes Jahr im Wachkoma in Innsbruck, weitere langwierige Reha- und Kuraufenthalte folgten. Durch den Unfall zog er sich ein Schädelhirntrauma zu, weshalb er bis heute unter Gedächtnisschwäche und einer starken Epilepsie leidet. Beim Laufen ist er auf einen Rollator angewiesen. Im Schweizerhof lebt er in einer Wohnung für Betreutes Wohnen, wo er ein 50 Jahre währendes Wohnrecht besitzt.

»Gleichzeitig muss ich aber auch Dinge machen, die gesunde Menschen auch machen müssen, wie zum Beispiel meine Wäsche.«

Christian Marek

Christian Marek stürzte 1988 beim Bergwandern ab und zog sich ein Schädel-Hirn-Trauma zu.

Foto: Judith Köhler

Bevor Sie ins Mehrgenerationenhaus zogen, haben Sie lange in Ihrem Elternhaus gelebt. Warum wollten Sie ausziehen?
Lange gab es für mich nur die Alternative Zuhausewohnen oder Altenheim. Durch unseren Selbsthilfeverband in Darmstadt habe ich von den Hausgemeinschaften erfahren und anschließend dreimal im Markusforum ein Probewohnen gemacht.

Und dort hat es Ihnen gefallen?
Ich habe mich gleich verliebt. In die Leute und in die Stadt. Ich wollte auf jeden Fall hierher ziehen. Heute bin ich viel selbstständiger als früher, das sagt auch meine Familie.

Was mögen Sie besonders am Betreuten Wohnen im Schweizerhof?
Ich bin hier sehr frei. In einem Heim wäre zeitlich alles durchstrukturiert. Gleichzeitig muss ich aber auch Dinge machen, die gesunde Menschen auch machen müssen, wie zum Beispiel meine Wäsche.

Wie sieht ein normaler Tag bei Ihnen aus?
Gegen 8 Uhr kommt eine Schwester, die mir beim Anziehen hilft. Frühstücken tue ich meist in meiner Wohnung, im Gemeinschaftsraum ist mir so früh schon zu viel los, da brauche ich meine Ruhe. Anschließend ermöglicht mir das vielfältige Angebot im Haus, an unterschiedlichen Programmen teilzunehmen, angepasst an meine Kräfte und Interessen. Dazu gehören unter anderem die Computergruppe, die Andacht, ein Theaterworkshop oder Filmabende. Wichtig sind für mich auch Therapietermine wie die Ergotherapie oder Krankengymnastik. Um halb eins gehe ich regelmäßig zum Mittagessen. Vieles entwickelt sich spontan, da man jeden Tag viele Leute im Mehrgenerationenhaus trifft. Den Rest des Tages versuche ich unterhaltsam zu gestalten, schaue Fußball oder sitze am Computer und schreibe meine eigenen Geschichten.

Welches Ziel verfolgen Sie?
Ich würde gern ein ganz normales Leben führen können. Die Arbeit in der PC-Gruppe macht mir zum Beispiel viel Spaß. Vielleicht könnte ich irgendwann mal am Computer arbeiten und dabei auch für andere etwas Nützliches tun.

Inge und Anneliese Gomell

Inge Gomell sieht man ihr Alter nicht an. 63 Jahre alt soll sie sein? Das ist kaum zu glauben. Doch wenn man ihre Mutter Anneliese Gomell trifft, liegt die Vermutung der guten Gene nahe. Trotz ihrer 86 Jahre ist Anneliese Gomell ein Energiebündel, das vor Herzlichkeit sprüht. Beide Frauen könnten gut 15 Jahre jünger sein. Natürlich freuen sie sich über das Kompliment. Das Verhältnis der beiden ist sehr innig. Vor zwei Jahren zog Anneliese Gomell von Essen nach Heidelberg, um ihre Tochter im Alltag mehr unterstützen zu können.

Frau Gomell, wie unterstützen Sie Ihre Tochter im Alltag?
Ich bin jeden Tag bei ihr, weil ich nur acht Minuten vom Mehrgenerationenhaus entfernt wohne. Wir frühstücken zusammen, ich wasche oder spüle ab, und wenn schönes Wetter ist, trinken wir auf dem Balkon Tee oder gehen spazieren.

Wie kam es, dass Sie sich 2010 entschieden, von Essen nach Heidelberg zu ziehen?
Damals starb mein Lebensgefährte und die Wohnung in Essen war für mich allein viel zu groß. Also beschloss ich umzuziehen. Inge habe ich sonst immer zweimal im Jahr besucht. Schon da war ich vom Mehrgenerationenhaus begeistert. Ich habe mich hier schon immer sehr wohl und willkommen gefühlt. Vor allem die Gemeinschaft ist wichtig.

Sie wirken, als sei die Entscheidung richtig gewesen.
Absolut! Wäre ich allein zuhause geblieben, dann wäre ich krank geworden. In Heidelberg habe ich mich gemütsmäßig verjüngt, das ist wichtig in meinem Alter. Und wenn ich später mal nicht mehr so kann wie jetzt, möchte ich auch hier im Mehrgenerationenhaus wohnen. Ingo Franz hat mir schon versprochen, dass ich hier eines Tages wohnen kann.

Was gefällt Ihnen hier so gut?
Die Toleranz ist sehr groß. Selbst wenn man bei einer Veranstaltung nicht mit dabei ist, braucht man kein schlechtes Gewissen zu haben. Da sagt keiner was. So kann man leben. Außerdem mögen uns alle hier im Haus. Manche sagen auch schon ›Mama‹ zu mir, aber mir gefällt das.

Ihre Tochter Inge sitzt neben Anneliese Gomell und nickt zustimmend. Die 63-Jährige hat früher als Sekretärin in einem Architekturbüro in Berlin gearbeitet. 1998 erlitt sie im Büro eine Gehirnblutung, die zu einer rechtsseitigen Lähmung führte. Psychisch erholte sie sich von diesem Schicksalsschlag relativ schnell, ihre Schwester holte sie damals zu sich in den Süden, wo sie Ingo Franz kennenlernte. Seit 2007 wohnt sie im Mehrgenerationenhaus.

Wie geht es Ihnen heute gesundheitlich?
Eigentlich ganz gut. Rechtsseitig habe ich noch immer Lähmungserscheinungen und wegen epileptischen Anfällen und zunehmenden Wortfindungsstörungen, die ich seit einer Operation aus dem Jahr 2009 habe, mache ich bald eine Kur in Kork bei Straßburg.

Wie finanzieren Sie Ihre 2-Zimmer-Wohnung im Schweizerhof?
Ich habe eine kleine Rente und bekomme Sachleistungen der Pflegestufe 2.

Wie verbringen Sie Ihren Tag, haben Sie Hobbies?
Nachdem der Pflegedienst da war und ich gefrühstückt habe, geht es häufig erstmal zur Therapie, z.B. zur Bewegungstherapie oder zum Logopäden. Nach dem Mittagessen lese ich, höre Musik, male oder gehe mit meiner Mutter oder mit Freunden aus dem Mehrgenerationenhaus spazieren. Abends esse ich um 18 Uhr nur noch eine Schnitte Brot und gehe dann früh ins Bett.

Ihre rechte Seite ist gelähmt, das bedeutet, Sie malen mit links?
Ja, eigentlich bin ich Rechtshänderin, aber nun muss ich alles mit links machen. Inzwischen kann ich mit links malen und schreiben.

Haben Sie auch schon Bilder von sich ausgestellt?
Tatsächlich. Seit ich hier wohne, gab es schon drei Vernissagen. Das war toll. Im Gemeinschaftsraum hängen auch einige Aquarelle von mir.

Gibt es eine Anekdote, an die Sie sich beide gern erinnern?
Als Inge das erste Mal ohne Rollstuhl, nur am Stock, runter zum Essen kam, haben die anderen alle geklatscht. Das hat uns gefreut und sehr viel Mut gemacht.

»Als Inge das erste Mal ohne Rollstuhl, nur am Stock, runter zum Essen kam, haben die anderen alle geklatscht. Das hat uns gefreut und sehr viel Mut gemacht.«

Anneliese Gomell

Anneliese und Inge Gomell im heimischen Wohnzimmer.

Foto: Judith Köhler

Familie Beyerlin

Im Gemeinschaftsraum des Mehrgenerationenhauses liegen diverse Flyer aus. Auf einem davon ist das Foto eines jungen Mannes am Klavier zu sehen. Darüber steht: Suchen Sie einen Pianisten, Rezitator oder Klavierstimmer? Damit gemeint ist Jörg-Christoph Beyerlin. Er hat eine musikalische Sonderbegabung, besitzt das absolute Gehör und war von klein auf sehr musikalisch. Heute arbeitet er als Klavierstimmer. Anfang der 80er Jahre kam er als Frühgeburt mit einem Hydrocephalus auf die Welt. Im ersten Lebensjahr wurde er deshalb siebenmal am Kopf operiert. Seine Mutter, Isolde Beyerlin, erzählt, welche Rolle die Hausgemeinschaften im Leben ihres Sohnes spielen.

»Uns gefällt einfach die vorurteilsfreie, wertschätzende Art, wie jeder dort aufgenommen wird.«

Isolde Beyerlin

Foto: Beyerlin

Familie Beyerlin aus Neckargemünd. Ganz rechts: Jörg-Christoph Beyerlin.

Worauf haben Sie bei der Erziehung Ihres Sohnes großen Wert gelegt?
Wir haben immer versucht, den integrativen Weg zu gehen. So hat er trotz einer Lernbehinderung den Hauptschulabschluss geschafft. Danach absolvierte er eine Ausbildung zum Klavierstimmer in Chemnitz. Unser Ziel war es immer, sein musikalisches Talent so gut es geht zu fördern, damit er es später einmal beruflich nutzen kann.

Hat er bereits als Klavierstimmer gearbeitet?
Jörg-Christoph hatte vier Jahre lang eine feste Stelle in einem Offenburger Klavierhaus. Als das kleine Familienunternehmen umstrukturiert wurde, passte unser Sohn dort nicht mehr rein. Glücklicherweise arbeitet er seit Frühjahr 2012 wieder an zwei Tagen in der Woche als Klavierstimmer in Karlsruhe.

Inwiefern ist Ihr Sohn auf Unterstützung angewiesen?
Er benötigt eine Art Coach, jemanden, der seine Arbeit organisiert, für ihn Termine macht und Programme erstellt. Seinen Alltag kann er selbst bewältigen, allerdings braucht er jemanden, der sich um seine Finanzen kümmert.

Wann sind Sie auf die Hausgemeinschaften aufmerksam geworden?
Uns sind die Hausgemeinschaften seit längerem bekannt. Als Jörg-Christoph seine Stelle als Klavierstimmer verlor, haben wir uns hilfesuchend an Ingo Franz gewandt.

Was mögen Sie am Mehrgenerationenhaus?
Das Tolle ist, dass man dort mit seinen Problemen Gehör findet und wirklich Hilfe bekommt. Unser langfristiges Ziel ist es, dass Jörg-Christoph eines Tages auch dort in Gemeinschaft wohnen kann, damit er nicht vereinsamt. Momentan ist es so, dass er gerne bei Aktivitäten mitmacht, also z.B. mit ins Kino oder Theater geht, wenn ihn jemand fragt; von sich aus würde er jedoch niemanden fragen.

Kennt Ihr Sohn bereits Leute im Schweizerhof?
Oh ja, er geht regelmäßig und sehr gerne in den Chor und besucht die Gruppe »Ich und Du«. Außerdem ist er mit den jungen Leuten aus der WG83 gut befreundet.

Was bedeutet das Mehrgenerationenhaus für Ihre Familie?
Uns gefällt einfach die vorurteilsfreie, wertschätzende Art, wie jeder dort aufgenommen wird. Wir möchten für unseren Sohn etwas aufbauen, damit er später einmal gut versorgt ist. In Ingo Franz haben wir einen einfühlsamen und engagierten Ratgeber gefunden.

Nicole Gerner

Die Ein-Euro-Jobberin Nicole Gerner gehört seit November 2011 zum Mehrgenerationenhaus. Sie hat Sonderpädagogik studiert und ist momentan auf der Suche nach einer festen Stelle. Im Schweizerhof hat sie unter anderem die Aufgabe der Terminkoordination für einen schwerstpflegebedürftigen Bewohner übernommen. Außerdem hilft sie bei der Kindergruppe mit und erledigt anfallende Büroarbeit. Gerner ist unter der Woche jeden Tag da.

Wird der Gedanke der Vielfaltsgemeinschaft im Schweizerhof wirklich so gelebt, wie es nach außen hin scheint?
Im Prinzip ja, denn bei jedem Einzelnen wird geschaut, welche Bedürfnisse er oder sie hat und wie man diesen am besten gerecht wird. Hinzu kommt, dass das Mehrgenerationenhaus ein wirklich offener Ort ist, der jede Art von Begegnungen auch zulässt. Jeder kann seine Fähigkeiten einbringen.

Gibt es auch Punkte, die Sie eher kritisch sehen?
Bislang sind zwar viele gute Ideen da, aber an der Umsetzung hakt es manchmal. Das Konkrete fehlt. Das ist ein Stück weit auch der Offenheit dieses Projekts geschuldet.

An was müsste Ihrer Meinung nach verstärkt gearbeitet werden?
Neue Strukturen müssen langfristig etabliert werden, aber dafür fehlt der organisatorische Unterbau. Oft reicht einfach die Zeit nicht, um neue Vorschläge wirklich umzusetzen. Die vollständige Inklusion ist bisher noch nicht geschafft, aber das Mehrgenerationenhaus ist auf einem guten Weg.

Was ist Ihr langfristiges Ziel?
Ich möchte gern in die soziale Projektarbeit. Am ehesten sagt mir das Thema HIV zu, weil ich zehn Jahre ehrenamtlich für die Aidshilfe gearbeitet habe.

> »Die vollständige Inklusion ist bisher noch nicht geschafft, aber das Mehrgenerationenhaus ist auf einem guten Weg.«
>
> Nicole Gerner

Foto: Judith Köhler

Nicole Gerner beim Memory-Basteln für die Kindergruppe.

Robert Weiler und Gabriele Frank-Weiler

Robert Weiler ist gelernter Koch und hatte gerade eine Zusatzausbildung zum Konditor begonnen, als bei ihm ein Gehirntumor festgestellt wurde. Das war 2001. Der damals 20-Jährige wurde operiert, wobei eine Hormondrüse, die Hypophyse, und der rechte Sehnerv beschädigt wurden. Seit der Operation kann sich Robert Weiler nur noch schlecht orientieren und vergisst vieles. Eine Reha in Bad Tölz verhalf dem jungen Mann aus Heidelberg zu einer Selbstständigkeit, an die er und seine Mutter Gabriele Frank-Weiler zunächst nicht mehr geglaubt hatten.

»Das ist die Hilfe zur Selbsthilfe. Zum Beispiel wird hier nur der Teller festgehalten, wenn man sein Brot schneiden möchte.«

Robert Weiler

Foto: Judith Köhler

Robert Weiler und seine Mutter Gabriele Frank-Weiler.

Robert, was hatte es mit der Reha in Bad Tölz auf sich?
Dort habe ich gelernt, selbstständig zu leben. Als der Gehirntumor diagnostiziert wurde, war ich gerade erst 20 Jahre alt. In Bad Tölz hat man mir alles beigebracht, worauf es im Alltag ankommt.

Gabriele Frank-Weiler nickt bestätigend:
»Die Reha war enorm wichtig. Robert musste selbst Wäsche waschen, einkaufen, putzen. Er hat sogar wieder Fahrradfahren gelernt. Durch die Klinik in Bad Tölz haben wir auch Ingo Franz kennengelernt.«

Wie kommen Sie heute zurecht?
Gut. Das Mehrgenerationenhaus gibt meinem Alltag Struktur. Die Zeit nach den Operationen war ziemlich hart. Ich konnte mich kaum orientieren und habe mich ständig verlaufen, selbst wenn ich nur zwei Straßen von meiner Wohnung entfernt war.

Wo wohnen Sie heute?
Im Quartier am Turm, nur einen Steinwurf vom Schweizerhof entfernt. Durch die Hausgemeinschaften habe ich dort eine Einzimmerwohnung gefunden. Meine Oma hat mir dort ein Wohnrecht auf Lebenszeit gekauft.

Was bedeutet Ihnen der Anschluss ans Mehrgenerationenhaus?
Ich habe hier Leute gefunden, die mir über das Betreutsein hinaus eine Perspektive bieten. Und obwohl es derzeit für mich noch keine geordnete Kostenregelung gibt, hat Ingo Franz schon zu mir gesagt, dass ich auf jeden Fall bleiben kann.

Wieso brauchen Sie im Alltag Unterstützung?
Ich vergesse immer noch sehr viel, muss mir Termine im Handy machen, um sicherzugehen, dass ich meine Medikamente eingenommen habe. Meine Mutter ist meine gesundheitliche Betreuerin, außerdem habe ich noch eine Betreuerin, die sich um meine Rechte und Finanzen kümmert.

Welches langfristige Ziel verfolgen Sie?
Ich möchte meinen Alltag irgendwann wieder ganz eigenständig gestalten und für mich selbst sorgen, was Gesundheit und Freizeit angeht.

Seine Mutter ist in dieser Hinsicht skeptisch, sagt:
»Ein bisschen Hilfe wird Robert immer brauchen. Aber ich bin sehr froh zu wissen, dass er hier gut und liebevoll versorgt wird.«

Noch eine letzte Frage: Robert, was schätzen Sie am Mehrgenerationenhaus?
Das ist die Hilfe zur Selbsthilfe. Zum Beispiel wird hier nur der Teller festgehalten, wenn man sein Brot schneiden möchte. Es wird einem nicht gleich das Brot geschnitten. Das unterscheidet dieses Haus von vielen anderen Behindertenhilfen. Hier geht es um die Dinge, die jemand kann, und nicht um das, was er hat. Das ist das Herzstück der Hausgemeinschaften.

Martin Freudenstein

Der Flensburger Martin Freudenstein lernte 1990 seine zukünftige Frau in Heidelberg kennen und beschloss daraufhin in den Süden zu ziehen. Recht bald bekam das Paar vier Kinder, was Freudenstein jedoch nicht davon abhielt, nach seiner Lehre zum Fernmeldehandwerker ein Studium an der Fachhochschule Kiel zu machen. Dort studierte er unter der Woche Nachrichtentechnik, am Wochenende fuhr er zu seiner Familie nach Heidelberg. Die Pendelei war anstrengend, doch der Aufwand lohnte sich: Freudenstein bekam anschließend eine Stelle bei Siemens in Mannheim. Doch schon bald wurde alles anders.

Wann veränderte sich Ihr Leben radikal?
Das war 1997. Da bekam ich mit 35 Jahren erstmals einen epileptischen Anfall. In der Klinik diagnostizierte man einen Gehirntumor, der rasch operiert wurde. Dabei verlor ich zunächst meine Sprache und war rechtsseitig gelähmt. Glücklicherweise erholte ich mich schnell und konnte in meinen Beruf zurückkehren. Meine Aufgabe als Nachrichtentechniker war es, Emails zu verschlüsseln.

Fünf Jahre später erlitten Sie jedoch einen Rückfall.
Das stimmt. Damals wurde ich zweimal in Bonn operiert. Im Jahr 2002 gründete ich zusammen mit acht weiteren Betroffenen eine Selbsthilfegruppe in Heidelberg.

Sind Sie nach Ihrem Rückfall wieder arbeiten gegangen?
Bis 2004 ja. Danach wurde ich verrentet und habe heute Pflegestufe 1.

Wie sind Sie mit dem Wechsel vom Arbeitsleben in den vorzeitigen Ruhestand umgegangen?
Nach meiner Verrentung habe ich nach einer sinnvollen Tätigkeit gesucht. Das Selbsthilfebüro in Heidelberg hat mir daraufhin das Mehrgenerationenhaus empfohlen. Hier war ich die ersten zwei Jahre in der Küche, das war ganz ok. Jetzt arbeite ich im Bistro, das liegt mir mehr.

Wie oft sind Sie im Schweizerhof?
Immer wenn Bistro ist, also Dienstag, Donnerstag und Samstag. Dann koche ich Kaffee, serviere Kuchen und wische die Tische ab. Einmal im Monat veranstalte ich »Martins Kinoabend«. Dafür suche ich die Filme selbst aus.

Was bedeutet Ihnen die Arbeit?
Ich bin froh, dass ich trotz Krankheit etwas Sinnvolles tun kann. Im Mehrgenerationenhaus sind wir alle ganz verschieden, jeder hat ein anderes Päckchen zu tragen.

Wie geht Ihre Familie mit der Krankheit um?
Meine Frau und ich leben mittlerweile getrennt, verstehen uns aber gut. Auch mit meinen Kindern habe ich regelmäßig Kontakt. Ich lebe heute im Quartier am Turm, nicht weit vom Mehrgenerationenhaus entfernt in einer Einzimmerwohnung.

»Im Mehrgenerationenhaus sind wir alle ganz verschieden, jeder hat ein anderes Päckchen zu tragen.«

Martin Freudenstein

Foto: Martin Freudenstein

Martin Freudenstein lebt seit über 20 Jahren in Heidelberg.

Die WG 83

Eine betreute Wohngemeinschaft

Etwas ganz Besonderes im Mehrgenerationenhaus ist die WG 83[42]. Seit November 2010 wohnen in einer geräumigen Vierzimmerwohnung im Nachbarhaus des Mehrgenerationenhauses Susann Bensch und Ralf Mazur, beide 28 Jahre alt, sowie die 33-jährige Katharina Weckauf. Alle drei haben eine geistige Behinderung und kennen sich schon seit der Schulzeit. Mit viel Unterstützung von Seiten des Schweizerhofs können sie so selbstständig wie möglich allein wohnen.

Der Alltag der Mitbewohner ist gut durchstrukturiert. Es gibt einen Einkaufs- und Putzplan, der gemeinsam mit den Betreuern erstellt wird. Sonntags wird immer zusammen gekocht und einmal in der Woche ist *WG-Besprechung* mit den Betreuern des Mehrgenerationenhauses. Zudem schaut jeden Tag jemand vorbei und prüft, ob alle drei ihre Medikamente genommen haben. Vormittags gehen Katharina und Susann in einem Altenheim arbeiten. Während Katharina dort spült und die Tischdecken in die Großküche bringt, hilft Susann in der Küche, füllt Kaffeekannen auf und verteilt das Frühstück und Mittagessen. Ralf Mazur arbeitet im Café Frisch in Heidelberg-Neuenheim. Seit 2005 ist er in der Konditorei, die der Familie seines Onkels gehört, tätig.

In ihrer freien Zeit gibt es für die WG unter der Woche nachmittags ein Begleitprogramm, jeweils zwei- bis dreimal die Woche trainieren die Mitarbeiter des Mehrgenerationenhauses mit den dreien, was im Alltag anfällt. Dazu gehört unter anderem auch die WG-Besprechung, bei der die Freizeitaktivitäten für das kommende Wochenende koordiniert werden. Am Wochenende kommt eine Honorarkraft, die mit den dreien zum Schwimmen geht, Ausflüge unternimmt oder gemeinsam kocht. Abends schauen sie gern zusammen fern, vor allem Serien und Musiksendungen. Das soziale Miteinander wird so unkompliziert und effektiv gefördert. »Im August haben wir zu Susanns Geburtstag auf dem Balkon gegrillt«, sagt Ralf Mazur, der von sich selbst sagt, er sei in Rohrbach bekannt wie ein »bunter Hund«. Das liegt vor allem daran, dass Ralf seine sonstige Freizeit sehr abwechslungsreich gestaltet. »Ich spiele bei der Lebenshilfe Fußball[43], tanze, singe und lege gern auf«, erzählt er. Zusammen mit seiner Verlobten und Mitbewohnerin Susann, die Jazztanz macht und einmal in der Woche zur Gruppe ›Tausendfüßler‹ geht, singt und tanzt er auch gern in der WG.

Und auch Katharina Weckauf kann sich über mangelnde Freizeitbeschäftigung nicht beklagen. Die 33-Jährige geht montags immer in den Chor und die Theatergruppe, freitags geht sie joggen und besucht anschließend ihre Eltern. Ihre Mutter Maria Weckauf freut sich, wenn ihre einzige Tochter zuhause ist, obwohl sie 2010 selbst die treibende Kraft für den Auszug Katharinas war. »Katharina musste geschubst werden, damit sie auszieht«, sagt sie. Von Beginn an seien sie und ihr Mann bei der Erziehung darauf bedacht gewesen, dass ihre Tochter so normal wie möglich aufwächst. Andere Eltern stünden manchmal unter Stress, fragten sich, ob ihr Kind nicht schon sauber sein

Viel gute Laune und treues freiwilliges Engagement bringt die Nachbar-WG ins Gemeinschaftshaus ein. Eine Nachbarschaftsbeziehung mit vielen win-win-Effekten!

… Mit viel Unterstützung von Seiten des Schweizerhofs können sie so selbstständig wie möglich allein wohnen …

müsse oder warum es nicht schon laufe. »Wir waren immer ganz entspannt, denn das waren für uns Mini-Probleme«, sagt Maria Weckauf. Stattdessen hätten sie jeden Fortschritt ihrer Tochter sehr bewusst miterlebt. »Zum Beispiel hat es fünf Jahre gedauert, bis Katharina Fahrradfahren konnte. Diesen Tag haben wir richtig gefeiert«, erinnert sie sich. Die heute 60-Jährige und ihr Mann haben bereits in den 80er Jahren eine Elterninitiative gegründet und dadurch viele andere Eltern, die in einer ähnlichen Lage waren, kennengelernt. »Unsere Lebensgeschichte mit Katharina ist so toll verlaufen, vor allem wegen der vielen Menschen, die wir sonst vielleicht nie getroffen hätten. Dazu gehören unter vielen anderen auch die Eltern von Ralf Mazur«, erzählt Weckauf. Eine klare Diagnose hätten die Ärzte für Katharina nie stellen können und irgendwann sei es ihnen auch nicht mehr wichtig gewesen, denn sie wollten ihre Tochter so akzeptieren, wie sie ist. Die Elterninitiative führte die Weckaufs auch zum Mehrgenerationenhaus in Rohrbach, denn hier fand einmal im Monat die integrative Gruppenstunde statt. Dass Katharina heute im Schweizerhof wohnt, ist für ihre Mutter ein weiterer *Meilenstein*, obwohl es nicht leicht gewesen sei, Katharina von diesem Schritt zu überzeugen. »Ich habe versucht ihr klarzumachen, dass man auszieht, weil es Zeit ist, und nicht, weil es vielleicht einen Partner oder andere Gründe gibt. Ich habe zu ihr gesagt ›schau dich mal um, wer wohnt mit 30 Jahren noch zuhause?‹«, erzählt sie. Das habe gewirkt.

Gemeinsam mit Emine Yildirim, der Leiterin der ambulanten Wohnbetreuung und Geschäftsführerin von Habito e.V., hätten sie das Projekt in Angriff genommen und es sei toll gewesen, weil sie vor allem die bürokratischen Hürden gemeinsam nehmen konnten, erzählt Maria Weckauf. Als dann die Wohnung feststand, Möbel ausgesucht werden mussten und ihre Tochter die ersten Unterschriften selbst leisten musste, hat es auch bei Katharina gefunkt. Von da ab wollte sie auch ausziehen. »Heute geht sie ihren eigenen Weg und ist viel selbstständiger als früher, das ist sehr schön. Und wenn sie freitags bei uns nicht joggen gehen würde, dann würde sie vermutlich kaum noch zuhause vorbeischauen«, erläutert Maria Weckauf und fügt schmunzelnd hinzu: »DAS war gewöhnungsbedürftig!« Und obwohl der Auszug für die ganze Familie zum richtigen Zeitpunkt kam und sehr stimmig abgelaufen sei, gab es für sie als Mutter einen schwierigen Moment: den auf dem Bürgeramt, als in Katharinas Pass plötzlich die neue Adresse stand und ihr Auszug somit amtlich war. Doch trotz dieses kurzen Moments des Innehaltens freut sich Maria Weckauf über das neue Leben ihrer Tochter. »Katharina genießt die Gemeinsamkeit sehr. Nach der Kleinfamilie zuhause hat sie nun eine Großfamilie. Sie kann allein in ihrem Zimmer sein, zu dritt in der WG oder mit vielen hier im Gemeinschaftsraum des Schweizerhofs. Das ist optimal für sie«, betont Weckauf.

Felix Knödler geht in der WG 83 fast

»Es ist ähnlich wie in einer Familie, da versucht man ja auch, jedem gerecht zu werden.«

Felix Knödler

Foto: Judith Köhler

Die WG 83 in ihrem Wohnzimmer, von links nach rechts: Ralf Mazur, Susann Bensch, Betreuer Felix Knödler, Katharina Weckauf und Sozialpädagogin Gabriele Stamm.

Foto: Judith Köhler

täglich ein und aus. Der 26-Jährige absolviert im Mehrgenerationenhaus gerade sein Anerkennungsjahr zum Heilerziehungspfleger. Im Oktober 2011 hat er angefangen und die Arbeit unter anderem als Betreuer für die drei Mitbewohner macht ihm Spaß. »Als künftiger Heilerziehungspfleger ist es meine Aufgabe, Menschen, die eine körperliche, psychische oder geistige *Beeinträchtigung* haben, im Alltag zu begleiten«, erklärt er seinen Beruf. Ihm gefällt, dass im Mehrgenerationenhaus versucht wird, die individuellen Bedürfnisse der Bewohner unter einen Hut zu bekommen. »Es ist ähnlich wie in einer Familie, da versucht man ja auch, jedem gerecht zu werden«, sagt er. Bei Anliegen, die die WG 83 betreffen, bespricht er sich oft mit den Eltern. Der rege Austausch sei wichtig.

Darüber hinaus sorgt Felix Knödler im Mehrgenerationenhaus für gute Stimmung. Er unterstützt die assistenzbedürftigen Bewohner, schaut, ob alle bei den Mahlzeiten da sind, geht mit ihnen spazieren oder nimmt Termine wahr. Das Besondere am Schweizerhof sei vor allem die Vielfalt der Menschen. »In den ersten Tagen und Wochen weiß man gar nicht, wer hier wohnt oder arbeitet, alles ist vermischt«, erklärt er. Schade sei manchmal, dass man viele Termine erst kurzfristig erfahre, aber auch das hätte seinen Reiz. »Man muss einfach sehr flexibel sein und stets mitdenken«, sagt er.

Susann Bensch und Ralf Mazur geben WG-Besuchern gern eine Kostprobe von ihren Tanz- und Gesangskünsten. Zusammen mit Katharina Weckauf leben sie seit November 2010 in einer WG im Mehrgenerationenhaus.

»Katharina genießt die Gemeinsamkeit sehr. Nach der Kleinfamilie zuhause hat sie nun eine Großfamilie. Sie kann allein in ihrem Zimmer sein, zu dritt in der WG oder mit vielen hier im Gemeinschaftsraum des Schweizerhofs. Das ist optimal für sie«

Maria Weckauf

Am 10. April feierte Katharina Weckauf ihren 33. Geburtstag im Gemeinschaftsraum des Mehrgenerationenhauses. Rechts neben ihr steht ihre Mutter Maria.

Foto: Judith Köhler

Standpunkt der Politik

Das Mehrgenerationenhaus – eine Agentur für soziales Lernen

Für die Heidelberger Sozialpolitik waren die Diakonischen Hausgemeinschaften seit Mitte der 90er Jahre ein ernstzunehmender Partner. »Wir hätten den Verein anfangs sicher nicht so intensiv beraten, wenn wir nicht an die Idee der Hausgemeinschaften geglaubt hätten«, sagt Wolfgang Reinhard, Leiter des Amtes für Soziales und Senioren. Ingo Franz sei damals zu ihm gekommen und habe ihn gefragt, ob das Amt den Verein nicht unterstützen könne, sie böten ein differenziertes Nachbarschaftsnetzwerk und mehrere Wohnungen im Stadtgebiet, in denen Menschen mit Assistenzbedarf wohnten. »Ingo Franz war von dieser Idee beseelt, aber das ehrenamtliche *Engagement* stieß irgendwann an seine zeitlichen und physischen Grenzen, denn je mehr die Hausgemeinschaften wuchsen, desto mehr brauchte es Bezahlung und professionelle Hilfe«, erläutert Reinhard. Das Amt für Soziales und Senioren habe dem Verein daraufhin geraten, künftig als Leistungsträger zu agieren und die entsprechenden Verwaltungsstrukturen zu schaffen. Diese seien notwendig, um die vom Verein erbrachten Leistungen der Stadt gegenüber abbilden zu können. »Sicher gab es hier und da Bedenkenträger, aber wir unterstützten die Idee, weil die Proportionen in denen gedacht wurde, immer realistisch waren«, führt Reinhard weiter aus. Mittlerweile gehörten die Hausgemeinschaften zum festen Bestandteil der Eingliederungshilfe. »Der Verein bietet heute verlässliche Finanzstrukturen und ermöglicht Planungssicherheit. Er ist damit nicht mehr auf die Gnade von zufälligen politischen Mehrheiten angewiesen«, resümiert der Leiter des Heidelberger Amts.

Doch auch wenn der Verein heute stabil auf eigenen Füßen steht, haben sich die Initiatoren immer um eine breite politische Basis bemüht und sprachen bei allen Fraktionen vor. So auch bei Lothar Binding, dem SPD-Bundestagsabgeordneten des Wahlkreises Heidelberg-Weinheim. Seit Mitte der 90er halten er und Ingo Franz regelmäßig Kontakt, zwei- bis dreimal im Jahr ist Binding bei Veranstaltungen des Kulturprogramms dabei. »Man spricht heutzutage ja immer von Netzwerken, obwohl der Begriff recht schwammig ist. Die Hausgemeinschaften schaffen es aber, dieses oft inflationär gebrauchte Wort mit Leben zu füllen«, sagt Binding. Nicht nur durch die offenen Feste, die der Verein regelmäßig veranstalte, sei das Mehrgenerationenhaus in Heidelberg mittlerweile stadtbekannt und anerkannt. Zudem sei es etwas ganz Besonderes, dass und wie das Haus stets versuche, den Kontakt zur Politik zu halten. »Das ist eine erfolgreiche Taktik, was man nicht zuletzt daran sieht, dass die damalige Bundesfamilienministerin Ursula von der Leyen bei der Eröffnung des Mehrgenerationenhauses mit dabei war«, erläutert Binding. Gleichzeitig gibt der SPD-Bundestagsabgeordnete zu, dass er anfangs

> »Der Verein liefert den Nachweis, dass behinderte Menschen auch ambulant versorgt werden können, bei denen es früher hieß, das ginge nur stationär«
>
> Wolfgang Reinhard

skeptisch war, ob die Hausgemeinschaften ihr enormes Engagement durchhalten würden. Dieser Eindruck habe sich jedoch schnell verflüchtigt, da der Verein sehr systematisch und professionell vorgegangen sei, er habe alle Fraktionen angesprochen und mit guter Netzwerkarbeit die Stadtgesellschaft erreicht. Dabei seien einerseits viele Ideen eingebracht worden, andererseits seien die Hausgemeinschaften stets offen gewesen für neue Vor- und Ratschläge. Dadurch sei die Idee sehr schnell konkret geworden, was es der *Politik* wiederum erleichtert habe, sich auf die Institution der Hausgemeinschaften einzulassen. Die soziale und gesellschaftliche Bedeutung des Mehrgenerationenhauses stuft Binding, ebenso wie Reinhard, hoch ein. »Es sind all die nicht messbaren Komponenten wie ›sich nicht alleine fühlen‹ oder Zuneigung. Diese Wärme im Haus ist der Kern des Ganzen und das spüren auch die, die zunächst nichts mit den Hausgemeinschaften zu tun haben«, erklärt Binding. Wolfgang Reinhard sieht das ähnlich, für ihn spielt das Mehrgenerationenhaus sozial deshalb eine gewichtige Rolle, weil es nicht nur Menschen aller Generationen anspricht, sondern auch ein Treffpunkt von Menschen mit und ohne Assistenzbedarf ist. »In Hinblick auf die Mehrgenerationenhäuser, die es bundesweit gibt, ist dies ein Alleinstellungsmerkmal des Heidelberger Mehrgenerationenhauses«, sagt er. Zudem seien die Hausgemeinschaften in Heidelberg eine Art Eisbrecher für die UN-Behindertenrechtskonvention. »Der Verein liefert den Nachweis, dass behinderte Menschen auch ambulant versorgt werden können, bei denen es früher hieß, das ginge nur stationär«, erläutert Reinhard. Für die soziale Stadt Heidelberg seien die Hausgemeinschaften deshalb von immenser Bedeutung.

Doch trotz der stabilen finanziellen und institutionellen Situation momentan, bleiben die Herausforderungen, die künftig auf die Diakonischen Hausgemeinschaften zukommen, vielfältig. Wolfgang Reinhard und Lothar Binding sehen die größte Aufgabe des Vereins darin, sich weiter zu etablieren. »Entscheidend wird künftig sein, ob es den Hausgemeinschaften gelingt, weiterhin Bauinvestoren und Vermieter zu finden, die ihre Idee unterstützen«, sagt Reinhard.

Lothar Binding sieht das Zukunftsziel der Hausgemeinschaften ebenfalls darin, ihre Idee zu verbreiten und in der Realisierung eine »gewisse Flächendeckung« zu erreichen.[44] »Wenn es demnächst immer mehr dieser sozialen Biotope in Stadt und Land gibt, dann spricht das für eine gute Politik«, sagt er. Allerdings dürfe der Verein dabei nicht überfordert werden, sondern müsse auf die Rückendeckung der Stadtpolitik zurückgreifen können. »Die geschaffenen Strukturen müssen auch nach Ablauf des Aktionsprogramms von Mehrgenerationenhäusern bestehen bleiben, weil sie sich bewährt haben«, betont Binding.

Daten, Zahlen, Fakten

Heidelberg

Sommer 1989	Ingo Franz betreut im Rahmen eines Sozialpraktikums eine im Koma liegende Frau
Ende 1989	Ingo Franz und seine Mitstreiter ziehen nach Freiburg-Hochdorf
Februar 1990	Gründung des Vereins »Diakonische Hausgemeinschaften« in Freiburg
1994	Ingo Franz zieht nach Heidelberg und lernt dort seinen Mitstreiter Nicolas Albrecht-Bindseil kennen
1995	Anmieten einer Zwei-Zimmer-Wohnung in Heidelberg-Bergheim als Stützpunkt des Vereins
1997-1998	Zusammenarbeit mit Bauinvestor Roland Ernst
1998	Anmieten eines Pfarrhauses im Süden der Stadt – Erstes Zentrum des Vereins
Ab 2000	Zunehmende Nutzung des benachbarten Gemeindezentrums
Ab 2004	Aufbau von Verwaltungsstrukturen → NeuroKom Heidelberg gGmbH (Tagesstätte) und Habito e.V. (ambulante Wohnbetreuung)
Februar 2004	Kauf der alten Gaststätte Schweizerhof in Heidelberg-Rohrbach
2005-2007	Umbau des Schweizerhofs sowie Neubau und Entwicklung eines offenen Begegnungszentrums: Betreutes Wohnen
August 2006	Bewerbung als Mehrgenerationenhaus
2007	Einweihung als offizielles Mehrgenerationenhaus und Einzug der ersten Bewohner → Förderung: Bund zahlte von 2007 bis Ende 2011 rund 40.000 Euro im Jahr
März 2009	Die Behindertenrechtskonvention der Vereinten Nationen tritt in Deutschland in Kraft; Bundespräsident Horst Köhler verleiht Ingo Franz das Verdienstkreuz am Bande für sein Engagement rund um die »Diakonischen Hausgemeinschaften e.V.«
2010	Gründung des Innovatio GbR Beratungsgesellschaft zur Entwicklung inklusiver Stadtquartiere
Januar 2012	Nachfolgeprogramm der Mehrgenerationenhäuser → Förderung: Bund zahlt 30.000 Euro, die Kommune weitere 10.000 Euro

Fakten

- Etwa 1.000 Quadratmeter Nutzfläche à 250 Qudratmeter davon sind öffentlicher Raum
- Die restlichen 750 Quadratmeter verteilen sich auf Privatwohnungen
- Es gibt zahlreiche assoziierte Wohnungen in der Nachbarschaft
- Habito e.V. ist Ausbildungsbetrieb für Heilerziehungspfleger
- Das Mehrgenerationenhaus bietet morgens, mittags und abends warme Mahlzeiten und tagesstrukturierende Gruppen an
- Betreuung
  - Frühdienst von 08.30 Uhr – 16.30 Uhr
  - Spätdienst von 13.30 Uhr – 21.30 Uhr
  - Nachtdienst von 21.30 Uhr – 08.30 Uhr

Finanzierung des Mehrgenerationenhauses

Darlehen der GLS-Bank:	800.000 Euro
Zuschuss von »Aktion Mensch«:	350.000 Euro
Diakonisches Werk – Baufonds (Darlehen):	400.000 Euro
Dietmar Hopp Stiftung (Zuschuss):	140.000 Euro
Privatspenden und -darlehn, Mietdarlehen, Wohnrechte:	Etwa 50 Prozent der Gesamtsumme

Das Aktionsprogramm Mehrgenerationenhäuser I

- 2006 von der Bundesregierung ins Leben gerufen
- Ziel der Mehrgenerationenhäuser ist es, das Prinzip der früheren Großfamilie wieder zu beleben
    - »Das selbstverständliche Geben und Nehmen zwischen Menschen verschiedenen Alters wird in den Mehrgenerationenhäusern aktiviert. Jung und Alt begegnen sich in einem öffentlichen Raum in ihrer Nachbarschaft und die Menschen profitieren von ihren unterschiedlichen Kompetenzen, Erfahrungen und Interessen.«

      Quelle: http://mehrgenerationenhaeuser.de/aktionsprogramm [06.06.2012].
- 500 Projekte in ganz Deutschland wurden gefördert.
- Die Förderung des Heidelberger Mehrgenerationenhauses betrug von 2007 bis Ende 2011 rund 40.000 Euro aus Bundesmitteln

Das Aktionsprogramm Mehrgenerationenhäuser II

- Das Folgeprogramm der Mehrgenerationenhäuser wurde 2011 ausgeschrieben, »um die erfolgreiche Arbeit weiterzuentwickeln und die Einrichtungen nachhaltig in die lokale Infrastruktur zu integrieren.« 450 Mehrgenerationenhäuser beteiligen sich am Folgeprogramm, das von 2012 bis Ende 2014 dauert.
- Neben den inhaltlichen Schwerpunkten des ersten Aktionsprogramms »Haushaltsnahe Dienstleistungen« und »Freiwilliges Engagement« setzt das Folgeprogramm nun auch auf neue Themen, wie »Alter und Pflege« und »Integration und Bildung«.
- Die Diakonischen Hausgemeinschaften bekommen, ebenso wie die anderen teilnehmenden Mehrgenerationenhäuser, 30.000 Euro vom Bund und 10.000 Euro von der Kommune
- http://www.bmfsfj.de/BMFSFJ/Freiwilliges-Engagement/mehrgenerationenhaeuser,did=69144.html [09.07.2012].

Kontakt

Diakonische Hausgemeinschaften e.V. / Mehrgenerationenhaus Heidelberg

Heinrich Fuchs Str. 85
69126 Heidelberg
Tel.: 06221/33758-0
Fax: 06221/33758-18
E-Mail: info@hausgemeinschaften.de
www.hausgemeinschaften.de

Amt für Soziales und Senioren Heidelberg

Fischmarkt 2
69117 Heidelberg
Tel.: 06221/58-37000 / 58-37010 und 58-38000
Fax: 06221/58-38900
E-Mail: sozialamt@heidelberg.de
http://www.heidelberg.de/servlet/PB/menu/1088612/index.html

Aktionsprogramm Mehrgenerationenhäuser

Bundesministerium für Familie, Senioren, Frauen und Jugend
Glinkastraße 24
11018 Berlin
Tel.: 0180/190 7050 (3,9 Cent/Min. aus dem dt. Festnetz, max. 42 Cent/Min. aus den Mobilfunknetzen)
Fax: 030/18555-4400
Servicehotline: 0221/3673-4045 (Zum Ortstarif)
Email: info@bmfsfjservice.bund.de
http://mehrgenerationenhaeuser.de/

Innovatio

Beratung und Projektentwicklung
Dr. Nicolas Albrecht-Bindseil
Felix-Wankel-Straße 1
69126 Heidelberg
Tel.: 06221/353 906-1
Fax: 06221/353 906-8
E-Mail: albrecht-bindseil@innovatio-beratung.de
www.innovatio-beratung.de

Anmerkungen

32 Katimavik ist ein Freiwilligenprogramm für Jugendliche und junge Erwachsene mit und ohne Behinderung. Es gibt den Teilnehmern die Gelegenheit, an unterschiedlichen Projekten mit Randgruppen mitzuwirken. Ziel des Programms, das in Zusammenarbeit mit Partnerorganisationen erfolgt, ist, die Bedürfnisse eines jeden Einzelnen kennen und respektieren zu lernen. Quelle: **http://www.katimavik.org/** [08.05.2012].

33 Die GLS Bank hat einen anthroposophischen Hintergrund und unterstützt unter anderem Demeter-Höfe, Waldorf- und Montessorischulen. Im Jahr 2003 übernahm die GLS Bank die Bankgeschäfte der Ökobank. Gemeinsames Ziel von Bank und Kunden ist, Geld sinnvoll einzu setzen.
http://www.gls.de/metaseiten/haeufige-fragen/fragen-zur-gls-bank-und-ihrer-arbeitsweise/ist-die-gls-bank-eine-anthroposophische-bank/ [14.05.2012].

34 Die Finanzierungsanteile für das Mehrgenerationenhaus setzten sich wie folgt zusammen: GLS Bank à 800.000 Euro; Aktion Mensch à 350.000 Euro; Diakonisches Werk à 400.000 Euro (Darlehen); Dietmar Hopp Stiftung à 140.000 Euro; Privatspenden und -darlehen, Mietdarlehen und Wohnrechte machten den Rest (etwa 50 Prozent) aus.

35 Inzwischen (2007) wurden die zielgruppenspezifischen Förderkriterien der Aktion Mensch revidiert und orientieren sich am Leitgedanken Sozialraumorientierter Teilhabe und Inklusion.

36 Gemeinschaftsraum, Kita im angrenzenden Neubau und Kapelle im Untergeschoss des Altbaus.

37 Im Mittelpunkt des von der Bundesregierung 2006 ins Leben gerufenen Aktionsprogramms Mehrgenerationenhäuser steht die konsequente Förderung des Miteinanders von Menschen unterschiedlicher Lebensalter. Ziel ist unter anderem, ein starkes nachbarschaftliches Netzwerk familiennaher Dienstleistungen aufzubauen. Bundesweit gibt es rund 500 Mehrgenerationen häuser.
http://mehrgenerationenhaeuser.de/aktionsprogramm

38 Seit dem 1. Januar 2012 gehören die Diakonischen Hausgemeinschaften zum Nachfolgeprogramm, das drei Jahre dauert. Die Finanzierung setzt sich laut Ingo Franz jedoch anders zusammen. Der Bund zahlt nur dann 30.000 Euro, wenn die Kommune 10.000 Euro dazugibt.

39 Aichele, Valentin (2010): Behinderung und Menschenrechte: Die UN-Konvention über die Rechte von Menschen mit Behinderungen. In: Aus Politik und Zeitgeschichte, Heft 23/2010, S.13-19.

40 Wachstum. Bildung. Zusammenhalt. Der Koalitionsvertrag zwischen CDU, CSU und FDP - 17. Legislaturperiode, 2009, S. 83/132.

41 Stand: Juli 2012.

42 Die Wohngemeinschaft ist im Nachbarhaus des Mehrgenerationenhauses beheimatet, sie ist in der Heinrich-Fuchs-Straße Nummer 83, weshalb sie auch WG 83 genannt wird.

43 Position: Offensives Mittelfeld.

44 Im Hinblick auf die drängenden Fragestellungen, die sich für die gesamtgesellschaftliche Entwicklung vor dem Hintergrund des demografischen Wandels ergaben, hat Nicolas Albrecht-Bindseil zusammen mit Dirk Walliser die Projektentwicklungsgesellschaft Innovatio gegründet. Zusammen mit Partnern aus Architektur und Wohnungswirtschaft entwickeln und realisieren sie gegenwärtig Konzeptionen vitaler Stadtquartiere, die sich an den Prinzipien sozio-ökologischer Nachhaligkeit ausrichten. Das sog. »Heidelberger Modell«, das sie seit 2012 zusammen mit dem Freiburger Architekten Wolfgang Frey entwickeln, konnte in diesen Zusammenhängen u.a. auch schon im Deutschen Architekturmuseum in Frankfurt a.M. vorgestellt werden.

Bausteine

für eine neue Architektur der Pflege

Die Frage der Sorgefähigkeit unserer Gesellschaft im demografischen und sozialen Wandel gehört zu den wichtigsten Themen für die gesellschaftspolitische Debatte der nächsten Jahrzehnte.

Haben wir den Mut, eigene Kinder in die Welt zu setzen, oder die Zuversicht, dass für einen im Alter gesorgt sein wird? Diese Fragen beschäftigen viele Menschen, weil der demografische und soziale Wandel uns mit unbekannten Herausforderungen konfrontieren wird und in einer immer stärker individualisierten Welt soziale Solidarität und Unterstützung der Nächsten abnehmen. Wir kennen die Herausforderungen, wir kennen noch nicht die Antworten. Von ihnen hängt es aber ab, ob wir Mut zu Kindern und Zuversicht in die Pflege haben werden. Während im Bereich der Betreuung und Erziehung von Kindern der politische Handlungsbedarf gesehen wird, gilt dies für die Sorge und Pflege älterer Menschen nicht in gleicher Weise, auch wenn es Konsens ist, dass die bisherigen Antworten für die Zukunft nicht tragen.

Die Zukunft der Sorge und Pflege ist eine Kulturfrage und verlangt nach einer starken Zivilgesellschaft. Vulnerablen Menschen den fundamentalen Respekt zu bezeugen, der der Würde des Menschseins entspricht – das ist im Kern eine kulturelle Herausforderung für eine Gesellschaft des langen Lebens. Darum braucht das Thema »Pflege und Sorge« eine starke Zivilgesellschaft, die sich der Fragen annimmt, vor Ort Projekte realisiert, Rahmenbedingungen einfordert und Teilhabe sichert.

Wenn wir uns fragen, wie wir leben und wohnen wollen, wenn wir auf Hilfe anderer angewiesen sein werden, können wir Erfahrungen aus der Verwandtschaft und Bekanntschaft heranziehen. In der Regel sind das keine einfachen Erfahrungen, wenn ein aufkommender Pflegebedarf das unbeschwerte Leben beendet, wenn Menschen von vielen liebgewonnenen Gewohnheiten Abschied nehmen und sich an eine neue Umgebung und neue Regeln gewöhnen müssen.

Auch wenn es uns selbst noch nicht betrifft und die Vorstellung der eigenen Hilfebedürftigkeit irgendwo in der fernen Zukunft verschwimmt, so wissen wir doch, dass die Wahrscheinlichkeit, irgendwann auf Hilfe angewiesen zu sein, groß ist. Die Unterstützung durch Familienangehörige ist bei weitem die häufigste Form der Sorge. Sie ist aber immer seltener leistbar. Für eine größer werdende Zahl von allein lebenden Menschen sind Familien schlicht nicht verfügbar.

Auch darum machen wir uns Gedan-

»Was uns interessierte war die Frage, was diese Einrichtungen ermöglicht und erfolgreich gemacht hat.«

ken über neue Wohnformen. Leben findet heute in Separation statt: Wohnen, Arbeiten, Freizeit, Begegnungen sind Seins-zustände die an unterschiedlichen Orten als unterschiedlichen Lebens»modi« erlebt werden.

Das englische »living« unterscheidet nicht zwischen Leben und Wohnen. Mit dem Zuhause-sein ist beides gemeint. Aber kann man in Pflegeheimen zuhause sein? Was braucht der Ort des Da-Seins, um zum Da-heim zu werden?

Im Alter oder in der Pflegebedürftigkeit nimmt die Bedeutung des Füreinanderda-seins zu. Gebraucht zu werden ist gerade außerhalb der Arbeitswelt ein entscheidender Faktor, um das eigene Leben als wertvoll und sinnvoll zu empfinden. Menschen haben Eigenschaften, Stärken und Schwächen. Und jeder kann etwas tun für andere, und wenn es nur Kleinigkeiten sind. Während viele Menschen in Pflegeheimen die sinnentleerte Langeweile beklagen, können alternative Wohn- und Lebensformen so sein, dass jeder Mensch etwas für andere tun kann und damit für andere bedeutsam bleibt oder wird.

xxx

In den vergangenen Jahren haben wir Dutzende von Projektgruppen begleitet auf dem Weg zur Gründung einer Wohngruppe oder eines integrativen Wohnmodells innerhalb einer Kommune, die sich um ihre Alten sorgt. Nicht dass es an Enthusiasmus gefehlt hätte, oftmals waren die Interessierten bereit, sich sehr stark zu engagieren, oftmals war durch eine persönliche Betroffenheit die Notwendigkeit entstanden, sich mit unausweichlichen Zukunftsszenarien zu beschäftigen. Die Erkenntnis, dass die regulär verfügbaren Möglichkeiten der Heimversorgung meist keine erstrebenswerten Zukunftsaussichten böten, war Grund, sich selbst zu engagieren. Denn die Anonymität und die Fremdbestimmtheit von großen Heimen und die Entwurzelung durch Wegzug aus dem unmittelbaren Lebensumfeld ist keine sympathische Vorstellung. Hingegen fanden es die Beteiligten erstrebenswert, in größtmöglicher Selbstständigkeit, in kleinen überschaubarer Nachbarschaften, in einem persönlichen Umfeld zu leben.

Von den Dutzenden von Initiativen haben es, obwohl die Motivation so selbstverständlich, so einsichtig ist, nur wenige geschafft, ihre Idee in die Realität umzusetzen. Denn es gibt viele Barrieren und komplexe Problemstellungen, denen sich alle Gruppen gegenübersehen. Sie erfahren wenig Unterstützung und werden von etablierten Trägern schnell als Konkurrenz gesehen. Die Entwicklung eines Lebens-

und Wohnmodells braucht Ermutigung, technische, konzeptionelle und rechtliche Mithilfe von vielen. Schnell sind Fehler gemacht, die zum Scheitern führen können. Leider sind sich die Akteure in der Planungsphase selten der Komplexität der Unternehmung bewusst.

Wir haben in diesem Buch vier Wohnprojekte für Menschen mit Pflegebedarf vorgestellt und nach den Gemeinsamkeiten und Unterschiedlichkeiten gefragt. Diese vier Einrichtungen haben sich unabhängig voneinander entwickelt und über die Jahre etabliert. Sie wussten in ihrer Entstehung nicht einmal voneinander. Was uns interessierte war die Frage, was diese Einrichtungen ermöglicht und erfolgreich gemacht hat. Gibt es so etwas wie ein Rezept, ein Katalog von Aspekten, die ein Gelingen erst ermöglichen?

Die zentrale Frage auf dem Weg zu einem erfolgreichen Wohn- und Lebensprojekt ist: Was sind die Bausteine, die ein solches Projekt realisierbar machen – in der Entwicklungs-, Realisierungs- und Betriebsphase. So gesehen geht es bei den 16 Bausteinen, die im Folgenden genannt werden, nicht um isolierte Einzelfragen, sondern um allgemeinere und konkretere, »weichere« und »härtere« Komponenten eines komplexen Systems, die zusammenwirken und die Gestaltung unseres Lebensraumes prägen.

Baustein 1

Gesellschaftlicher Diskurs

Die Fragen der guten Sorge und Pflege müssen verstärkt zum öffentlichen Thema werden. Nicht die Skandalmeldungen über Pflegeheime, nicht noch mehr öffentliche Kontrolle und schriftliche Dokumentation, alles richtig gemacht zu haben, sind gefragt. Gesamtgesellschaftlich und vor Ort gehört das Thema auf die Agenda: Wie können wir gut füreinander sorgen und wie kann ein Leben unter den Bedingungen eingeschränkter Selbstständigkeit und Verletzlichkeit gelingen? Millionen deutscher Bundesbürger und Bundesbürgerinnen sind mit dem Thema »Pflege« täglich beschäftigt. Viele betrachten es als Privatangelegenheit. Andere sehen die Verantwortung allein bei der Pflegeversicherung oder den Heimen. Das ist nicht richtig. Das Thema »Sorge heute und morgen« ist ein Thema für den öffentlichen Raum. Wir müssen neu über Fragen der Solidarität und Gerechtigkeit diskutieren, weitere Wege guter Sorge entwickeln und vor Ort Zuversicht stiftende Antworten finden. Die öffentliche Beschäftigung mit diesen Fragen ist eine Voraussetzung, um den Gestaltungswillen verschiedener Akteure hin zu neuartigen Wohn- und Lebensformen Pflegebedürftiger zu wecken.

Baustein 2

Subsidiarität

Immer wieder haben wir es erlebt, dass Initiativgruppen oder Gemeinden bei uns angefragt haben in der aufrechten Überzeugung, dass ein integratives Wohnprojekt auch für sie in Frage käme. Und immer wieder stießen wir auf die heimliche Hoffnung, dass ein »Investor« käme und alles in ihrem Sinn machen würde. Die Erkenntnis, dass es aus eigener Kraft möglich wäre, dass die Akteure die Kraft und Fähigkeit haben, es selbst zu leisten, war nicht selbstverständlich.
Das entspricht auch dem Subsidiaritätsgrundsatz im deutschen Sozialrecht. Dieser besagt, dass dasjenige, was der jeweils einzelne Mensch aus Eigeninitiative und mit seinen eigenen Kräften leisten kann, ihm nicht entzogen werden und der Gesellschaftstätigkeit zugewiesen werden darf. Auch verstößt es – so der Sozialphilosoph Nell-Breuning – gegen die Gerechtigkeit, das, was die kleinen und untergeordneten Gemeinwesen leisten und zum guten Ende führen können, für die weitere und höhere Gemeinschaft in Anspruch zu nehmen. Dieser alte Grundsatz gewinnt an neuer Bedeutung. Nicht mit einer überbordenden Bürokratie und einer strengen Reglementierung hat der Staat den sozialstaatlichen Verpflichtungen nachzukommen. Subsidium meint wirklich hilfreiche Hilfe, Hilfe zur Befähigung zu einer eigenverantwortlichen Lebensführung. In einer Zeit, in der wir nicht voraussetzungslos auf die Leistungsfähigkeit der Familien setzen können, in der wir einer neuen Architektur im sozialen Gefüge unserer Gesellschaft bedürfen, ist der Staat in besonderer Weise gefragt, seiner Vorleistungspflicht nachzukommen für die Schaffung von Voraussetzung und Rah-

menbedingung, mit der Hilfe vor Ort gestaltet, Selbsthilfepotenziale entfaltet und die Teilhabe an der Gesellschaft gesichert werden kann. Das Thema Sorge und Pflege ist ein Thema, das der breiten Aneignung durch die Gesellschaft bedarf. Politik als gemeinsame Gestaltung des öffentlichen Raums kennt auch das Thema Sorge und Pflege. Bürgerschaftlich-partizipative Politik lässt sich als Hochform einer Demokratie als Lebensform bezeichnen. Alle Beispiele in diesem Buch zeigen: Es geht nicht um die Versorgung von Kunden, nicht um die Sicherung von Lebensqualität von »Pflegefällen« , es geht um das Subjekt. Eine subsidiäre Hilfe ist Hilfe zur Subjektwerdung als politisch aktive Bürgerinnen und Bürger. Es hat viel mit der Würde des Einzelnen, aber auch mit den örtlichen Gemeinschaften und Familien zu tun, wenn sie nicht lediglich als Empfänger von Umverteilung und qualitätsgesicherten Hilfeleistungen in Erscheinung treten, sondern als selbstständige Akteure der Gerechtigkeit angesehen und gefragt sind. So baut eine neue Architektur der Pflege konsequent auf das Prinzip der Subsidiarität.

Baustein 3

Pflegemarkt und gesetzliche Rahmenbedingungen

Der Pflegemarkt hat eine Vielfalt von Diensten und Einrichtungen hervorgebracht, die einen wichtigen Beitrag für die Sorge und Pflege älterer Menschen leisten. Der Markt wird aber mitnichten alle Herausforderungen der Zukunft meistern. Das gilt insbesondere dann, wenn der Markt sich immer stärker in Richtung allein renditeorientierter Akteure bewegt. Gerade dann werden Fragen der persönlichen Neigungen in der Wohnversorgung auf Pflege angewiesener Menschen sekundär, ja fast technokratisch behandelt. In der öffentlichen Diskussion kommen noch immer ganz überwiegend Pflegeheime vor. Je größer, desto besser. Medizinisch indizierte Anforderungen werden im Minutentakt nach vorformulierten Versatzmodulen abgearbeitet. Aus betriebswirtschaftlichen Anforderungen werden die Betriebsabläufe abgeleitet, nur so lässt sich eine ablaufoptimierte Hauswirtschaft gewährleisten und den Regularien der gesetzlichen Pflegevorschriften entsprechen. Messbar und damit regulierbar sind »hard facts« wie »satt und sauber« , was tatsächlich als Begriffsformel in vielen Pflegeinstitutionen benutzt und angestrebt wird.Die Tagessätze werden nach Behandlungs-, Investitions- und Hotelkosten zergliedert, um eine betriebswirtschaftlich optimierte Abrechnungssystematik zu generieren. Die monatlichen Kosten in deutschen Heimen betragen ca. 2.500 bis 4.000 Euro pro Person, je nach Pflegestufe, die von Pflegekasse und Bewohner aufgebracht werden müssen. Heiminstitutionen und Gesetzgeber gehen dabei eine unheilige Allianz ein: Aus

Angst, in der öffentlichen Diskussion Vorwürfen ausgesetzt zu sein, definieren die öffentlichen Institutionen Heimaufsicht, Gesundheitsamt, Baurechtsbehörden zusammen mit den Landesregierungen Standards und Vorschriften, die in der Wohnversorgung der pflegebedürftigen Menschen Missstände verhindern sollen. Hier bedient die Angst der Behörden, drohende Missstände nicht »wegreguliert« zu haben, die Umsatzerwartung der Pflegeindustrie. Wann und wie oft das Essen gereicht wird, wie die Körperpflege vorzunehmen ist, wann und wie gereinigt wird – es gibt mehr Vorschriften zum Betrieb von Pflegeheimen als Vorschriften zum Betrieb eines Atomkraftwerkes. Wir können uns fragen, ob es erstrebenswert ist, in einer so durchregulierten Welt leben zu wollen. Aber noch interessanter ist die Frage: nicht ob das betriebswirtschaftlich optimiert werden kann, sondern: Sind all diese Kostenstellen nötig? Und noch bedeutsamer: Erziehen wir uns nicht selbst dazu, all diese vorgehaltenen Leistungen (die wir mit dem pauschalen Pflegebeitrag bezahlt haben) auch in Anspruch zu nehmen? Die Frage ist nicht, wie der Putzdienst kontrolliert und über Tarifverhandlungen verbilligt werden kann, sondern wieso jemand, der noch gestern seine Wohnung zumindest teilweise geputzt hat, mit dem Tag des Einzuges ins Pflegeheim nicht einmal mehr sein Bett machen oder Staub wischen darf? Ist es wirklich erstrebenswert, mit dem Tag des Einzuges nicht einmal mehr den Frühstückskaffee aufbrühen zu dürfen? Oder ist nicht gerade vielleicht dieses Aufbrühen des Frühstückskaffees ein Teil der Lebensqualität? Behörden, die eine Wohnform fördern, in welcher die Menschen voll versorgt werden, brauchen öffentliche Kritik nicht zu fürchten, die Vorschriften sind ja zum Schutz der Patienten erlassen worden. Pflegeinstitutionen können sich unter dem Schutzschirm der vermeintlichen Fürsorge eine Versorgungsvollmacht ausstellen, und wenn der Aufwand dadurch anschwillt, werden damit nur die Kostenansprüche der Pflegeindustrie legitimiert. Dass diese Vollversorgungsmentalität hohe Umsätze produziert, ist eine logische Konsequenz, und es gereicht den Pflegeinstitutionen nicht zur Kritik, sie erfüllen ja nur die behördlich formulierten Ansprüche. Aber wird man so den Menschen und ihren Bedürfnissen gerecht?
Zudem sind die Rahmenbedingungen von Bundesland zu Bundesland unterschiedlich: Während z.B. in Hamburg, Nordrhein-Westfalen oder Rheinland-Pfalz gute Regelungen eingeführt wurden, will die baden-württembergische Landesregierung den heutigen Aufwand verdoppeln und gleichzeitig die Möglichkeiten alternativer Pflegemöglichkeiten drastisch einschränken – im Namen der Fürsorge für Menschen, die der Pflege bedürfen.
Wenn wir Wohn- und Lebensmodelle wollen, die den Bewohnern eine hohe Lebensqualität versprechen, müssen wir uns im Rahmen der bestehenden Vorschriften bewegen. Zugleich ist es notwendig, Heimaufsicht, Gesundheitsamt, Baurechtsbehörden und andere Genehmigungs- und Kontrollstellen von neuen Modellen zu überzeugen. Das ist im Freiburger Modell gelungen, etwa in Eichstetten. Auch das oben dargestellte Heidelberger Mehrgenerationenhaus ist dafür ein gutes Beispiel. Die Rolle der Kommunen ist hier grundsätzlich auf neue Weise zu sehen:

Baustein 4

Kommunen als Caring Community

Die tätige Sorge um den Anderen, die Verantwortungsübernahme für Angehörige, Nachbarn und Mitbürgerinnen und Mitbürger, sie wird vor Ort gelebt. Hier schenken wir uns soziale Aufmerksamkeit, hier werden Freundschaften gelebt, hier wird der Alltag gemanagt und Sorge geleistet. In den gut abgestimmten koordinierten Versorgungen vor Ort, in der auf den örtlichen Bedarf hin angepassten Infrastrukturentwicklung, in dem Aufbau einer sozialen Architektur der gegenseitigen Sorge sind die Bausteine für eine Caring Community zu sehen. Mit dieser Aufgabe sind die Kommunen zu stärken und ist das Thema der »Sorge und Pflege« auf die kommunalpolitische Agenda zu setzen. Noch immer gilt die Einschätzung von vielen Kommunalvertretern, dass das fragile Gebilde einer Selbstorganisation nicht dauerhaft, jedenfalls nicht dauerhaft belastbar wäre. Einem kommerziellen Träger, der über eine »verlässliche« Betriebsstruktur verfügt, wird weitaus mehr zugetraut als einer aus der Bürgerschaft entstandenen Nachbarschaftsorganisation. Mentalitäten müssen sich allmählich entwickeln, und Schüsselstellen in diesem Prozess sind die Vertreter öffentlicher Strukturen. Dies kann die Basis werden, auf der Städte und Kommunen die Selbstorganisation der Bürgerinnen und Bürger stärken, um sorgende Gemeinschaft zu fördern und zu stützen. Eine proaktive Auseinandersetzung mit dem Sorge- und Pflegethema ist Voraussetzung für soziale Prosperität von Quartieren, Dörfern und Städten. Die Beispiele in diesem Buch bebildern, wie eine fruchtbare Zusammenarbeit von Kommunen und Bürgern aussehen kann.

Baustein 5

Sozialgefüge

Wenn Menschen aus Altersgründen ihr Zuhause verlassen müssen, stellt dies oft den Verlust der eigenen Häuslichkeit, aber genauso schwerwiegend den Verlust des sozialen Umfeldes dar. Die Menschen des sozialen Umfeldes, die der gleichen Generation angehören, sind in der Regel in einer ähnlicher Situation und deswegen wenig mobil. Ein Umzug in einen weiter entfernt gelegenen Ort, der nicht mehr zu Fuß, sondern nur mit dem Auto erreichbar ist, hat ein Abbrechen der persönlichen Kontakte zur Folge. Daraus folgt Vereinsamung und oft der Verlust von nachbarschaftlicher Hilfestellung. Aus der kontinuierlichen Reduktion der Mobilitätsressourcen ergibt sich die wesentlichste Limitierung des gesellschaftlichen Lebens. Kleinräumige dezentrale Strukturen hingegen wirken stimulierend auf das Sozialgefüge. Kontakte können dann selbstverständlich erhalten bleiben und die Nähe wirkt motivierend für Besuche. Aus diesen lebendigen Kontakten kann sich die Motivation zu ehrenamtlichem Engagement entwickeln.

Baustein 6

Bürgerschaftliches Engagement, Ehrenamt, Nachbarschaftshilfe

Außerberufliches Engagement ist vielfältig. Entscheidend dabei ist in aller Regel der Wert der zwischenmenschlichen Begegnung. In kleinen Wohngruppen mit privater Atmosphäre, die dezentral den örtlichen Bedarf abdecken, ist es viel attraktiver, seine Bekannten und alten Freunde zu besuchen. Menschen, die sich ehrenamtlich oder bürgerschaftlich engagieren wollen, fällt es leicht, sich in diesem nachbarschaftlichen Umfeld einzubringen. Wenn z.B. meine Nachbarin pflegebedürftig wird und ich einmal die Woche eine kleine Hilfe sein kann, tut es mir gut – und ihr. Bei der Gestaltung des Lebensalltages von unterstützungsbedürftigen Menschen ist die Komponente Verantwortung und damit auch die Frage der Verlässlichkeit von großer Bedeutung. Dass sich Menschen motiviert engagieren, bedeutet nicht, dass sie dies selbstlos oder altruistisch machen müssen. Gemeinsinn und Eigennutz schließen sich nicht aus. Nur muss auch Klarheit herrschen: Was ist unentgoltenes Ehrenamt und was ist bezahlte Hilfe? Wenn die regelmäßige Haushaltshilfe einen kleinen Nebenjob annimmt, ist das völlig in Ordnung. Er kann finanziell nützlich sein, holt den auf Hilfe angewiesenen Menschen aus der reinen Dankbarkeitsrolle und würdigt die persönliche Verantwortlichkeit. Aber von ausschließlich ehrenamtlicher Hilfe sollte man nicht mehr sprechen. Je nach Fähigkeiten und Lebensumständen sind die Weisen, andere Menschen zu unterstützen und Zeit mit ihnen zu verbringen, höchst vielfältig.

Baustein 7

Intelligenter Welfare Mix

Im Zusammenwirken von Familien, gemeinnützigen Organisationen und bürgerschaftlichen Gruppen, Markt und Staat liegt die Antwort für die Herausforderung Pflege. So arbeiten Stadtplaner, Architekten, Unternehmen, Bürgermeister, bürgerschaftliche Gruppierungen, Profis der Pflege und Medizin und der Sozialen Arbeit zusammen. Zusammen entwickeln sie, auf den jeweiligen Ort angepasst, Antworten auf den demografischen Wandel und sichern im Hilfe-Mix gute Pflege und soziale Teilhabe. Damit geben sie eine ökonomische, fachliche und kulturelle Antwort auf den demografischen Wandel. Es gibt genügend Beispiele entsprechender intelligenter Kooperationen, die Mut machen, die Orientierung stiften und die zeigen, wie ein intelligenter Welfare Mix funktioniert.

Baustein 8

Medizinische Versorgung und menschliche Aufmerksamkeit

Wenn in Heimen aus rechtlichen Gründen ein bestimmter Schlüssel an medizinisch qualifiziertem Fachpersonal angewendet werden muss, so ist doch bei vielen Menschen nicht so sehr die medizinische Versorgung im Alltag wichtig, sondern die schlichte Anwesenheit einer Ansprechperson. Gerade Menschen, die mit Demenzsymptomen zu kämpfen haben, sind auf jemanden angewiesen, der »die Dinge in die Hand nimmt« – eine Vertrauensperson, die Zeit und Aufmerksamkeit für die kleinen Sorgen und Nöte des Alltags hat. Die Qualität, einen Haushalt zu führen, wird wichtiger, und medizinische Versorgung kann wie im »normalen Leben« extern organisiert werden. Im klassischen Pflegeheim genießt die medizinische Versorgung Priorität. Das Personal ist angehalten, aus Gründen der Qualitätssicherung mit erhöhter Aufmerksamkeit der medizinisch-pflegerischen Versorgung nachzukommen. Andere Tätigkeiten, z.B. einfach so mit den Heimbewohnern zu plaudern, stehen in der Wahrnehmung des angestellten medizinischen Fachpersonals der konzentrierten medizinischen Arbeit entgegen. Während viele im Heim wohnenden Menschen an Vereinsamung und dem Mangel, nicht »gebraucht zu werden« , leiden und ein erhöhtes Gesprächsbedürfnis haben, empfindet das Pflegepersonal sich davon von seiner »wirklichen« Arbeit abgehalten. Wenn der Heimbewohner jedoch medizinische Hilfe benötigt, wird das Pflegepersonal selbstverständlich jede erdenkliche Aufmerksamkeit aufbringen. Dies führt zu einem eigentümlichen Reflex: Menschen steigern unbewusst ihren Pflegebedarf, um die menschliche Aufmerksamkeit zu bekommen, die sie sich eigentlich wünschen.

Baustein 9

Qualitätssicherung

Im klassischen Versorgungsfall der stationären Heimunterbringung ist eine Fürsorgeinstanz unerlässlich, um Menschen, die nicht (mehr) für sich selbst sorgen können, ein Leben in Würde zu gewährleisten. Menschen mit Demenz, die nicht mehr souverän über persönliche Dinge entscheiden können, sind auf solche Unterstützung angewiesen. Aus diesem Grund haben sich die Heimaufsicht und die Heimgesetzgebung entwickelt.
Von besonderer Bedeutung sind in dieser Hinsicht das bürgerschaftliche Engagement und die Nachbarschaftshilfe. Menschen, die von außen kommend regelmäßig in der Einrichtung sind und sich einbringen, sind unbestechlich in ihrer Wahrnehmung. Ihr ehrenamtliches Engagement erzeugt ein hohes Bewusstsein für die Qualität der Pflegeeinrichtung.
Wenn es um Fragen der Qualitätssicherung geht, ist die Größe einer Pflegeeinheit von besonderer Bedeutung: Kein Mensch möchte in einem großen und deshalb unpersönlichen Speisesaal frühstücken, Mittag und Abendbrot essen. Wohlfühlen findet daheim statt. Und Zuhausesein hat etwas mit eigener Häuslichkeit zu tun. Auch wenn ein Verbleib im eigenen Zuhause nicht mehr möglich ist, bleibt es doch wünschenswert, dem Wohnen den Charakter der eigenen Häuslichkeit zu geben. Elementare Bedingung hierfür ist die Absolutgröße der Lebensgemeinschaft. Überschaubare Gruppengrößen sind Voraussetzung für so etwas wie Familienatmosphäre, auch wenn es sich um professionell gemanagte Pflegewohngruppen handelt.

Baustein 10

Projektidee

Ausgehend von den Bedürfnissen der zukünftigen Bewohner müssen die wesentlichen Inhalte klar und transparent herausgearbeitet sein, so dass sie selbsterklärend und plausibel sind. Eine schriftliche Darlegung ist dabei hilfreich, um die Konzeption zu präzisieren. Integrative Wohnmodelle sind per se komplex. Wohnheime nur für Alte, Studenten oder Behinderte sind dagegen eindimensional strukturiert und deshalb leicht kategorisierbar. Aber die Vielfalt, die in integrativen Wohnprojekten möglich ist, macht ihre Attraktivität aus. Die damit einhergehende Komplexität ist zugleich das größte Hindernis auf dem Weg, Mitstreiter zu finden, mit deren Unterstützung ein Projekt verwirklicht werden kann. Um die differenzierte Struktur zu erklären, sollte die Projektidee sichtbare Konturen gewinnen. Darstellungsweisen, die die verbale Ebene ergänzen, z.B. eine attraktive Zeichnung, ein Modell oder ein Video Clip, helfen potentiellen Mitstreitern, sich mit der Idee zu identifizieren.

Baustein 11

Trägermodell oder Kooperationsform

Unabhängig von der Gesellschaftsform – z.B. Vereinsmodell, GmbH, Genossenschaftsmodell – schließen sich mehrere Akteure zusammen und gründen eine Trägergesellschaft. Diese betriebswirtschaftliche Gesellschaft ist Träger des Betriebskonzeptes oder auch Eigentümer der Immobilie. Durch die Verlagerung der Verantwortung auf eine Gesellschaft, die von mehreren Personen getragen wird, entsteht eine Zukunftssicherung über die Individualverantwortung des Einzelnen hinaus. Dies ist deshalb von besonderer Bedeutung, da Menschen dort wohnen werden, die existenziell bedroht wären, wenn das Wohnprojekt kurzfristig wegen individueller Befindlichkeiten eingestellt werden könnte. Vulnerable Menschen sind in ihrem Wohnen elementar auf langfristige Verlässlichkeit angewiesen. In der Kooperationsform basiert das Prinzip der geteilten Verantwortung auf dem gut koordinierten Zusammenwirken rechtlich selbstständiger Akteure: Vermieter, Initiativgruppe oder Bürgergemeinschaft, Pflegedienst, Assistenzdienst, Auftraggebergemeinschaft. So funktioniert der Adlergarten in Eichstetten im Freiburger Modell oder der Lichtblick in Ostfildern. Hier wird die notwendige Verlässlichkeit durch gute Kooperation auf der Basis tragfähiger Vereinbarungen sichergestellt.

Baustein 12

Baukostenfinanzierung

Die Träger-Gesellschaft (unabhängig davon ob Verein, GmbH oder Genossenschaft) wird notariell eingetragener Eigentümer und gegebenenfalls Bauherr der Immobilie. Das Kapital für den Erwerb oder den Bau der Immobilie kommt von der Bank und wird aus den Mieteinnahmen refinanziert. Weil die Banken aufgrund aktueller Finanzierungsregeln weniger als 100% der Baukosten finanzieren, muss die Gesellschaft mit Eigenkapital ausgestattet werden. Dies kann erfolgen über Direktkredite, d.h., Personen des unmittelbaren Umfeldes geben Geldbeträge, die regulär verzinst werden. Oder es werden beispielsweise Eigentumswohnungen verkauft, die mit einer Nutzungsbindung an den Verein zur Miete gegen definiertes Nutzungsentgelt rückvermietet werden.

Baustein 13

Investor

In der Projektierungsphase eines Wohnmodells entsteht schnell die Hoffnung auf einen Investor. Von diesem erhofft man sich die notwendigen Mittel, ohne die man glaubt, nicht in der Lage zur Realisierung zu sein. Hierbei wird jedoch übersehen, dass die Nutzung selbstverständlich mit einer Miete abgegolten wird und insofern eine Refinanzierung der entstandenen Baukosten möglich ist. Wenn die Baukosten in einem betriebswirtschaftlichen Verhältnis zu der Miete stehen, ist eine Finanzierung über eine Bank möglich. Trotzdem ist eine Unterstützung aus der Bevölkerung während des Baus und im Betrieb wünschenswert. Niemand wird dem Projekt eines Finanzinvestors Geld oder Sachspenden zukommen lassen. Einem Verein, der von ehrenamtlich tätigen Bürgern geführt wird, aber gerne, so dass eine weitergehende Förderung leicht möglich wird. Insofern muss die Frage nach einem abstrakten Investor überprüft werden: Dieser wird kein Geld aus purer Nächstenliebe in ein unsicheres Projekt investieren, er will ja mit seinem Invest über Zinserträge Gewinne generieren. Wenn die Projektstrukturen aber so weit geklärt sind, dass sie einen abstrakten Investor überzeugen, dann sind sie auch so sicher, dass sie in Eigenverantwortung übernommen werden können, ohne dass die Abschöpfung von Gewinnen für fremde Dritte zugelassen werden muss. Spätestens jetzt müssten sich die Projektakteure fragen, ob eine eigene Finanzierung nicht besser ist, als die Hoffnung auf einen Fremdinvestor zu setzen. Es kann doch für die unmittelbar am Projekt Beteiligten keinen Vorteil darstellen, einen fremden Dritten im Boot zu haben, dessen oberste Priorität die Maximierung des Renditeprofites und damit die Erhöhung der Betriebskosten ist. Dies ist nicht nur für die kurzfristige Realisierbarkeit bedeutsam, sondern auch für die langfristige Betriebssicherung, insbesondere die dauerhafte Sicherung der Motivation der Projektakteure. In vielen Fällen ist es so, dass Engagement »ansteckend« ist. Wenn sich z.B. die Mitglieder eines Nachbarschaftsverein persönlich einsetzen, ist die Bereitschaft andere Beteiligter, auch etwas zu leisten, ungleich höher. Dies wird mit einer eigenen Finanzierung stärker als mit einem anonymen Fremdinvestor gefördert.

Baustein 14

Architektenwettbewerb bzw. Immobilienüberlassung

Wenn eine Gemeinde in der besten Absicht ein solches Projekt initiiert und »zur Wahrung architektonischer Qualität« einen Architektenwettbewerb veranstaltet, dessen Ergebnis auch noch gebaut wird, steht das der Entwicklung eines erfolgreichen Lebensmodells entgegen. Essentiell für das Gelingen des Projektes ist das Engagement zahlreicher das Projekt begleitender Personen. Ihre Mitsprache ist wesentliche Vorraussetzung für die Identifikationsbildung und um die besonderen Bedürfnisse der Bewohner bzw. der Betreiber in die Architektur einzuarbeiten. Der Fokus bei Architekturwettbewerben liegt hingegen in der Bewertung der ästhetischen Komposition. Der erste Preisträger eines Architektenwettbewerbes wird sich kaum von engagierten Bürgern in die »in sich stimmige Ästhetik« des Entwurfes hineinreden lassen. Damit geht eine wichtige Chance unwiederbringlich verloren.

Baustein 15

Identifikation durch Planungsprozess

Wenn Menschen spüren, dass sie ernst genommen werden, wenn ihre Anregungen Gehör finden, beginnen sie sich zu engagieren. So wächst aus persönlicher Betroffenheit Mitgestaltungsmöglichkeit. Durch Partizipation kann Verantwortlichkeit entstehen, was in Identifikation und damit in Verbindlichkeit mündet. Die Funktion des Planers ist es nicht, abstrakte Kunstformen zu kreieren, sondern mit den Nutzern oder Betreibern Bedürfnisse herauszufiltern und ihnen eine bauliche Entsprechung zu geben. Die Rolle des Planers in dieser Phase ist überaus sensibel. Die zu diesem Zeitpunkt unbestimmten späteren Protagonisten (in der Regel bestenfalls interessierte Mitbürger der Nachbarschaft) sind alles andere als souverän motiviert. Fast könnte man sagen, dass sie mit scheuer Neugier die Entwicklung verfolgen. In einem behutsamen gemeinsamen Planungsprozess können Zutrauen und Motivation, sich zu engagieren, geweckt werden. Idealerweise verknüpft sich die Projektplanung mit kommunalen Planungen, so dass Verantwortliche aus der Kommune in die Entwicklung des Wohnprojektes integriert sind. Das sichert die kommunalpolitische Wahrnehmung und Unterstützung wie auch die Transparenz.

Baustein 16

Aneignung – Eigentumsbewusstsein statt Besitz

Die engagierten Personen, welche sich um das Projekt kümmern, müssen sich verantwortlich verhalten. Beim Eichstetter Schwanenhof wurde dem Verein die Vermietungs- und Nutzungshoheit übertragen, in anderen Projekten ist die Gestaltung der Allgemeinflächen in die Mitsprache der Bewohner übergeben worden. Souveränität, die sich ausdrückt in Entscheidungskompetenz, ist Grundlage für einen persönlichen Aneignungsprozess. Und Aneignung ist Voraussetzung für die Entwicklung persönlicher Verantwortlichkeit. So kann »Ownership« auch ohne unmittelbar eigentumsrechtlichen Besitz entstehen, aber diese Verbindlichkeit der involvierten Partner – ohne dass sie im juristischen Sinn verantwortlich sind – ist im Umgang mit unterstützungsbedürftigen Menschen von großer Bedeutung.

kurs

sbürger und
it dem Thema
:. Viele betrachten
Andere sehen die
r Pflegeversicherung
icht richtig. Das
norgen« ist ein
Raum. Wir müssen
tät und Gerechtigkeit
iter Sorge entwickeln
ende Antworten
it diesen Fragen
ungswillen
u neuen Wohn-
en.

2 Subsidiarität

Der Subsidiaritätsgrundsatz besagt, dass dasjenige, was der Mensch aus Eigeninitiative und aus eigenen Kräften leisten kann, ihm nicht entzogen werden darf. Darum dürfen Menschen mit Pflegebedarf nicht lediglich als Empfänger von qualitätsgesicherten Hilfeleistungen gesehen werden, sondern als selbstständige Akteure. Es entspricht dem Prinzip der Subsidiarität, wenn im Bereich der Pflege Voraussetzungen und Rahmenbedingungen geschaffen werden, mit denen Hilfe vor Ort gestaltet, Selbsthilfepotenziale entfaltet und die Teilhabe an der Gesellschaft gesichert werden können.

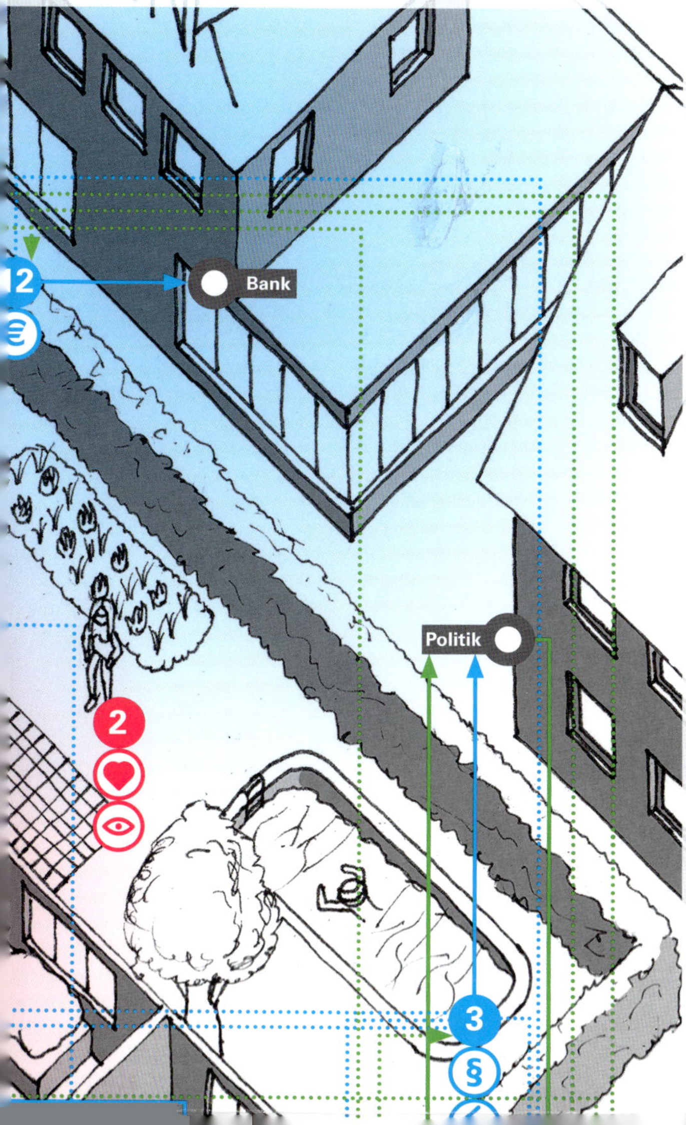

3 Pflegemarkt und gesetzliche Rahmenbedingungen

Der Pflegemarkt ist vielfältig und groß, doch er kann mitnichten alle Herausforderungen der Zukunft meistern. Das gilt besonders dann, wenn er sich stärker in Richtung allein renditeorientierter Akteure bewegt. In der öffentlichen Diskussion kommen noch immer überwiegend Pflegeheime vor. Die öffentlichen Institutionen definieren mit den Landesregierungen Standards und Vorschriften, die in der Wohnversorgung der pflegebedürftigen Menschen Missstände verhindern sollen. Um eine hohe Lebensqualität in den Wohnmodellen zu garantieren, müssen wir bestehende Vorschriften achten. Zugleich sollten Genehmigungs- und Kontrollstellen von neuen Modellen überzeugt werden.

4 Kommunen als Caring Community

Sorge um den Anderen wird vor Ort gelebt. Eine gut abgestimmte Versorgung vor Ort, eine angepasste Infrastruktur und gegenseitige Sorge sind Bausteine für eine Caring Community. Eine proaktive Auseinandersetzung mit dem Sorge- und Pflegethema ist Voraussetzung für soziale Prosperität von Quartieren, Dörfern und Städten. Schüsselstellen in diesem Prozess sind Vertreter öffentlicher Strukturen. Dies kann die Basis werden, auf der Kommunen die Selbstorganisation der Bürger stärken.

5 Sozialgefüge

Wenn Menschen ihr Zuhause verlassen müssen, stellt dies den Verlust des sozialen Umfelds dar. Ein Umzug in einen entfernt gelegenen Ort hat ein Abbrechen von persönlichen Kontakten zur Folge. Aus der Reduktion der Mobilitätsressourcen ergibt sich die wesentlichste Limitierung des gesellschaftlichen Lebens. Kleinräumige dezentrale Strukturen hingegen wirken stimulierend auf das Sozialgefüge. Kontakte können erhalten bleiben und aus diesen Kontakten kann sich die Motivation zu ehrenamtlichem Engagement entwickeln.

6 Bürgerschaftliches Engagement, Ehrenamt, Nachbarschaftshilfe

Bei der Gestaltung des Lebensalltages von unterstützungsbedürftigen Menschen gibt es je nach Fähigkeiten und Lebensumständen vielfältige Weisen des Engagements. Entscheidend dabei sind Verlässlichkeit und der Wert der zwischenmenschlichen Begegnung. Dass sich Menschen engagieren, bedeutet nicht, dass sie dies selbstlos oder altruistisch

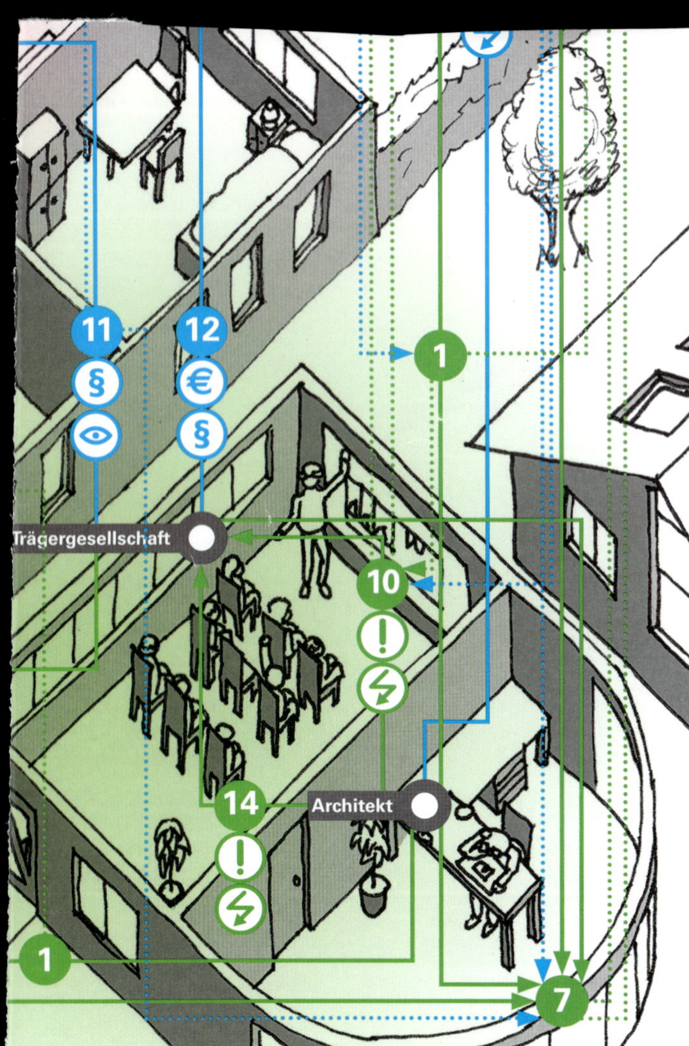

[K]ooperationsform

[Ges]ellschaftsform
[A]kteure zusammen
[G]esellschaft. Diese
[G]esellschaft ist Träger
[o]der auch Eigentümer
Verlagerung der
[G]esellschaft
[Sic]herung über die
[d]es Einzelnen hinaus.
basiert das Prinzip
[...]ng auf dem gut
[...]wirken rechtlich
Vermieter,
[...]ergemeinschaft,
[...]enst,
[...]ft.

10 Projektidee

Ausgehend von den Bedürfnissen der zukünftigen Bewohner müssen wesentliche Inhalte klar und transparent herausgearbeitet sein. Integrative Wohnmodelle sind per se komplex, aber ihre Vielfalt macht ihre Attraktivität aus. Die Komplexität ist zugleich das größte Hindernis auf dem Weg, Mitstreiter zu finden, mit deren Unterstützung ein Projekt verwirklicht werden kann. Um die differenzierte Struktur zu erklären, sollte die Projektidee sichtbare Konturen gewinnen. Darstellungsweisen, die die verbale Ebene ergänzen, z.B. ein Video Clip, helfen potentiellen Mitstreitern, sich mit der Idee zu identifizieren.

machen. Gemeinsinn und Eigennutz schließen sich nicht aus. Nur muss Klarheit herrschen: Was ist unentgoltenes Ehrenamt und was ist bezahlte Hilfe?

7 Intelligenter Wellfare Mix

Im Zusammenwirken von Familien, gemeinnützigen Organisationen und bürgerschaftlichen Gruppen, Markt und Staat liegt die Antwort auf Herausforderungen der Pflege. So arbeiten Stadtplaner, Architekten, Unternehmen, Bürgermeister, bürgerschaftliche Gruppierungen, Profis der Pflege, Medizin und Sozialen Arbeit zusammen. Sie entwickeln, auf den jeweiligen Ort angepasst, Antworten auf den demografischen Wandel und sichern im Hilfe-Mix gute Pflege und soziale Teilhabe.

8 Medizinische Versorgung und menschliche Aufmerksamkeit

Vielen Heimbewohnern ist nicht so sehr die medizinische Versorgung, sondern die Anwesenheit einer Ansprechperson wichtig. Im klassischen Pflegeheim genießt die medizinische Versorgung Priorität, wohingegen kaum Zeit bleibt, um ein wenig zu plaudern. Gerade Menschen, die z.B. mit Demenzsymptomen zu kämpfen haben, sind auf jemanden angewiesen, der »die Dinge in die Hand nimmt« – eine Vertrauensperson, die Zeit und Aufmerksamkeit für die kleinen Sorgen und Nöte des Alltags hat. (Vgl. Baustein 6)

9 Qualitätssicherung

Im klassischen Versorgungsfall der stationären Heimunterbringung ist eine Fürsorgeinstanz unerlässlich, um Menschen, die nicht (mehr) für sich selbst sorgen können, ein Leben in Würde zu gewährleisten. So haben sich Heimaufsicht und Heimgesetzgebung entwickelt. Zur Qualitätssicherung tragen auch bürgerschaftliches Engagement und Nachbarschaftshilfe bei. Menschen, die von außen kommend regelmäßig in der Einrichtung sind, sind unbestechlich in ihrer Wahrnehmung. Ihr ehrenamtliches Engagement erzeugt ein hohes Bewusstsein für die Qualität der Pflegeeinrichtung. Wichtig ist auch eine überschaubare Größe der Wohngruppe.

www.herder.de
Design: Weiß-Freiburg GmbH – Graphik & Buchgestaltung

in Entscheidungskompetenz, ist Grundlage für einen persönlichen Aneignungsprozess. Dieser ist Voraussetzung für die Entwicklung persönlicher Verantwortlichkeit. So kann »Ownership« auch ohne unmittelbar eigentumsrechtlichen Besitz entstehen. Die Verbindlichkeit der involvierten Partner ist im Umgang mit unterstützungsbedürftigen Menschen von großer Bedeutung.

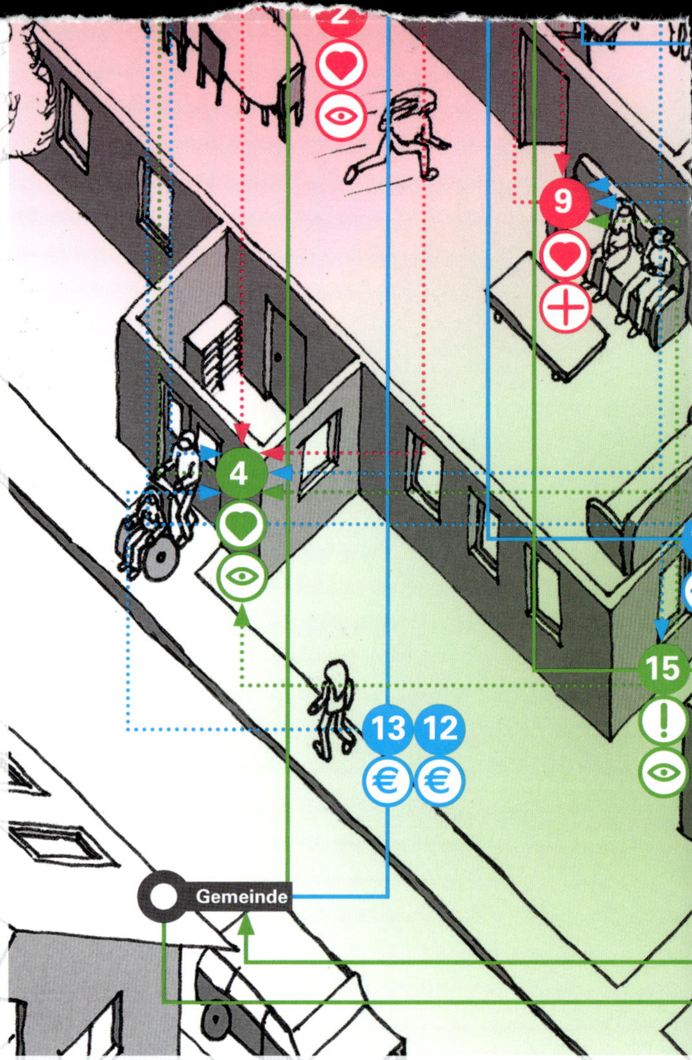

15 Identifikation durch Planungsprozess

Wenn Menschen spüren, dass sie ernst genommen werden, beginnen sie, sich zu engagieren. So wächst aus persönlicher Betroffenheit Mitgestaltungsmöglichkeit. Durch Partizipation können Verantwortlichkeit, Identifikation und Verbindlichkeit entstehen. Im gemeinsamen Planungsprozess können Zutrauen und Motivation, sich zu engagieren, geweckt werden. Idealerweise verknüpft sich die Projektplanung mit kommunalen Planungen, so dass Verantwortliche aus der Kommune in die Entwicklung des Wohnprojektes integriert sind. Das sichert kommunalpolitische Wahrnehmung, Unterstützung und Transparenz.

14 Architektenwettbewerb bzw. Immobilienüberlassung

Essentiell für das Gelingen eines Projektes ist das Engagement zahlreicher das Projekt begleitender Personen. Ihre Mitsprache ist Vorraussetzung für die Identifikationsbildung. Bei Architekturwettbewerben hingegen ist die Bewertung der ästhetischen Komposition vorrangig. Der Preisträger eines Architektenwettbewerbes wird sich kaum von engagierten Bürgern in die »in sich stimmige Ästhetik« des Entwurfes reinreden lassen. Damit geht eine wichtige Chance verloren.

13 Investor

In der Projektphase entsteht schnell die Hoffnung auf einen Investor, von dem man sich notwendige Mittel zur Realisierung erhofft. Wenn Projektstrukturen so weit geklärt sind, dass sie einen Investor überzeugen, dann sind sie auch so sicher, dass sie in Eigenverantwortung übernommen werden können. Spätestens jetzt muss man sich fragen, ob eine Eigenfinanzierung nicht besser ist. Es kann kein Vorteil sein, einen Fremden ins Boot zu holen, dessen oberste Priorität die Maximierung des Renditeprofites ist. Dies ist nicht nur für die kurzfristige Realisierbarkeit bedeutsam, sondern auch für die langfristige Betriebssicherung und die Motivation der Akteure.

12 Baukostenfinanzierung

Die Trägergesellschaft wird notariell eingetragener Eigentümer und gegebenenfalls Bauherr der Immobilie. Das Kapital für den Erwerb oder den Bau der Immobilie kommt von der Bank und wird aus den Mieteinnahmen refinanziert. Weil die Banken aufgrund aktueller Finanzierungsregeln weniger als 100% der Baukosten finanzieren, muss die Gesellschaft mit Eigenkapital ausgestattet werden. Dies kann über Direktkredite erfolgen oder es werden z.B. Eigentumswohnungen verkauft, die mit einer Nutzungsbindung an die Trägergesellschaft zur Miete gegen definiertes Nutzungsentgelt rückvermietet werden.

11 Trägermodell ode

Unabhängig von der C
schließen sich mehre
und gründen eine Träg
betriebswirtschaftlich
des Betriebskonzepte
der Immobilie. Durch
Verantwortung auf ei
entsteht eine Zukunft
Individualverantwortu
In der Kooperationsfo
der geteilten Verantw
koordinierten Zusamm
selbstständiger Akteu
Initiativgruppe oder B
Pflegedienst, Assister
Auftraggebergemeins

Bausteine

innovativer Wohnmodelle

1 Gesellschaftlicher

Millionen deutscher B
Bundesbürgerinnen si
»Pflege« täglich besch
es als Privatangelegen
Verantwortung allein b
oder den Heimen. Das
Thema »Sorge heute u
Thema für den öffentli
neu über Fragen der S
diskutieren, weitere W
und vor Ort Zuversicht
finden. Die Beschäftigu
ist wichtig, um den Ge
verschiedener Akteure
und Lebensformen zu

- wichtige Planungspunkte
- Verantwortung
- positives Sozialgefüge
- Engagement
- Vertragsschließung
- mögliche Differenzen
- Geld
- Finanzielle/juristische Ebene
- Architektonische/planerische Ebene
- Soziale/pflegerische Ebene
- Beziehungen der Institutionen
- Beziehungen der Bausteine

16 Aneignung – Eigentumsbewusstsein statt Besitz

Engagierte Personen müssen sich verantwortlich
verhalten. Souveränität, die sich ausdrückt